Thanks to.

나의 모든 스승님께.
미국의 공립학교에서 자랑스레 보냈던 어린 시절 만난 선생님,
의사가 되기까지 이끌어주신 교수님,
전 세계 치유 공동체에서 얻은 가르침,
무엇보다도 이모들의 지혜와 인내에 이 책을 바친다.

The Busy Brain Cure Copyright
© 2024 by Romila Mushtaq, LLC
All rights reserved.

The reproduction, transmission or utilization of this work in whole or in part in any form by any electronic, mechanical or other means, now known or hereafter invented, including xerography, photocopying and recording, or in any information storage or retrieval system, is forbidden without the written permission of the publisher. For permission please contact HARLEQUIN ENTERPRISES ULC, Bay 5 Adelaide Centre, East Tower 22 Adelaide Street West, 41st Floor, Toronto, Ontario, M5H 4E3, Canada

The Korean Language edition © 2025 page2books
The Korean translation rights arranged with HARLEQUIN ENTERPRISES ULC through Enters Korea Co., Ltd., Seoul, Korea.

이 책의 한국어판 저작권은 (주)엔터스코리아를 통한 저작권사와의
독점 계약으로 페이지2북스가 소유합니다.
저작권법에 의하여 한국 내에서 보호를 받는 저작물이므로
무단전재와 무단복제를 금합니다.

바쁜 뇌를 회복하라

집중력 회복, 불안 완화, 숙면 달성을 위한 절대 공식

로미 무슈타크 박사 지음
진정성 옮김

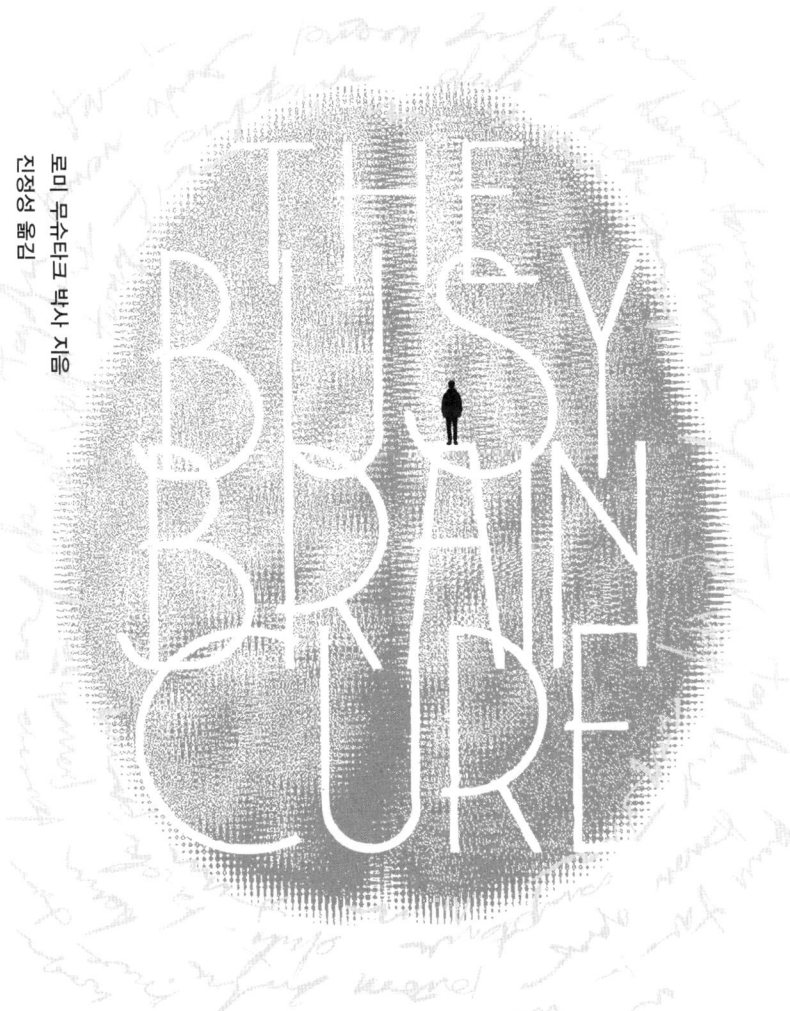

P page2

· 추천사 ·

"『바쁜 뇌를 회복하라』는 개인과 조직이 다이어트, 스트레스, 번아웃에 대한 구식 담론에 접근하는 방식을 바꿔놓을 것이다. 로미 박사는 신경과 전문의, 홀리스틱 건강 전문가, 기업의 최고건강책임자로서 쌓은 경험을 바탕으로 연구를 거쳐 포괄적이고 실천하기 쉬운 프로그램을 완성했다. 뇌 회복 프로토콜은 설탕에 대한 집착과 스트레스성 섭식을 멈추고 불안을 길들여 집중력을 높이고, 기운을 차리고, 숙면을 취하도록 이끌어줄 것이다."

― **JJ 버진(JJ Virgin)**, 영양 & 피트니스 전문가,
뉴욕타임스 베스트셀러『JJ 버진의 777 다이어트』저자

"이 책은 직장 내 정신건강 및 번아웃에 대한 해결책을 찾는 리더에게 최신 뇌과학 연구에 기반한 회복 프로토콜을 제공한다. 로미 박사는 전문의, 최고건강책임자, 배려심 넘치는 리더라는 독특한 위치에서 수많은 개인 및 집단이 자신과 스트레스의 관계를 돌아보고 웰빙 문화를 일구도록 도왔다."

― **존 머피(John Murphy)**,
〈그레이트 울프 리조트(Great Wolf Resorts)〉 CEO

"이 책은 단순한 해결책이 아니라 혁명 그 자체다. CEO, 임원, 창업인은 모두 스트레스, 불안, 번아웃의 쉼 없는 사이클에 갇혀 있다. 닥터 로미는 기저 원인을 치유하는 혁신적인 길을 제시한다. 신경과 및 통합의학에 관한 전문지식, 유머, 고대의 지혜, 독자를 사로잡는 재미있는 이야기를 한데 엮어 더 균형 있고 지속가능한 방식으로 일하고, 이끌고, 살아가게끔 독자를 이끌어주는 책이다."

― **나탈리 맥닐(Natalie MacNeil)**, 에미상 수상 미디어 기업인,
『의식(The Rituals)』저자, 〈코칭 이볼브드(Coaching Evolved)〉 창립인

"번아웃에 빠진 조직을 이끌 방법을 찾는 리더에게 『바쁜 뇌를 회복하라』는 실천하기 쉽고 가성비가 높은 개인 및 집단을 위한 과학적 해결책을 보여준다. 로미 박사는 우리 회사의 최고건강책임자로 활약하며 신경과, 통합의학, 마음챙김에 대한 독특한 전문지식을 통해 조직의 문화적 변화를 이끌어냈다."

— **윌 로크런(Will Loughran)**,
〈에볼루션 호스피털리티(Evolution Hospitality)〉 대표

"『바쁜 뇌를 회복하라』는 불안, 주의력장애, 포모(FOMO, 고립 공포감) 현상을 부채질하는 건강하지 못한 직장 문화에 대한 해결책을 내놓는다. 닥터 로미는 뇌과학 및 고객의 체험담을 엮어 창업자와 리더들이 번아웃을 치유하고 집중력과 생산성을 올리기 위한 8주 프로토콜을 선보인다."

— **수니라 마다니(Suneera Madhani)**,
〈스택스(Stax)〉,〈CEO 스쿨(CEO School)〉 창업인

"스트레스성 섭식을 줄이는 프로토콜을 실천하는 동시에 건강에 나쁜 다이어트 문화를 무너뜨리고 음식의 문화적 다양성을 존중하는 프로그램이 등장했다. 『바쁜 뇌를 회복하라』는 집중력과 에너지를 높이기 위해 바쁜 직장인이나 부모가 쉽게 실천할 수 있는 과학적인 뇌 회복 꼬마습관을 소개한다."

— **칸찬 코야(Kanchan Koya) 박사**,
하버드 대학교 생의학 전문의,〈래디컬 바이탈리티(Radical Vitality)〉 창업인

• 프롤로그 ··· 008

1부
스트레스-성공 사이클에 갇힌 바쁜 뇌

01 나는 스트레스-성공 사이클에 갇혀 있을까? ··· 025
02 스트레스로 인한 바쁜 뇌 증후군 증상 ··· 045
03 바쁜 뇌 증후군에 만병통치약은 없다 ··· 066
04 바쁜 뇌 증후군 치유법 ··· 083

2부
바쁜 뇌 증후군의 의학적 원인과 뇌 회복

05 바쁜 뇌 증후군과 수면, 일주기리듬 ··· 109
06 바쁜 뇌 증후군과 호르몬의 상관관계 ··· 131
07 바쁜 뇌 증후군과 염증, 당, 카페인 ··· 158
08 바쁜 뇌 증후군과 뇌의 연료: 음식과 지방 ··· 179
09 바쁜 뇌 증후군과 전자기기 ··· 200

3부

뇌 회복 8주 프로토콜

10	1주차	자아 비판 대신 목표에 집중하자	··· 229
11	2주차	7일간 규칙적인 수면에 도전하자	··· 245
12	3주차	전자기기 거리두기를 시작하자	··· 266
13	4주차	뇌 끄기를 실천하자	··· 280
14	5주차	식생활을 바이오해킹하자	··· 296
15	6주차	연료, 에너지, 집중력을 돌아보자	··· 310
16	7주차	슈퍼 뇌의 슈퍼 호르몬을 확인하자	··· 321
17	8주차	퍼즐의 완성	··· 338

- 부록 A ··· 356
- 부록 B ··· 358
- 부록 C ··· 364
- 감사의 말 ··· 390
- 참고문헌 ··· 400

· 프롤로그 ·

이 책은 나처럼 한껏 당당하게 야망을 품고, A유형 성격[1]대로 치열하게 성공을 향해 달리는 독자 여러분을 위해 쓴 책이다. "숨 좀 돌리지 그래?"라는 말을 들을 때면 '그러고 싶지 않은데.'라고 생각하는 우리 같은 사람들은 잠깐 멈춰서 쉬거나 나를 돌보기 위한 휴가를 떠나는 등의 호사를 누릴 여유가 전혀 없다.

우리는 남을 이끌고, 변화를 선도하고, 주변을 돌보고, 부모 역할에 충실하고, 때로는 야간학교에 다니며 집 대출을 갚느라

---

[1] A·B유형 성격: 1974년 미국의 심장 전문의 프리드먼(M. Friedman)과 로젠먼(R. Rosenman)이 행동과 정서의 복합적 형태를 가리키기 위해 고안한 개념. A형은 수동적이고 느긋한 B형과 달리 경쟁적이고 성급하며 성공 지향적이어서 관상동맥질환에 비교적 취약하다. 이후 모든 각주는 번역가와 편집자가 추가한 것이다.

바쁜 치열한 현실 속 어른이다. 주당 4시간만 일하는 것? 지금까지 내가 만난 이들, 즉 목표에 열정을 품고 성공한 사람들이라면 꿈도 꿀 수 없는 일이다. 교사, 변호사, 언론인, 간호사, IT 전문가, 금융계 종사자, 호텔리어, 파일럿, 회계사, 의사, 스타트업 창업인, 건축가, 비영리단체장, 전국에서 손꼽히는 세일즈맨, 전문경영인, 투자가, 제약회사 영업사원 등 이들은 모두 의미 있고 심오한 목표를 품고 있었다. 이처럼 일에 헌신적이고 근면 성실하며 멋진 사람들과 이야기하면서 나는 공통점을 하나 찾아냈다. "머리 좀 식혀."라든가 "애쓰지 말고 순리대로 살아."라고 말하는 사람과는 스마트워치와 명품 구두로 무장한 채 한바탕 싸우고 싶어진다는 것이다.

그렇게 목표지향적인 삶을 살면서도, 우리는 번아웃에 이르지 않고 성공할 방법이 어딘가 있을 거라 믿는다. 번아웃 및 관련 건강 문제를 직접 겪고 또 수년간 연구한 끝에, 나는 스트레스를 훈장처럼 달지 않고도 성공하는 길을 찾는 데 열중하게 되었다. 의욕을 부끄러워하라는 게 아니다. 단, 스트레스와 번아웃에 무너지지 않기 위해 할 수 있는 일들이 있다는 뜻이다.

나는 스트레스 관리에 대한 강연을 하고, 이후 복도에서 여러분과 나눴던 대화에서 답을 찾았다. 때로는 두 시간 넘게 줄을 서서 기다리면서도 자신의 증상 및 현 의료체계에 대한 불만을 털어놔 준 모든 분께 깊이 감사하는 마음이다.

'바쁜 뇌 증후군(이 책을 읽으면서 잘 알게 될 용어다)'을 치유할 방법을 찾는 사람들의 수는 엄청났다. 바쁜 뇌 증후군이란 내가 착안한 신조어로 만성 스트레스와 번아웃으로 인한 뇌 안의 신경염증 패턴을 가리킨다. 바쁜 뇌 증후군의 증상에는 집중력 저하, 불안, 불면, 숙면 부족 등이 있다.

지금까지 내가 해온 연구나 강연을 접한 적이 없는 독자라면 구체적으로 바쁜 뇌 증후군을 판별하는 방법이 무엇인지 궁금할 것이다. 그런 독자를 위해 준비했다. 아래 증상 중 하나라도 공감이 간다면 여러분 또한 바쁜 뇌 증후군에 해당될 수 있다.

- 아침에는 두유를 넣은 라테를 한 대접은 마셔야 정신이 든다. 점원이 실수로 두유 대신 우유를 넣으면 종일 짜증이 난다.
- 커피만 마신다고 둘러대지만 실은 에너지음료를 세 캔이나 들이켰다. 그리고 의자 아래에 캔을 숨기다 딱 걸린다.
- 불가사의한 외부의 힘이 내 하루, 일정, 할 일 목록을 장악한 듯한 느낌이 든다.
- 컴퓨터 화면 및 머릿속에 띄워둔 인터넷 창이 너무 많다.
- 제일 중요한 과제에 집중하려고 애쓰지만 이메일, 메신저, 문자메시지 알림음 탓에 정신이 산란해진다. 3분이면 끝날 일을 처리하는 데 47분이나 걸린다.

- 종일 바쁘게 지내다가 저녁이 되면 긴장을 풀어줄 와인 한 잔(아니 세 잔)과 뒤이은 버번 위스키가 간절해진다.
- 술을 마시지 않았다면 이름도 몰랐을 어느 인스타그램 인플루언서가 홍보하는 최신 유행 영양제를 먹는다.
- 신경이 곤두서고 피곤하다. 너무 지쳐서 오늘만큼은 푹 잘 것 같은데 정작 베개에 머리를 묻으면 줄줄이 이어지는 생각을 끌 수가 없다.
- 또 한 번, 알림음에 끌려 스마트폰을 집어 든다. SNS 토끼굴에 빠져 92분을 또 낭비했고, 왜인지 욕실에 놔둘 고성능 뚫어뻥을 검색하고 있다.
- 드디어 잠이 들었는데 새벽 2시 37분이나 그즈음에 깨서 눈이 말똥말똥해진다. 이왕 일어난 거, 애들이 깨기 전에 메일 몇 건을 처리하거나 빨래를 돌린다.

가슴에 손을 얹고 생각해 보자. 하나라도 공감가는 항목이 있는가?

나무랄 생각은 없다. 여러분도 알게 되겠지만 나 또한 이런 증상에 시달리면서도 계속 일에 몰두했으니까 말이다. 나는 주야장천 일을 하고 스트레스를 훈장인 양 달고 다니다 번아웃으로 직진했고 결국 생사가 달린 수술을 했다. 여러분도 그렇겠지만 그때는 마치 세상이 나에게만 가혹한 것 같았다.

컴컴한 동굴에서 내 뇌가 길을 잃었을 때 듣고 싶지 않았던 말이 있다. "다 괜찮아질 거야. 무지개, 나비, 강아지처럼 좋은 생각만 해." 또 명상 수업을 듣거나 자책에 빠진 채 회복탄력성 강의를 듣고 싶지는 않았다. 공허한 긍정적 말은 상처를 후벼 팔 뿐이었고, 나는 당시 내가 알던 어른의 생존법으로는 접근할 수 없었던 새로운 삶의 방식을 계속 찾아 헤맸다.

여러분도 '스트레스-성공 사이클'에 갇혀 있는가? 인생의 방향을 틀고, 삶을 재건하고 활기를 되찾도록 도와줄 '어른 되기 매뉴얼'은 어디 있을까? 지금 이 순간, 뇌가 온라인 회의(카메라는 꺼둔다)의 남은 47분을 견딜 수 있도록 인스타그램을 켜고 무기력한 분홍색으로 꾸민 사이비 자기계발 포스트만 들여다보고 있는 독자도 있을 것이다. 하지만 누군가가 내 뇌를 다시 회복시켜준다면 어떨까?

회복 과정을 시작하는 데 필요한 메시지를 단 하나만 꼽으라면, 내 마음으로부터 여러분에게 전하고픈 말은 다음과 같다.

여러분의 뇌는 망가진 것이 아니다.
여러분의 뇌는 엉망진창이 아니다.
희망은 여러분을 영영 떠난 것이 아니다.

바쁜 세계를 사는 바쁜 뇌

꽉 찬 일정, 온갖 전자기기, 길거리의 시끌벅적한 사람들 틈에서 살아가는 현대인의 감각은 과부하 상태다. 스마트폰과 노트북 화면, 그리고 우리 머릿속에는 너무 많은 창이 열려 있다. 우리는 더 이상 스트레스 요인이 일시적이고, 뇌가 진정을 찾을 기회가 있는 시대에 살고 있지 않다.

현대의 스트레스는 만성적이며, 사람들은 번아웃에 빠져 무력감에 젖는다. 내가 알리고픈 사실은 만성 스트레스를 안고 살면 기억력, 사고력, 기분, 온갖 신체건강에 타격이 간다는 것이다. 만성 스트레스를 내버려두면 이는 만성 질환을 유발하며, 결과적으로 죽음에 이르게 된다. 명색이 뇌 전공의인 나도 거의 죽을 뻔했다.

의외일지 모르겠지만 기존 의학에서 오해하는 부분이 있다. 성인이 앓는 주의력결핍장애(ADD), 불안, 불면증은 각기 다른 문제가 아니라 한 증후군에서 비롯된 증상이다. 나는 이 증후군을 '바쁜 뇌 증후군'이라 명명했다.

문제가 뭐냐고? 서구에서는 카페인을 비롯한 각성제로 종일 기운을 내며 집중력을 유지하고, 밤에는 알코올 등의 진정제로 마음을 가라앉힌다. 카페인-와인 콤비가 실패하면 일부 의사는 애더럴[2]을 처방해서 일과를 처리하고, 수면제나 항불안제를 처방해서 긴장을 풀도록 한다. 성공의 미명 아래, 우리는 각성제-진정제 사이클에 사로잡힌다.

지금 프롤로그에서 똑똑히 밝혀 두어야겠다. 바쁜 뇌의 완치를 돕는 것은 정화, 다이어트, 새로 유행하는 영양제가 아니다. 사실 바쁜 뇌가 회복되면 스트레스성 섭식을 멈추고 마음에 위안을 주는 소울푸드를 음미하며 즐길 수 있다. 믿기 어렵겠지만 뇌의학을 전공한 의사가 말하노니, 당신은 당신의 소울푸드를 먹어도 된다. 책 2부에서는 이런 과정을 치유할 뿐 아니라 여러 직장 동료에게도 도움이 되는 이유를 살펴볼 것이다. 지금 잠깐 권말부록으로 책장을 넘겨보자. 여러분을 위해 우리 가족이 좋아하는 소울푸드의 예를 실어 두었다.

한 가지 더 당부하자면 시간관리 테크닉이나 생산성을 높여 줄 수단을 추가하지 말기 바란다. 지금까지 자기계발서를 읽고, 운동할 때 오디오북을 듣고, 꼭 실천하겠다고 다짐했지만 결국 할 일 목록만 늘어나 스트레스만 받았던 일이 얼마나 많았는지 생각해 보자.

---

2 애더럴: 도파민과 노르에피네프린의 농도를 높이는 강한 각성제의 일종이다. 국내에서는 향정신성의약품으로 분류되며 처방이 불가하다.

뇌 회복 : 바쁜 뇌의 회복을 향하여

뇌를 제대로 유지하지 않으면 꿈도, 팀워크도 이룰 수 없다. 가장 먼저 뇌기능을 최적화하지 않으면 꿈, 목표, 인간관계, 소명 또한 최적화할 수 없다. 뇌 전문의로서 말하건대 당신의 꿈이 크다고, 주당 60시간씩 일한다고 해서 자책할 필요는 없다. 뇌가 최대한으로 기능하고 있다면 지금도 가능한 일이다. 그리고 요즘은(때로 나 자신의 뇌를 포함) 그런 뇌가 많이 보이지 않는다. 바쁜 뇌를 회복하면 집중하고, 차분하고, 잘 자는 것은 물론, 결과물도 최적화할 수 있다. 꽉 찬 일정에 휘둘리지 않고 제대로 집중하며 잘 자고 종일 불안에 시달리지 않는 능력을 되찾는다면 어떤 기분일까?

강연을 하며 여러 상을 수상하고 '뇌 회복 연구소'를 창설해서 최고건강책임자(Chief Wellness Officer)로 활동하면서 나는 지난 3년간 다양한 업계 사람들과 팀을 대상으로 바쁜 뇌 증후군을 치유하는 연구를 진행했다. 그리고 학자, 통합의학 및 신경과 전문의로서 쌓은 20여 년간의 경험(그리고 기술적 이야기, 재치, 속내)을 이 책에 담아냈다.

이모들에게 전수받은 지혜도 빼놓을 수 없다. 이모들은 내 인생에서 간과할 수 없는 분들이다. 특별한 만남을 위해 번쩍이는 순금 목걸이와 팔찌로 무장한 그녀들을 어떻게 무시하겠는

가. 내 이모들은 다양한 종교 및 문화권 출신으로 이민자였던 우리 부모님과 가까이 지냈던 분들이다. 이모들의 공통점은 전통적인 가족적 가치를 중시하고, 내가 꼭 의사가 되고 좋은 집안에 시집가기를 진심으로 바랐다는 것이었다.

이 책에서는 나의 '뇌 회복 프로토콜'에 참여하고 혼신의 힘을 다해 바쁜 뇌를 회복한 수많은 사람들, 팀, 조직의 이야기도 소개한다. 내가 몸소 겪었던, 번아웃에 빠졌다가 일반의학 및 세계 이곳저곳의 치유자의 도움으로 바쁜 뇌 증후군에서 벗어났던 여정도 솔직하게 털어놓았다.

바쁜 뇌 증후군에 대한 내 처방을 '뇌 회복 프로토콜'이라고 이름 붙였다. 이 과정은 지금까지 내가 신경학 및 통합의학을 통해 치료했던 비슷한 증상의 환자들을 떠올리면서 개발했다. 이들 환자를 성공적으로 치료하면서 나는 치료 과정을 집단, 나아가 대중 전반으로 확장시킬 방안을 고민했다. 2020년 코로나19 팬데믹이 닥친 뒤, 컴퓨터 기술을 이용하여 더 창의적으로 접근하게 되면서 나의 '뇌 회복 8주 웰빙 프로토콜'은 온라인으로 진출했다.

뇌 회복 프로토콜은 전 세계적으로 스트레스가 극심했던 상황에서 숙면과 제정신을 되찾는 데 도움을 주었고, 프로토콜에 참여한 팀은 사무실에서 함께 시간을 보내지 않으면서도 새로이 결속을 다지는 데 성공했다.

'바쁜 뇌 증후군 회복 프로토콜'은 그저 재택근무를 하는 직장인을 위한 것만은 아니다. 바쁜 뇌 증후군은 문화권과 국경을 넘나든다. 세계건강기구(WHO)에 따르면 세계 인구의 3.6%(약 2억 6400만 명)이 불안장애에 시달린다. 그 밖에 전 세계 여성인구의 4.6%와 남성인구의 2.6%가 불안의 영향 아래 놓여 있다. 그뿐 아니다. 갤럽에서 116개 국을 대상으로 시행한 「2022년도 글로벌 직장 실태보고서」에 따르면 직장인의 43%가 직장 내 스트레스를 경험한다.

2020년부터 2022년 사이 120회 이상 전 세계를 상대로 진행한 온라인 강연에서 뇌 전문의가 "베리류를 먹고 심호흡을 하면 만사가 평탄할 겁니다."라고 말하는 걸 듣고 싶어 하는 사람은 없었다. 그러나 나는 개인 및 팀이 해결책을 찾는 것을 도와야 했다.

과연 뇌 회복이란 무엇일까? 나는 뇌 회복이란 '뇌건강과 신체건강에 큰 영향을 주는 일련의 작은 습관을 실천하는 것'이라 정의한다. 뇌 회복의 영어 표현은 brainSHIFT인데, 여기서 SHIFT는 바쁜 뇌 증후군의 근본 원인인 다섯 가지 주요 영역을 머리글자로 나타낸 것이다. 뇌 회복의 다섯 가지 영역은 다음과 같다.

수면(Sleep)

호르몬(Hormones)

염증(Inflammation)

음식(Food)

전자기기(Technology)

바쁜 뇌는 모두 각기 다르다. 이제부터 수면, 호르몬, 염증, 식생활, 전자기기 중 어떤 주요 영역에 집중해야 할지 함께 찾아낼 것이다. 사람에 따라 모든 영역을 다루지 않아도 되지만, 바쁜 뇌를 회복하려면 탄탄한 수면(5장 참조)부터 시작하는 것이 필수적이다.

뇌 회복 프로토콜로 바쁜 뇌 회복하기

여러분은 하루 아침에 지금의 상태에 이른 게 아니다. 나는 단번에 바쁜 뇌를 치유할 근사한 뇌 스캔 장비나 값비싼 영양제가 있다고 거짓말할 생각이 없다. 값비싼 실내용 슬리퍼를 산다거나 명상을 하는 등의 행동으로 뇌를 켜고 끌 수는 없다. 내가 여러분에게 선물할 수 있는 것은 수년간의 임상시험, 최신 의학 연구, 실제 사례, 그리고 여러분이 앞으로 나아갈 수 있도록 도와줄 바쁜 뇌 회복제다. 이 책에는 집중력을 다시 찾고, 불안을 길들이고, 숙면을 취할 수 있는 '뇌 회복 8주 플랜'이 담겨 있다. 자기평가, 주치의와 상의할 부분, 뇌를 회복하기 위해 매주 실천할 작은 습관 등도 보너스로 함께 소개했다.

1부에서는 스트레스-성공 사이클 및 만성 스트레스가 신경 염증, 질병, 특히 바쁜 뇌 증후군을 유발하는 기전을 이해하기 위한 여정을 떠난다.

그리고 2부에서는 일주기리듬[3], 호르몬, 전자기기의 영향 등 바쁜 뇌 증후군의 근본 원인에 대한 과학적 연구 결과를 살펴본다.

마지막 3부에서는 연구와 시험을 거쳐 확립된 바쁜 뇌를 치유하기 위한 8주의 뇌 회복 프로토콜을 진행한다.

나는 이 책에 희망과 해결책을 동시에 담으려고 애썼다. 이제 더 이상 잔잔한 불안에 시달리고, 집중하기 위해 종일 카페인을 들이붓고, 밤에는 마음을 가라앉히려고 맥주 한 잔을 마시고, 끝없는 할 일 목록에 정신없이 휘둘리지 않아도 된다.

내가 바쁜 뇌를 회복할 방법을 찾아나섰던 2010년 당시 '번아웃'은 널리 쓰이는 용어가 아니었다. 나 같은 사람은 '스트레스를 이기지 못할 만큼 약한 사람' 취급을 받았다. 오늘날 미국

---

[3] 일주기리듬: 하루를 주기로 반복되는 생물체의 리듬. 호르몬 분비와 신체기능 회복 등에 관여한다.

노동인구의 82%는 번아웃 증상을 겪는다. 그러나 여러분도 나도, 그저 서글픈 통계치에 불과한 것은 아니다. 우리는 전문가이자, 혁신자이자, 가족, 사회, 조직을 이끄는 사람들이다. 바쁜 뇌 증후군으로 인한 완전한 번아웃에 이르는 길, 그 어딘가에서 잠깐 멈추고, 자성하고, 신중한 행동을 취할 기회는 분명 존재한다.

번아웃 탓에 찾아온 삶의 어두운 구렁텅이에 빠져 있던 때, 누군가 나중에 내 머리가 의대생 시절보다 더 잘 돌아갈 거라고 말해줬다면 믿지 못했을 것이다. 사실 나는 내 성취도가 이렇게 절정에 이를 수 있다는 것을 상상조차 하지 못했다. 그저 탈진 상태에 수면 부족을 겪는 의사였으니까. 이제 나는 바쁜 뇌를 치유하고 뇌 회복을 통해 에너지 넘치는 상태로 아침에 일어나 받은 메일함, 일정, 감정을 모두 제어할 수 있는 기업인으로 거듭났다. 그리고 강연을 통해 여러 상을 수상하고, 여성 창업인으로 우뚝 섰으며, 7천 명이 넘는 직장인에게 마음챙김과 웰빙 프로토콜을 전파하는 '최고건강책임자'로서 의욕 넘치고 열정 가득한 삶에 집중하며 살고 있다. 삶의 주도권을 놓치고 완전히 지쳤다고 느껴진다면 다시 한 번 이 점을 꼭 알아주길 바란다.

여러분의 뇌는 망가진 것이 아니다.
여러분의 뇌는 엉망진창이 아니다.

희망은 여러분을 영영 떠난 것이 아니다.

여러분이 나아갈 길을 보여줄 길잡이가 되어 영광이다. 이제 함께 책장을 넘기며, 뇌를 회복하자.

로미 박사

The **BUSY BRAIN CURE**

1부
스트레스-성공 사이클에 갇힌 바쁜 뇌

01
나는 스트레스-성공 사이클에
갇혀 있을까?

아니, 나 메이블린한테 속은 거 아냐? 방수 마스카라랬잖아. 출근길에 고속도로를 달리는데 울컥 눈물이 났다. 백미러로 볼에 흘러내린 검은 마스카라 자국을 본 순간 눈물이 폭포수처럼 쏟아졌다. 진회색 렉서스 IS 350의 온열시트도 여느 때처럼 안락하지 않았다. 심호흡을 하고 살얼음이 깔린 고속도로 1차선에서 3차선으로 곧장 진입해서 병원으로 향하는 출구로 빠져나왔다. 내가 전문의 겸 신경과 교수로 근무 중인 병원이다. 눈물이 터진 까닭도 알 수 없었다. 그냥 너무, 너무 피곤했다. 평생 의사가 되려고 애썼고 여성 간질 환자에게 더 나은 삶을 선사하기를 꿈꿔온 나였는데.

"난 내 일이 좋아. 좋다고. 좋다니까." 백미러에 대고 힘없이 말했다.

실은 그렇지 않았던 걸까?

이탈리아제 블랙 실크 정장과 값나가는 지미추 하이힐, 당당한 명품 라벨도 내가 무너지고 있다는 사실을 더 이상 감추지 못했다. 새벽 6시 42분인데 벌써 신경과 중환자실의 긴급회의를 알리는 호출기가 울렸다. 뭐라도 챙겨 먹어야지 싶었지만 보이는 건 언제부터 계기판에 처박혀 있었는지 모를 반쯤 언 초코바가 전부였다. 그냥 먹었다.

내가 어쩌다 이 지경이 됐나.

유치원 등원 첫날 번쩍번쩍한 장난감 청진기를 목에 건 이래, 나는 (거의) 모든 규칙을 따르며 살았다. 이민자였던 아버지는 내가 신생아실에 있을 때부터 매일 성공의 주문을 외우셨다. "우리한테는 오직 너 하나뿐이야. 네가 크면 의사가 될 게다." 어른들로 둘러싸인 환경에서 내가 들었던 인생 조언은 언제나 단 하나의 목표로 되돌아갔다.

"얼른 가서 수학이랑 과학 공부해야지. 안 그러면 어떻게 의대에 가겠냐?"

"저런, 장차 의사가 될 사람이 그런 험한 말을 쓰면 안 되지."

"언젠가 좋은 남편감을 찾길 항상 기도하고 있단다. 넌 의대를 나왔잖니."

미국의 모든 직장인이 그렇듯 나도 '할 일 목록'에서 과제를 지워나가는 한편 명예, 성과, 그리고 더 많은 명품 구두를 손에 넣으려고 애쓰는 '균형 잡힌' 일과를 보냈다. 남들이 보기에 나는 가족들이 기대했던 모든 직함을 손에 넣은 사람이었다. 의사, 교수, 연구원, 효녀……. 결혼도 잘 했고, 3년 뒤 더 멋지게 헤어졌다. 흠잡을 데 없는 내 간판에 누군가가 회의의 시선을 보낼라치면 병원 복도를 또각거리는 내 명품 구두가 분위기를 제압했다. 나는 하이힐을 신고 등장해서 상황을 해결하는 스테미니스트[1] 의사였다.

그러나 겉보기에는 완벽한 간판을 유지했어도 속으로는 뇌세포에 불이 붙은 것 같았다. 카페인을 아무리 들이켜도 집중할 수 없었고 하루를 버틸 에너지도 나지 않았다. 감정이 솟구쳐 '유능한 의사' 이미지를 망치려 들면 곧장 초콜릿으로 자가치료에 돌입했다. 초조했고 지쳤으며 규칙적인 수면 스케줄 따위는 내다 버린지 오래였다. 베개에 얼굴을 묻으면 그날 일을 복기하고, 제대로 했나 자책하고, 끝없는 할 일 목록에 과제를 또 추가하느라 머리가 시끄러웠다. 이런 미친 짓을 그만두고 정돈된 삶을 살도록 뇌의 스위치를 조절할 수는 없었을까?

애초부터 그런 수단은 없었던 것 같다.

---

[1] 스테미니스트(STEMinist): 과학, 기술, 엔지니어링, 수학의 약자인 스템(STEM)과 페미니스트의 합성어로 이공계에서 여성의 존재감을 높이려는 지지자를 뜻한다.

나는 주경야독이라는 영적 수행에 매일 충실히 임했다. 의학 연구에 몸담은 사람이라면 누구나 따르는 규범이다. 낮에는 전력을 다해 일하고 밤새워 공부한다. 다음 과제를 달성할 때까지 스트레스에 시달리고, 같은 과정을 반복한다. 나는 분명 스트레스-성공 사이클에 갇혀 있었다.

초콜릿 얼룩이 손끝에 묻은 채로 병원 주차장에 렉서스를 댔다. 그리고 차에서 내려 얼어붙은 보도를 지나 신경과학센터에 들어설 용기를 그러모았다.

그 순간 갑자기 가슴에 통증이 엄습했다.

그로부터 16년이 지난 지금, 의심 한 점 없이 알게 된 사실이 있다. 스트레스를 영광의 훈장처럼 생각하면 안 된다는 것이다. 그 시절은 아직 번아웃, 만성 스트레스, 근로자 웰빙 등의 용어가 등장하기 전이었다. 오랜 시간이 지난 뒤에야 나는 만성 스트레스가 독처럼 뇌와 몸의 모든 구조와 기능을 망가뜨린다는 것을 깨달았다. 이제 더 이상 성공을 위해 목표를 달성하느라 건강을 희생하는 일은 없어야 한다. 만성 스트레스가 지속되면 정말 죽는다. 너무 심한 말이라고? 유난을 떠는 게 아니다. 나는 정말 죽음의 문턱에서 돌아왔다.

1분 뇌과학 : 스트레스-성공 사이클 자가진단

"왜 편안하거나 행복해질 수 없는 걸까? 뭐가 문제지?"라고 자문하자마자 내면의 목소리가 "이번 분기 매출 실적을 채우면 행복해질 거야.", "집 리모델링 공사가 끝나면 드디어 마음이 차분해지겠지."라고 대꾸한 적이 있는지 생각해 보자.

스트레스에 떠밀려 내달리는 직장인들은 SMART 기법[2]에 따라 목표를 세우고, GTD방식[3]으로 시간을 절약하고, 온갖 구조와 체계를 동원해서 성과 및 자기관리에 매진한다. 지금 추구하는 목표를 이룰 때까지 스트레스를 받고, 집착하고, 고민한다. 한데 그 불편한 감정이 되돌아온다. 뭔가 잘못된 기분이 든다. 마음이 평온하지 않고 집중하지도 못한다. 할 일 목록에 남은 과제를 해치우면 기분이 좋아질 거라 생각하고 일에 집중한다. 그러나 그런 일은 일어나지 않는다.

귀에 익은 이야기라면 여러분은 지금 스트레스-성공 사이클에 갇힌 것이다. 전문의 자격증을 세 개나 딴 고위급 임원으로서 말해 두지만, 성공을 향해 노력하는 게 잘못은 아니다. 하지만 스트레스 때문에 나가떨어지지 않고도 사생활과 직장생활에

---

2 SMART 기법: 구체성, 측정가능성, 달성가능성, 관련성, 시간성을 고려한 목표설정 기법
3 GTD(Getting Things Done)방식: 급한 일을 먼저 처리하고 남은 시간에 중요한 일을 하는 시간관리 방식

서 성공을 이룬다면 더 좋지 않을까?

"모든 것을 걸고서라도 성공하겠다."는 다짐을 가슴에 새기고, 스트레스를 훈장처럼 여긴다면 스트레스-성공 사이클에 갇혀 있다고 봐야 한다. 할 일 목록에 적혀 있는 과제를 하나만 더 마무리하면 내면의 평화가 찾아올 거라고 뇌를 계속 속여온 결과다. 그게 왜 문제냐고? 할 일 목록에 있는 과제를 깨끗이 해치우고 나면(물론 헛된 꿈이다), 여러분은 지금껏 기대했던 내면의 평화 대신 허리 통증, 위산 역류, 성욕 감퇴, 공황 발작을 만나게 될 것이다. 설상가상으로 주치의가 혈압이 높다거나, 당뇨 전단계라거나, 부정맥이 있다고 주의를 주면 병원에 가는 것도 슬슬 피한다.

결국 여전히 스트레스-성공 사이클을 벗어나지 못하고 심장, 위, 폐, 관절에 만성 질환의 증상이 나타난다. 그런데도 뭔가 이상하다는 생각을 하지 못한다. 그러다가 갑자기 심장마비로 쓰러진다. 이처럼 스트레스는 성공을 향한 계획을 무너뜨릴 뿐만 아니라, 방치하면 여러분을 죽음에 몰아넣을 수 있다.

그러나 패닉에 빠지기 전, 만성 스트레스와 번아웃에 이은 질병의 패턴에 빠지지 않고도 충분히 목표를 이루고, 야망을 품고, 성공할 수 있다는 것을 알려두고 싶다. 첫 단계가 가장 어렵다. 첫 단계는 그저 내 상태를 인식하는 것이다. 궁극적으로 스트레스-성공 사이클에서 탈출하는 것은 그 누구도 아닌 오직 여러분의 선택에 달려 있으니까.

당신은 스트레스의 심각성을 모른다

흔히들 스트레스를 받고 있다고 인정하면서도 이런 말로 방어기제를 작동시킨다. "로미 박사님, 요즘 일하면서 스트레스 안 받는 사람이 어디 있겠어요?"

이런 분들과 1대 1로 만난다면 이렇게 묻고 싶다.

> - 업무 마감 때문에 단기간 스트레스-성공 사이클에 갇힌 경험이 있나요?
> - 경제적 어려움, (가족과 애인을 포함하) 인간관계, 건강, 다른 이슈 때문에 항상 스트레스를 안고 사나요?
> - 사는 것 자체가 항상 스트레스인데 설상가상으로 더 많은 문제가 쌓여가나요?

세계건강기구(WHO)는 '스트레스란 신체적, 감정적, 정신적 긴장을 유발하는 모든 변화'라고 정의하고 있다. 모든 유형의 스트레스는 다음 영역의 웰빙 상태를 무너뜨린다.

- 뇌기능(인지 능력)
- 감정적 웰빙(정신건강)
- 신체기능(신체건강)
- 세상 안에서의 자아의식(영적건강)

스트레스가 건강에 어떤 영향을 주는지 알아보려면 스트레스는 유형뿐 아니라 스트레스 요인의 지속시간에 따라 분류할 수도 있다는 것을 알아야 한다. 일반적인 심리학에서는 스트레스를 아래 세 가지 유형으로 구분한다.

1. 급성 스트레스
2. 급성 삽화성 스트레스
3. 만성 스트레스

급성 스트레스는 새로운 환경이나 어려운 상황에 처했을 때 몸이 보이는 반응에서 비롯된다. 이를테면 마감이 다가오거나 차에 치일 뻔했을 때 드는 느낌이다. 학계에서는 이런 작은 스트레스를 뇌가 집중하고, 동기를 유발하고, 늑장부리지 않고 과제를 해결하도록 유도하기 위한 정상적인 반응이라 본다. 놀이기구를 타는 등 재미있는 활동을 하면서도 급성 스트레스를 경험할 수 있다. 급성 스트레스는 단기 스트레스에 속하며, 뇌의 이완 반응에 따라 스트레스 호르몬, 감정 상태, 신체 상태가 대개 몇 분에서 몇 시간 안에 평소대로 돌아온다.

두 번째 유형은 급성 삽화성 스트레스다. 급성 삽화성 스트레스는 (위에서 정의한) 급성 스트레스가 자주 일어나는 것을 가리킨다. 이 경우, 문제가 꼬리에 꼬리를 물고 일어나는 것처럼 느껴진다. 휴식 없이 반복적으로 급한 업무 마감을 맞춰야 한다거나 의료계 등 일부 직군에서 자주, 강한 스트레스를 경험하는 것 등이 급성 삽화성 스트레스에 속한다. 의사, 간호사, 여타 의료직은 위험 상태에 빠질 가능성이 있는 다양한 환자를 돌보는데, 그 과정에서 스트레스 호르몬이 급격히 방출된다. 이 사이클은 응급실, 중환자실, 진료실에서 환자 하나하나를 볼 때마다 반복된다. 급성 삽화성 스트레스는 이완되고 차분한 상태로 돌아갈 시간적 여유가 없어서 부작용이 계속 쌓인다.

끝으로 만성 스트레스가 있다. 만성 스트레스는 장기간 지속되고 끝이 없을 것처럼 느껴지는 스트레스 요인에서 비롯된다. 배우자와 지속적인 갈등을 겪거나, 무거운 빚을 갚을 길이 없거나, 만성 질병에 시달리는 경우가 여기에 속한다. 만성 스트레스를 겪으면 도무지 현 상황을 개선하거나 바꿀 방법이 보이지 않는다. 낮잠, 짧은 명상, 운동 등 일시적 이완 수단을 동원해도 스트레스에서 벗어나지 못한다. 급성 삽화성 스트레스와 마찬가지로 빠른 해결책이나 뇌를 잠깐 꺼둘 스위치가 존재하지 않는 것이다.

스트레스 및 스트레스의 유형에 관해 논하면서 꼭 짚고 넘어가야 할 점이 있다. 바로 '스트레스는 유익하다.'는 생각이다. 최근 몇 년간 끈덕지게 이어져온 이 주장에 대해 확실히 밝혀두고 싶은 부분이 있다. '스트레스는 유익하다.'는 말은 마감을 한 번 지키거나, 반사적으로 차를 피하는 것을 돕는 급성 스트레스에 국한된다는 것을 명심하자.

겨울에 운전을 하는데 빙판길에서 미끄러진다고 치자. 이런 상황에서의 스트레스는 유익하며, 그 덕분에 뇌가 잔뜩 긴장하고 모든 반사신경이 집중해서 빙판에서 벗어날 수 있다. 그러니 이 책에서는 '급성 삽화성 스트레스'와 '만성 스트레스', 두 가지에 대해서만 다룰 것이다. 이런 스트레스에 시달리면 죽음에 이를 수도 있기 때문이다.

급성 삽화성 스트레스와 만성 스트레스는 뇌와 몸에서 대혼란을 일으킨다. 뇌는 공항 관제탑과 비슷하다. 분주한 공항에서 관제탑은 객실과 조종실(기내 상황), 탑재 및 정비작업(지상조업), 승객의 흐름(여객터미널)을 아울러 관장한다. 이와 마찬가지로 뇌에도 뇌와 모든 장기체계의 활동을 관장하는 관제탑이 있다.

🧠 뇌 안의 공항 관제탑

차에서 훌쩍이던 그날로부터 14년이 지난 뒤, 나는 항상 이용하는 델타항공(개인적으로 '여행 친구'라 부른다)과 호사스런 데이트를 즐기고 있었다. 2019년에 최우수 고객 등급에 오르고 2022년 초청을 받아 델타항공의 메인 허브공항(하츠필드 잭슨 애틀랜타 국제공항)의 직원들을 만나면서 우리 사이는 더욱 돈독해졌다.

그날 아침, 초청을 받아서 기쁘고 들뜬 마음은 바쁜 뇌 속을 울리는 이모들의 깐깐한 목소리 때문에 금세 흐릿해졌다. "아니 아니, 델타항공 허브 공항의 내빈으로 초대받다니. 정말 큰 영광 아니냐. 니는 우리 가족 전체의 대표나 다름없는기라. 51년 전, 느그 어머니가 아부지랑 결혼해서 그 큰 비행기를 타고 미국으로 건너왔다는 거 아니냐. 뭘 입을 생각인겨? 니는 좋은 집안 출신이니 가족 얼굴에 먹칠하는 일은 없어야 헌다. 패물도 좋은 걸로 허고, 실크 옷을 입어야 혀."

근사한 '데이트'를 위해 옷을 차려입으면서, 나는 이모들이 심어준 내면의 길잡이(잔소리)를 따라 제일 좋은 진주 목걸이, 순금 귀걸이, 로즈핑크 실크 블라우스를 걸쳤다. 공항에 도착한 나는 델타항공의 애틀랜타 국제공항 직원 업무 및 커뮤니케이션 매니저 론다 스마트를 만났다. 내 실크 블라우스와 진주 목걸이 위에 농구선수에게나 맞을 법한 형광 연두색 조끼를 걸쳐주는 사이 그녀가 보여준 금욕적인 평정심은 인상적이었다. 조끼 앞에는 '델타항공 방문객'이라는 크고 번쩍이는 은색 글씨가 박혀 있었다. 금욕적 태도보다 더 인상적이었던 것은 순금 링 귀걸이 위로 형광연두색 귀마개를 씌워줄 때 보인 동정심과 배려였다.

내 바쁜 뇌는 일정이 야외에서 진행된다는 결정적 단서를 잊었던 것이다. T8번 게이트 앞 포장로 위에 서 있는 동안 애틀랜타의 겨울 바람이 고급 실크와 형광색 조끼를 꿰뚫었다. 추위에도 불구하고 나는 큼직한 견인차가 보잉757을 게이트에서 활주로 쪽으로 미는 사이 파일럿에게 경례를 하며 경외감에 젖었다. 거대한 비행기의 동체 아래에 서 있는 것은 평생 잊지 못할 경험이었다.

그날 '여행 친구'와 데이트를 하기 전까지 나는 바람 한 번, 번개 한 번, 폭설이나 폭풍우 한 번만으로도 이렇게 세심하게 제어되는 일련의 작업이 혼란에 빠지고 '이륙 금지 조치(Ground stop)'가 떨어질 수 있다는 것을 전혀 몰랐다. 이륙 금지 조치란 기상 상태가 위험하거나 항공기의 시야가 좋지 않을 경우 연방항공국(FAA)이 활주로의 지상조업원을 대피시키고 이착륙을 허가하지 않는 명령을 관제탑에 내리는 것을 말한다.

연방항공국이 애틀랜타 국제공항 관제탑에 이륙 금지 조치를 내리는 것은 세계 최대 규모의 공항에 일시정지 버튼을 누르는 셈이다. 로스앤젤레스 국제공항이나 런던 히드로 국제공항이 애틀랜타 국제공항의 이륙 금지 조치에 영향을 받기까지 얼마나 걸릴까? 단 몇 초만에, 취소와 연착의 혼란이 전 세계의 하늘로 번져 승객, 승무원에게 영향을 미치고 항공기가 연착되거나 회항한다.

뇌와 몸도 이와 마찬가지로 작동한다. 삽화성 스트레스는 공항의 한 활주로에서 이착륙을 시도하는 비행기가 게이트로 오가면서 일시적으로 조업이 단축되는 것과 같다. 그러나 급성 스트레스가 장기간 쌓이면 뇌는 이륙 금지 조치와 비슷한 만성 스트레스에 시달린다. 마치 애틀랜타 공항에 눈폭풍이 치는 것과 같다. 시야가 흐리고 지상조업원이 건물 밖으로 나갈 수 없으며 동체 아래에서 이루어지는 작업이 완전히 멈춘다.

스트레스가 뇌와 신체활동에 미치는 영향

뇌는 또한 투쟁, 도주, 부동 반응을 보인다. 스트레스 반응이라고도 하는 이 반응은 공격, 생존에의 위협 등 잠재적으로 위험한 모든 사건에 뇌가 대응하는 방식이다. 캐넌-바드 이론(Cannon-Bard theory)이라고도 불리는 스트레스 반응을 처음 설명한 것은 월터 브래드퍼드 캐넌(Walter Bradford Cannon) 박사다. 캐넌-바드 이론은 뇌의 공항 관제탑(편도)이 보고 듣는 내용을 처리하고, 잠재적 위협을 공항 게이트(시상하부)에 전달한다고 주장한다. 그런 다음 스트레스 반응이 일어나 스트레스 호르몬이 분비되어 싸우거나, 도망치거나, 그 자리에 정지하도록 신호를 보낸다.

겨울 폭풍이 애틀랜타 공항 운영 또는 직원을 위협하거나 피해를 끼칠 경우, 관제탑 내의 연방항공국은 공항 내 여타 주요 구역에 이륙 금지령을 내린다. 조업을 재개해도 안전할 때까지, 어떤 항공기도 이착륙을 할 수 없다. 지상 조업원 또한 안전을 위해 실내로 대피해야 한다. 겉으로는 승객이 공항에 발이 묶여 있는 것처럼 보이지만, 이는 사실 모두를 안전하게 지키기 위해 세심하게 짠 조화로운 작업의 결과물이다.

(급성 스트레스가 아니라) 지속적인 삽화성 스트레스를 경험하면 편도가 관제탑처럼 위험 신호를 계속 보낸다. 모든 공항 게이트의 직원은 비상 모드로 전환한다. 단지 뇌뿐만 아니라 공항 전체, 즉 몸도 위기 태세에 들어가는 것이다.

그러면 시상하부가 교감신경을 통해 부신에 신호를 보내어 자율신경계를 활성화시킨다. 이를 두고 시상하부-뇌하수체-부신축(HPA축)이라고 한다. 부신은 몸에 연료를 공급하도록 유도하는 주요 화학물질과 호르몬을 생산한다. 스트레스를 받으면 부신은 이들 화학물질과 호르몬(코티솔과 아드레날린)을 혈류로 내보낸다. 호르몬은 몸을 순환하면서 비상 상황에 대처하기 위한 여러 생리적 변화를 이끌어낸다.

- 심박수가 평소보다 증가해서 근육, 뇌, 여타 필수 장기에 혈액을 보낸다.
- 혈압도 올라간다. 이런 변화를 겪는 사람은 호흡도 빨라진다.
- 폐의 작은 기관이 활짝 열려서 호흡할 때마다 폐가 산소를 최대로 흡입할 수 있다.
- 더 많은 산소가 뇌에 공급되어 각성 상태를 유발한다. 시각, 청각 등 감각이 더 예민해진다.
- 그 사이, 아드레날린이 몸의 임시 저장 장소에서 혈당(포도당)과 지방을 꺼낸다. 영양분은 혈류로 들어가 몸의 전 영역에 에너지를 공급한다.

전 세계의 여러 공항이 각기 다르듯, 모든 사람의 몸 또한 서로 다르고 삽화성 스트레스와 만성 스트레스의 영향도 개인차가 있다는 기억해야 한다. 생리적 변화는 사람마다 다를 수 있으므로 각자 자신의 패턴을 파악할 필요가 있다.

세계 각국의 공항에 가보면 구조는 각기 다르지만, 주요 기능은 똑같이 운영된다. 각 개인의 뇌, 성격, 스트레스에 대처하는 능력도 마찬가지다. 어떤 자극을 받아야 뇌의 관제탑이 패닉 또는 폐쇄 상태에 빠지느냐는 민감한 사람과 안정적인 사람에 따라 다를 수 있다.

내 뇌의 관제탑은 다른 사람의 뇌와는 다른 방식으로 위협을 인지한다. 그래서 두 사람이 같은 상황에 노출된다 해도, 같은 스트레스 반응을 경험하지는 않는다(아예 스트레스 반응을 겪지 않는 경우도 있다). 이를테면 회의에 참석한 두 직원이 신경질적인 상사가 고함치는 소리를 함께 들었다고 하자. 한 사람은 뱃속이 거북할 정도로 스트레스를 받거나 신경이 거슬릴 수도 있는 반면, 다른 사람은 전혀 반응을 보이지 않을 수도 있다. 사람들이 같은 상황에 각기 다른 스트레스 반응을 보이는 것은 정상적인 현상이다. 어떤 사람들은 위협을 인지하고, 다른 사람은 그렇지 않기 때문이다. 또 하나의 예는 남 앞에 나서서 말하는 것이다. 인구의 90%는 스트레스 반응을 일으키는 반면, 나와 같은 10%는 오히려 남 앞에서 말하는 것을 좋아하기 때문에 강한 스트레스 반응을 겪지 않는다.

나는 종종 연구하고 독서를 하면서 스트레스를 해소하고 긴장을 완화하는 농담을 한다. 백과사전을 읽는 내 습관은 어머니와 이모들이 길러준 것이다. 계속 치맛단을 잡고 꼬치꼬치 물어보던 나한테 대답을 해줘야 하는 스트레스를 벗어던지고 싶으셨던 것 같다. 좀 더 여유가 있었다면 정신신경면역내분비학(psycho-neuro-immuno-endocrinology) 박사과정을 밟았을 것이다. 이 단어를 다섯 번 반복해서 빨리 말해보자. 대부분의 사람들에게는 요상한 단어를 읽는 것이 급성 스트레스 요인이 되지만 나는 개인적으로 재미있다.

정신신경면역내분비학에서 다루듯 감정과 기분(정신)이 뇌(신경)의 구조와 기능을 바꾸어 몸의 면역체계 전반(면역) 및 모든 기관계의 호르몬(내분비학)의 역할에 영향을 미치는 과정을 연구하는 것은 무척 흥미롭다. 스트레스는 단순히 기분만 망쳐놓는 게 아니다. 수십 년간의 연구를 통해, 이제 우리는 감정이 뇌기능(수면, 기억)과 신체건강(소화, 호르몬, 면역체계, 근긴장도)을 좌우한다는 것을 알아냈다.

세 가지 유형의 스트레스 모두를 포함하여 스트레스 반응의 본거지이자 감정이 처리되는 곳은 바로 변연계다. 다시 말하지만 편도(변연계의 일부)는 급성, 삽화성, 만성 스트레스로 인해 활성화되면 시상하부로 위험 신호를 보낸다. 그러면 시상하부-뇌하수체-부신축이 활성화된다. 급성 스트레스를 받으면 수분에서 수시간 사이에 이완 반응이 개시된다. 급성 스트레스의 영향을 되돌리기 위한 부교감 반응이 일어나는 것이다.

삽화성 및 만성 스트레스의 경우, 이완 반응이 뇌와 몸을 다시 항상성 상태로 돌려놓을 기회가 없다. 시상하부와 뇌하수체는 몸의 모든 기관계의 항상성을 유지한다. 뇌와 몸에는 총 50여 가지가 넘는 호르몬이 작용해서 모든 기관계가 조화롭게 작동하도록 유도한다. 스트레스를 받아 시상하부-뇌하수체-부신축이 활성화되면 당질코르티코이드(Glucocorticoids)와 카테콜아민(Catecholamines)이 치솟는다. 장기간 스트레스를 받으면 시상하부-뇌하수체-부신축은 계속 교감신경계를 자극한다.

교감신경계가 만성적으로 활성화되어 있으면 어떻게 되느냐고? 만성 스트레스를 받아 지속적으로 자극된 교감신경계는 심박수와 혈압을 올리고, 근긴장도를 높이고, 관절에 염증을 일으키고, 소화계를 만신창이로 만든다.

16년 전, 뇌과학센터의 자동문을 지날 때 찌르는 듯한 가슴 통증이 찾아왔던 그날 나는 그 현상을 직접 경험했다. 당시 나는 내가 급성 삽화성 스트레스를 겪고 있다는 것을 전혀 몰랐다. 나이도 겨우 30대 초반이었다. 그때 내가 몰랐던 것은 뇌의 공항관제탑이 제어할 수 없는 스트레스 때문에 가슴 통증이 심해지고 있었다는 사실이었다. 그리고 그 스트레스가 내 기분, 수면, 소화기능을 엉망진창으로 만들고 있다는 것도 몰랐다. 내 증상과 개인사의 퍼즐 조각을 한데 모아 뇌 내 관제탑의 항상성을 유지할 해결책을 찾은 것은 그로부터 수년이 흐른 뒤의 일이었다.

TIP 　　　　　　　　　　　　　　　　1장 · 요약 정리

- ✓ 목표를 달성하기 위해 계속 스트레스에 시달리고, 목표를 이루자마자 또다른 목표와 과제를 완수하고 할 일 목록의 항목을 지우려고 같은 과정을 반복한다면 스트레스-성공 사이클에 갇혀 있다고 보아야 한다.
- ✓ 스트레스는 기간과 빈도에 따라 급성 스트레스, 급성 삽화성 스트레스, 만성 스트레스로 구분할 수 있다.
- ✓ 급성 삽화성 스트레스와 만성 스트레스는 정신건강, 인지건강, 신체건강, 영적 웰빙을 망가뜨리는 증상으로 이어진다.
- ✓ 지속적인 삽화성 스트레스와 만성 스트레스는 질병을 낳고, 죽음을 야기할 수 있다.
- ✓ 뇌에는 공항 관제탑처럼 돌아가는 시스템이 있다. 이 부분은 나머지 뇌 및 체내 모든 기관계의 활동을 관장한다.
- ✓ 급성 삽화성 스트레스와 만성 스트레스에 시달리면 뇌 활동과 신체활동이 느려지거나 멈춘다. 이를 두고 스트레스 반응이라고 한다.

속성 뇌 회복 | 지금 행동을 개시하자

잠깐 시간을 갖고, 스트레스-성공 사이클에 갇혀 있는지 자문해 보자.

✓ 자기인식 연습

- 목표를 이루고, 과제를 끝내고, 성공하기 위해 모든 것을 무릅쓰고 나 자신을 밀어붙여야 한다고 생각하는가?
- 이런 패턴은 어디서 시작되었는가?
- 스트레스가 극에 치달으면 어떤 증상을 느끼는가?
- 스트레스-성공 사이클을 깰 첫발을 내디딜 준비가 되었는가?
- 장기간 스트레스에 시달리지 않고도 삶의 중요한 일에서 성공을 거둔 적이 있었는가?

02
스트레스로 인한 바쁜 뇌 증후군 증상

2007년, 하이힐을 신고 빙판길을 종종거리며 걸어가다 엄습한 가슴 통증은 라 펄라(La Perla)[4]의 검은 레이스 브라끈 바로 밑에서 시작됐다. 솟구치는 불이 목구멍부터 등 한복판까지 태워버리는 것 같았다. 눈앞이 깜깜해졌다. 숨을 쉴 수 없었다. 식은땀이 흘렀다. 그날은 가까스로 정신을 차리고 출근했지만 이후 증상은 마음 놓을 때마다 갑자기 나타나서 나를 두려움에 몰아넣었다. 매일 태아처럼 몸을 웅크리고 괴로워하지 않으려고 온 힘을 다했다. 어서 집에 가서 강아지 라자를 안고 싶은 마음

---

4 라 펄라(La Perla): 007 영화의 본드걸이 입었던 것으로 유명한 고급 여성용 속옷 브랜드.

뿐이었다.

조이는 듯한 가슴 통증을 누그러뜨리려고 온갖 수단을 동원했다. 형광핑크색 펩토비스몰[5]을 반 병이나 들이켰지만 모두 게워냈다. 머릿속의 의사에게 따졌다. '심장마비가 오기에는 22년이나 이르다고!' 하지만 그냥 미적대지는 않았다. 곧장 내 1차 의료 주치의[6]를 찾았다.

라 펄라 속옷 대신 까슬한 환자복을 걸치고 주치의를 기다렸다. 그녀는 얄팍한 차트에 적힌 내용을 모두 확인하고는 나를 건너다봤다. "로미 선생님, 선생님 증상은 여기 오는 모든 A유형 교수들과 똑같아요. 그냥 역류성 식도염이에요. 커피, 초콜릿, 와인을 같이 먹는 건 그만두세요."

나는 평정을 잃고 심호흡을 하고는 말문을 닫았다. 로미, 전사처럼 행동하자. 표정 좀 관리하라고.

"제산제와 항생제를 먹어 보고, 소화기내과에서 추가 검사를 하도록 하죠."

나는 주치의의 지시를 따랐다. 내게 의미가 있는 단 세 가지의 식품군을 모두 끊고, 제산제와 항생제를 복용했다. 그러나

---

5 펩토비스몰: 비처방 위장장애약.
6 1차 의료 주치의: 미국의 의료체계에서는 환자 개인별로 1차 진료를 보는 주치의(Primary Care Physician)를 지정, 건강검진과 예방접종, 질환 대처 등을 포함한 건강 전반을 관리한다. 대부분 내과, 가정의학과, 소아과 의사가 1차 진료의로 활동하며 증상 선별을 거쳐 필요할 경우 타과 전문의에게 진료를 의뢰하기도 한다.

효과가 없었으므로 결국 항생제를 끊고 초콜릿을 다시 복용했다. 일단 살고 봐야지. 그 18개월간, 만성 스트레스에 시달리던 내 자아는 담당 뇌전증 환자가 졸업무도회에 가고 운전면허를 따는 등 의미 있는 성과를 달성하는 것을 볼 때 느꼈던 기쁨을 점점 잃어갔다.

2014년에 했던 내 TEDx[7]강연을 본 독자라면 이 이야기를 익히 알고 있을 것이다. 만성 스트레스와 번아웃 탓에 가슴 통증은 점점 심해졌다. 결국 수술을 받고 목숨을 건졌으며 삶의 방식이 잘못되었다는 것을 타율적으로 깨달아야 했다. 내 강연 〈호흡의 강력한 비밀(The Powerful Secret of Your Breath)〉을 보지 않은 독자를 위해 덧붙이자면 내 병명은 흔한 역류성 식도염이 아니었다(역류성 식도염은 가볍고 흔한 통증을 보이는 질환이다). 여러 전문의(개중에는 내가 머릿속에서 증상을 꾸며내는 거라 생각한 의사도 있었다)의 진료를 받고 현대의학이 제공하는 철저한 검사를 줄줄이 받은 끝에, 결국 병명을 밝혀낸 것은 1970년대 초에 개발된 구닥다리 검사였다. 바륨 조영제를 먹고 찍은 X레이에서 의사들은 실마리를 찾았다.

---

7 TEDx 강연: TED는 Technology, Entertainment, Design의 약자로 미국에서 매년 열리는 전문가 컨퍼런스로서 개인당 18분간 다양한 주제에 대한 발표를 한다. TEDx는 TED 측 허가를 받아 기업, 학교 등이 주최하는 강연을 지원하는 프로그램이다.

병명은 식도이완불능증[8]이었다. 조직검사 결과는 확실치 않았다. 당시 나는 더 심각한 문제(바렛 식도[9])의 초기 징후일 수도 있는 병리적 변화[10]를 겪고 있었다. 바렛 식도가 뭔지는 몰랐다. 나는 뇌 전문의였으니까. 간단히 말하자면 식도에 협착이 일어나 제대로 삼키지 못하고, 건강한 점막 세포가 어쩌면 암 전단계일지도 모르는 병변으로 변했다는 뜻이었다. 방사선과 사람들의 동정 어린 표정을 본 나는 곧 닥터 구글을 찾았다. 검색 결과 상위에 오른 글은 모조리 '식도이완불능증의 식도암 발병률은……'이라는 말로 시작했다. 닥터 구글은 어째서 제일 힘겨운 시기에 암에 걸렸을지도 모른다고 말하는 걸까? 그러나 몸도 제대로 가눌 수 없는 증상과 닥터 구글이 내 바쁜 뇌 안에 심어준 두려움에도 불구하고 나는 계속 밤낮 없이 일했다. 선택의 여지가 없었다. 내 몸이 나를 저버리고 있다고 느껴지는 그 순간에도 일정과 할 일은 늘어나고 있었으니까.

어떤 약이나 영양제를 먹어도 가슴 통증은 그대로였고 나는 점점 더 고립되었다. 숨이 막혀 한밤중에 깨서 내가 삼킨 침에 질식하고 토했다. 감기, 독감, 심지어 폐렴까지 자주 앓았다.

---

8 식도이완불능증: 식도가 연동운동을 하지 않고 괄약근이 충분히 이완되지 않아 음식물이 정체되어 각종 증상이 나타나는 질환이다.
9 바렛 식도: 위 쪽의 식도가 위산에 장기간 노출되어 식도 조직이 위 조직으로 변한 상태로, 식도암 발생 원인 중 하나다.
10 병리적 변화: 생물학적 조직, 세포, 기관, 기능 등에 부정적인 변화가 일어나는 현상.

뇌에는 어째서 이렇게 버거운 감정을 꺼버릴 스위치가 없는 걸까?

식도이완불능증 외에. 현대의학에는 내가 겪던 다른 증상, 즉 영혼이 산산조각나는 현상을 가리키는 용어가 아직 없었다. 병과 끊임없는 불안이 사라지기를 간절히 바랐다. 본분에 충실한 의사, 딸, 강아지 집사였던 평소의 삶으로 돌아가고 싶었다. 하지만 주변 세상이 나만 빼놓고 돌아가는 것을 막을 도리는 없었다. 아무리 해도 보조를 맞출 수 없었다.

1분 뇌과학 : 뇌 속에 스트레스를 끄는 스위치가 있을까?

"시리, 스트레스 좀 꺼 줄래."
"안 들려?"
"할 수 없지. 알렉사, 네가 내 스트레스 좀 꺼봐. 젠장!"

내가 시리나 알렉사에게 이렇게 소리치는 걸 이모들이 들었다면 입을 모아 말씀하셨을 게다. "이런 이런, 폰이나 컴퓨터에 대고 소리치는 건 시끄럽고 예절에 어긋나는 요상한 짓이여. 그래서 우리는 요즘도 박수 센서등을 쓰잖냐. 어느 방에 들어가든 박수갈채를 하는 셈이니 을매나 좋아."

스마트폰과 스마트홈 기기에 대고 소리치는 시대가 도래하기 전, 우리 이모들은 박수 센서등에 집착했다. 대체 박수 센서등이 뭘까 궁금해하는 독자들을 위해 설명이 필요할 것 같다. 박수 센서등은 AI가 나타나기 전에 개발된 장치로 스탠드를 박수 센서에 연결한 다음 콘센트에 꽂으면 손뼉을 쳐서 불을 켜고 끌 수 있다. 어느 이모가 심야 홈쇼핑 방송에서 박수 센서등을 처음 발견했는지는 모르지만, 새로 장만한 물건에 대한 수다가 꽃 피었던 어느 차이 모임 이후 유행은 들불처럼 번졌다. 모든 집이 방마다 하나씩 박수 센서등을 설치하는 지경에 이른 것이다. 우리는 전등 스위치와 밝기 조절기는 가볍게 무시하고 박수를 치며 어둠에서 빛으로 나아갔다.

박수 센서등, 시리, 알렉사를 프로그래밍해서 우리 뇌 안의 스트레스를 꺼버릴 수 있다면 얼마나 좋을까? 인플루언서에서 저녁 뉴스의 기자에 이르기까지, 현대인은 누구나 완벽한 스트레스 해소법을 찾으려고 발버둥친다. 그러나 미국심리학회의 자료에 따르면 미국인은 팬데믹 이전인 2019년에도 스트레스와 수면부족, 번아웃에 시달렸다. 그리고 2022년에는 상황이 더욱 악화되었다.

아무리 긍정적으로 생각하려 해도 스트레스는 머리와 몸에서 그냥 꺼버릴 수 있는 존재가 아니다. '스트레스를 덜 받고 행복한 기분을 누리도록' 뇌의 스위치를 끌 수 있다고 주장하는 대부분의 유튜브 영상은 (특히 만성 스트레스 앞에서는) 새빨간 거짓이다.

스트레스에 대한 온갖 새로운 연구와 대처방안이 쏟아지는데 사람들은 어째서 여전히 삶을 버거워하고 남은 하루를 헤쳐 나갈 해결책을 찾아 헤맬까? 요즘의 직업윤리는 스트레스를 격한 업무에 따르는 훈장인 양 과시하거나, '성공적인 삶'이라는 살인적 환경에서 버티지 못했다는 표지처럼 부끄러이 여기도록 부추긴다.

갤럽의「2022년도 글로벌 직장실태보고서」에 따르면 업무 관련 스트레스는 전 세계를 강타한 팬데믹 이후에도 여전히 중요한 문제로 남아 있다. 업무 스트레스든 다른 곳에서 받은 스트레스가 일터까지 이어졌든, 전 세계의 직장인이 겪는 스트레스는 2020년(당시 역대 최고 기록이었다)보다 2022년에 더 높았다. 직장인의 44%가 전날 많은 스트레스를 경험했다고 응답했다. 전 세계 근로자의 거의 절반이 스트레스의 부담을 느끼며, 특히 미국과 캐나다의 직장 여성은 세계적으로 가장 많은 스트레스를 받고 있다. 스트레스는 사람들이 잦은 감기, 고혈압, 궤양, 요통, 두통, 불규칙한 생리주기, 성욕 감퇴, 우울증을 호소하며 병원을 찾는 근본 원인이다. 미국 질병통제센터(CDC)에 따르면 높은 스트레스와 번아웃에서 기인한 증상 때문에 내원하는 환자의 비율은 75%를 웃돈다.

1장에서 언급했던 급성 삽화성 스트레스와 만성 스트레스를 간과하거나 내버려두면 번아웃으로 발전한다. 스트레스와 번아웃은 같은 개념이 아니며 혼용하지 않도록 주의해야 한다. '번아웃'이란 용어는 1970년 독일계 미국인 심리학자 허버트 프로이덴버거(Herbert Freudenberger)에 의해 처음 사용되었으며, '남을 돌보는 직업군'에서 나타나는 극심한 스트레스와 높고 이상적인 목표로 인한 결과를 설명하기 위해 사용했다. 세계보건기구(WHO)는 국제질병분류[11] 진단 지침에서 공식적으로 번아웃을 "성공적으로 관리되지 않은 만성적인 직장 스트레스로 인한 증후군"이라 정의했다. WHO가 번아웃의 정의를 '증후군'으로 격상하고, 2019년 내놓은 11차 국제질병분류 개정안(ICD-11)의 '직업적 현상' 항목에 번아웃을 추가했다는 점은 의미심장하다.

위 지침에 따르면 번아웃 진단 시 참고할 세 가지 증상은 다음과 같다.

- 기운이 없거나 극도의 피로감을 느낀다.
- 일에 대한 정신적 거리감 또는 커리어에 대한 부정적 감정이 증가한다.
- 업무생산성이 저하된다.

---

[11] 국제질병분류(International Classification of Diseases): 세계보건기구에서 개발한 인간의 사망 및 질병 분류 체계로서 10년 주기로 수정된다.

미국의 노동인구 중 번아웃 경험자의 비율은 연구자가 던진 질문에 따라 달라진다. 가령 2022-23년도 「애플랙(AFLAC)[12] 노동인구 보고서」에 따르면 미국 직장인의 절반 이상(59%)이 적어도 중등증 수준의 번아웃을 겪고 있다. 2021년(52%)에 비해 눈에 띄게 상승한 수치로 코로나19 팬데믹이 기승을 부렸던 2020년도와 비슷한 수준이다. 여기서 '중등증 번아웃'이란 앞서 WHO가 정의한 세 가지 증상 중 하나를 경험하는 경우를 가리킨다. 한편 마이크로소프트가 2022년 11개국의 직장인 2만 명을 대상으로 진행한 연구에서는 근로자의 50%와 관리자의 53%가 직장에서 번아웃을 겪고 있다고 답했다. 이렇게 스트레스와 번아웃에 대한 데이터를 살펴보면 만성 스트레스의 부정적 영향에 면역을 갖춘 사람은 없으며, 스트레스가 번아웃으로 악화될 위험이 높다는 사실을 뚜렷이 알 수 있다.

만성 스트레스는 뇌와 몸에 염증을 일으킨다

1장에서 뇌의 공항 관제탑, 즉 변연계에 대해 언급했다. 세계의 하늘과 마찬가지로 여러분의 뇌 또한 몸의 모든 기관계와 밀

---

[12] 애플랙(AFLAC): 미국의 대형 생명건강 보험회사.

접하게 얽혀 있다.

신체적, 감정적, 정신적 만성 스트레스에 노출되면 뇌 구조와 기능에 '신경염증'이라는 부정적 변화가 일어난다. 신경염증이란 뇌의 선천적 면역체계가 발동되어 세포 변화와 화학적 변화가 일어나는 과정을 가리킨다. 수십 년에 걸친 연구 결과 상해, 감염, 독소 노출, 신경퇴행성 질환, 뇌의 노화 등이 신경염증의 원인으로 꼽힌다.

중요한 것은 지난 십여 년간의 최신 연구에 따르면 만성 스트레스도 신경염증을 유발할 수 있다는 사실이다(비교적 최근 연구이므로 이런 사실을 아직 모르는 의사도 있다). 일상에서 겪는 감정적, 정신적 스트레스는 뇌염이나 치매를 앓을 때와 같은 신경염증을 유발한다. 다시 말하지만 급성 삽화성 스트레스 및 만성 스트레스는 특정 패턴의 신경염증을 야기할 수 있다. 6장에서는 급성 삽화성 및 만성 스트레스로 인한 신경염증을 둘러싼 상세한 의학적 정보 및 뇌가 만성 스트레스에 시달릴 때 생성되는 사이토카인, 구체적으로 인터류킨-1(IL-1)[13]의 위험성에 대해서도 다룰 예정이다. 이들 염증표지자는 고강도 스트레스 및 불안 장애와 연관되어 있다.

그뿐 아니다. 스트레스를 겪는 동안에는 해마와 전두엽에 영

---

13 인터류킨(Interleukin): 면역체계가 외부에서 침입한 유해물질 또는 세균에 대응하도록 유도하는 단백질로서 백혈구에서 생성된다.

향을 미치는 주요 염증표지자가 증가한다는 연구도 있다. 만성 스트레스는 불안장애 및 기억력감퇴, 우울증, 수면장애 등의 뇌건강장애를 유발할 수 있다. 어떻게 이런 현상이 일어나는 걸까?

만성 스트레스는 뇌와 몸을 연결하는 여러 경로에서 처리된다. 1장에서 언급했듯 편도는 뇌의 감정처리로서 뇌와 몸의 활동을 관장하는 관제탑과 같은 역할을 한다.

만성 스트레스는 뇌의 주요 경로 두 가지, 즉 시상하부-뇌하수체-부신축과 자율신경계를 교란시킨다. 스트레스를 유발하는 사건을 겪으면 편도가 시상하부에 위험신호를 보낸다. 시상하부는 시상하부-뇌하수체-부신축과 자율신경계를 통해 몸의 다른 부분과 소통한다. 시상하부-뇌하수체-부신축이란 시상하부, 뇌하수체, 부신 이 상호작용의 기능을 가리키는 말로서, 주된 기능은 대개 스트레스에 대한 몸의 반응을 조절하는 것이다. 시상하부-뇌하수체-부신축이 자극받으면 부신피질자극호르몬(ACTH)과 코티솔을 포함, 온갖 스트레스 호르몬이 활성화된다.

시상하부는 또한 자율신경계를 자극한다. 자율신경계는 심박수, 혈압, 호흡, 소화, 성적 흥분 등 불수의적인 생리과정을 관장하는 말초신경계의 일부다. 자율신경계는 교감신경, 부교감신경, 장신경의 세 가지로 나뉜다. 스트레스를 유발하는 사건이 일어나면 교감신경계를 통해 초기 반응이 전달된다. 심박수와 혈압을 올리고 발한 작용을 유도하는 에피네프린(Epinephrine)과 노르에피네프린(Norepinephrine)이 즉시 분비되는 것이다.

1장에서 다루었듯 시상하부-뇌하수체-부신축을 통해 스트레스 경로가 자극받으면 교감신경이 활성화되고 이어 신경염증 경로가 영향을 받는다. 바쁜 뇌 증후군을 야기하는 신경염증은 뇌 안의 호염증성 사이토카인을 높여 신경에 나쁜 영향을 미친다. 그러고 나면 몸과 뇌는 신경염증을 진정시키고 균형을 맞추는 부교감신경계의 반작용을 필요로 하게 된다.

바쁜 뇌로 인한 신경염증 패턴과 무너진 일주기리듬

위에서 만성 스트레스를 겪을 때 시상하부-뇌하수체-부신축을 통해 시상하부가 활성화되는 과정을 설명했다. 시상하부는 자율신경계도 자극한다. 또 하나 시상하부에서 중요한 부분은 일주기라 불리는 체내 시계다. 일주기는 몸속의 모든 기관계를 조율하며, 뇌에 있는 소위 일주기조율기라는 포괄적 시계에 연결되어 있다. 일주기조율기는 시상하부의 일부인 시교차상핵(SCN)에 위치하며, 이곳의 시계 유전자는 하루 시간의 변화에 따라 신호를 보내 전신의 활동을 조율한다. 일주기의 중요한 역할은 수면-각성 주기를 조절하는 것이다. 만성 스트레스와 신경염증을 겪으면 일주기리듬이 부정적 영향에 고스란히 노출된다. 그래서 잠을 이루기 어렵고 아침에 일어나도 기운이 없으며 종일 신경이 예민하고 피로에 시달린다.

바쁜 뇌 증후군을 야기하는 특정 신경염증의 핵심에는 무너진 일주기리듬이 자리하고 있다. 5장에서 바쁜 뇌 증후군을 치유하는 데 일주기리듬 회복이 차지하는 역할에 대해 자세히 다룰 것이다. 이어 3부에서는 뇌 회복 프로토콜을 직접 실천할 예정이다. 뇌 회복 프로토콜의 1~3주차는 일주기리듬을 회복하는 데 집중하도록 짜여 있다.

경험상 만성 스트레스가 번아웃으로 악화되는 과정에서 일관되게 볼 수 있는 요소가 바로 수면부족이었다. 의대 수련을 마치고 의사로 일하는 동안 나는 항상 호출대기[14] 상태였다. 응급실과 병원에서 신경과 환자들을 돌보기 위해 오후 5시부터 다음날 오전 8시까지 줄곧 깨어 있었다는 얘기다. 밤새도록 병원을 돌아다니다 중환자실 데스크에서 잠깐 눈을 붙일 때도 있었다. 베개에 머리가 닿는 순간 호출기가 울리기도 했다. 나는 십여 년간 1주일도 편히 자지 못했다.

스트레스가 계속 쌓이다가 결국 번아웃으로 굳어졌던 그 나

---

14 호출대기(On-call): 응급환자 발생시 빨리 진료할 수 있도록 병원 근처에서 대기하는 제도.

날들을 돌아본다. 뇌가 하루 일과를 헤쳐나가는 보상을 받는다고 느끼게끔 커피와 초콜릿을 먹고, 저녁에는 긴장을 풀어줄 레드와인 한 잔을 마셨다. 호출대기 상태여서 와인을 마시지 못할 때면 초콜릿이 일조했다.

이처럼 바쁜 뇌 증후군에 시달리면 신경염증 때문에 아침에는 에너지를 내기 위한 카페인, 밤에는 술이나 수면제 같은 진정제가 필요한 사이클에 빠질 수 있다.

바쁜 뇌: 불안, 주의력결핍장애, 불면의 악순환

만성 스트레스가 번아웃으로 진행되는 동안에는 온갖 뇌, 정신건강, 신체 증상이 나타난다. 만성 스트레스가 신경염증을 유발하고 일주기리듬을 교란하는 패턴을 살펴보자. 흔한 증상은 잠을 이루기 어렵고 숙면을 취하지 못하며 계속 (특히 잠자리에 들기 전에) 걱정거리와 부정적인 생각을 반추[15]하는 것이다. 일주기리듬이 불안정해서 집중하는 데 약간 어려움을 느끼는 수준에서부터 본격적인 주의력결핍장애(과잉행동이 수반되는 경우도 있다)에 이르는 다양한 증상이 찾아온다. 집중력을 잃으면 불안이 쌓

---

[15] 반추(Rumination): 머릿속으로 어떤 생각을 무의식적으로 반복하는 현상. 우울증에서 흔히 볼 수 있는 심리현상으로 결론에 이르지 못하고 같은 생각을 되풀이한다.

이고 또 다시 밤에 반추를 하며 잠을 설친다. 개인적으로 강연을 하거나 화상회의를 통해 만난 사람들에게도 이런 증상에 대한 하소연을 자주 들었다. 덕분에 스트레스-성공 사이클에 갇혔을 때 떠오르는 특정 패턴을 파악할 수 있었다. 나는 이 패턴을 '바쁜 뇌 증후군'이라 이름지었다.

이런 패턴에 빠지면 받은메일함에 메일이 쌓이는 것보다 더 빠른 속도로 뇌가 통제를 벗어나는 것처럼 느껴진다. 성공지향적인 사람이 자신이 상황을 추스를 수 없다고 느끼면 불안 반추, 집중력 저하, 불면이라는 세 가지 증상이 나타난다.

여기서 불안의 범위는 단순한 불안감에서부터 불안 반추, 또는 공황발작 진단을 받는 경우를 모두 아우른다. 근무시간에 집중하기 어려워하는 증상 또한 주의력이 약간 감소하는 정도에서 성인기발발 주의력결핍장애까지 다양한 수준으로 나타난다. 불면증은 세 가지 패턴의 수면장애를 가리키는데, 이어지는 장에서 자세히 다루기로 한다.

바쁜 뇌 증후군의 패턴은 소울푸드에 대한 취향만큼이나 각자 다르다. 그러나 바쁜 뇌 증후군을 일으키는 기저원인은 대부분의 성인에게 비슷하게 나타난다. 사람들은 '바쁜 뇌 증후군 자가진단'을 해보고 적잖이 놀란다. 일상적인 불안을 겪고, 집중하기 어렵고, 잠을 못 이루는 것이 뇌의 노화에 따른 일반적인 현상이라 믿었기 때문이다. 자기가 실패작이어서 이런 증상을 겪었다고 자책하는 사람도 종종 있다.

요즘 사람들은 바쁜 뇌 증후군에 대처하려고 각성제-진정제 사이클에 갇힌다. 근무 시간을 버티려고 다량의 카페인이나 각성제를 복용한다. 퇴근 이후에는 가족들과 시간을 보내기 위해 알코올이나 진정제로 곤두선 신경을 누그러뜨린다.

(하이힐을 신고) 선 채로 몇 시간이나 이런 이야기를 듣는 동안 인과관계와 패턴이 눈에 띄었다. 과학적 설명을 찾기 위해 의학 학술지를 다시 뒤졌다. 초기 증상을 겪은 사람들은 그저 스트레스를 받았기 때문이라고 치부하는 경우가 잦았다. 그래서 나는 뇌의 신경염증이 야기하는 특정 패턴을 지칭하기 위해 '바쁜 뇌 증후군'이라는 용어를 고안했다.

'바쁜 뇌 증후군'의 증상을 다시 살펴보자.

- 아침에는 벤티 사이즈 두유 라테를 들이켜야 비로소 정신이 든다. 커피 한 잔일 뿐이라고 둘러대지만 추가로 에너지음료를 마시거나 처방받은 애더럴을 복용했을 수도 있다.
- 일과, 일정, 과제를 주체할 수 없다. 컴퓨터에도 머릿속에도 너무 많은 창이 열려 있다.

- 중요한 과제 하나에 집중하려 하지만 받은메일함, 슬랙[16] 채널, 문자메시지 알림음 탓에 산만하다. 3분도 안 걸려 끝낼 일을 처리하는 데 47분이나 허비한다.
- 겨우 일과를 마치고 저녁이 되면, 긴장을 풀기 위해 와인이나 버번 위스키를 한 잔 마셔야 한다.
- 신경이 곤두서고 피곤하다. 오늘 밤은 푹 잘 수 있을 것 같았는데, 머리가 베개에 닿자마자 달음질치는 생각을 멈출 수 없다.
- 또 한 번, 알림음을 듣고 스마트폰에 손을 뻗는다. SNS의 토끼굴에 빠져 또 92분을 흘려보낸다.

신경과와 정신의학과에서 이 부분을 놓친 건 아닐까? 불안, 성인기발발 주의력결핍장애, 불면증은 각기 다른 질환이 아니라 모두 같은 기저원인을 공유한다. 현재 시판되는 처방약 및 비처방약은 이처럼 다양한 증상을 악화시킬 뿐이다. 카페인으로 일과를 이겨내고, 알코올로 밤에 마음을 가라앉힌다. 낮에는 필요 이상으로 처방받은 각성제(리탈린 등)의 힘으로 일상을 헤쳐나가고, 밤에는 수면제와 불안장애 처방약에 기대어 안정을 찾는다. 우리들은 전 사회적 차원에서 각성제-진정제 사이클에

---

16 슬랙(Slack): 클라우드 컴퓨팅에 바탕을 둔 메신저 및 프로젝트 관리 프로그램.

갇혀 있다.

해결책을 제시해 줄 최신 다이어트나 식단을 찾아 헤매지만 힘겨운 훈련이나 부업처럼 느껴진다. 지금도 힘든데 할 일이 추가되다니, 버틸 도리가 없다.

증상을 해결하려고 온갖 치료법을 시도해봤지만 나는 점점 더 고립 상태에 빠졌다. 환자, 병원 동료들, 대가족과 친지에 둘러싸여 있었지만 아무도 나를 제대로 보지 못하는 것 같았다. 거울을 볼 때면 내가 누구인지 알 수 없었고, 거울 속 나 자신의 시선도 슬슬 피했다. 현대의학에는 식도이완불능증과 바쁜 뇌 증후군 외에 내가 앓고 있던 병을 지칭하는 병명이 없었다. 나는 영혼이 망가진 상태였다.

식도이완불능증 치료가 실패하고 건강이 계속 나빠지면서 애리조나 주, 위스콘신 주, 시카고 등 미국 곳곳을 돌며 전문의를 만났다. 모두들 내가 긴급 수술이 필요하다고 입을 모았다. 마지막 기착지는 시애틀의 워싱턴대학병원 흉부외과였다. 그날 나는 나이든 부모님과 함께 카를로스 펠레그리니(Carlos Pellegrini) 박사의 진료실에 앉아 있었다. 아버지가 팔을 토닥여 주셨다.

"우리가 본 환자 중 가장 나이가 어리군요. 그리고 상태가 가장 심각합니다." 펠레그리니 박사가 말했다.

완벽하게 짠 인생계획이 다시금 나를 저버렸다. 나는 빨강과 노랑 플라스틱 청진기를 잃어버린 네 살배기 아이처럼 산산이 부서져 울음을 터뜨렸다.

희망은 공식적으로 내 영혼을 떠났다.

TIP 2장 · 요약 정리

- ✓ 만성 스트레스와 번아웃은 서로 다른 문제로 용어를 섞어 쓰는 것은 금물이다.
- ✓ 데이터에 따르면 미국 및 전 세계 직장인의 업무 스트레스는 매년 악화되고 있다. 번아웃에 면역을 갖춘 사람은 없다.
- ✓ 만성 스트레스는 신경염증을 유발해서 뇌의 염증표지자를 높인다.
- ✓ 만성 스트레스를 겪으면 시상하부-뇌하수체-부신축을 통해 시상하부가 자극받아 뇌와 몸의 스트레스 호르몬 수치가 올라간다.
- ✓ 만성 스트레스를 겪는 동안에는 시상하부가 자율신경계, 특히 교감신경을 활성화시켜 몸의 모든 기관계를 교란시킨다.
- ✓ 바쁜 뇌 증후군은 일주기리듬을 무너뜨리는 신경염증으로 인해 각종 증상(불안, 성인기발발 주의력결핍장애, 불면증)이 나타나는 증후군이다.

| 속성 뇌 회복 | **나의 바쁜 뇌 지수는 몇 점일까?**

지금 바쁜 뇌 증후군을 겪고 있는지 확인하고 싶다면 www.BusyBrainCure.com에 접속해서 바쁜 뇌 증후군 무료 자가진단을 해보길 바란다.[17] 20문항에 답하면 바쁜 뇌 지수를 확인할 수 있다.

10장에서는 2020년 4월 이래 바쁜 뇌 증후군 자가진단을 실시한 17,000명이 넘는 사람들의 진단 결과를 분석할 예정이다. 귀띔하자면 바쁜 뇌 지수가 40점 이상인 응답자(바쁜 뇌 증후군 탓에 기분, 기억력, 수면, 신체건강에 부정적 영향을 받는 사람들이다)의 비율은 80%를 웃돌았다.

---

17 한국에서도 해당 사이트를 통해 '바쁜 뇌 테스트'를 할 수 있으나 영어로 진행된다.

03
바쁜 뇌 증후군에 만병통치약은 없다

고백할 사실이 하나 있다. 이쯤되면 여러분도 놀라지 않겠지만, 부모님을 대동하고 펠레그리니 박사의 진료실을 찾았던 그날 나는 프라다를 입었다. 당연하지.

그날 아침 옷을 입는데 머릿속 이모들이 나에게 말했다. "아유, 결혼식에 가듯이 옷을 차려입으면 아무도 나쁜 소식을 전하지 못할 게야. 누가 알겠냐, 혹시 잘생긴 '총각' 의사를 마주칠지도 모르잖여. 재스민 향수를 뿌리고 축복이 담긴 할머니의 루비 반지를 끼고 가려무나."

한껏 단장한 차림으로 시애틀의 호텔방 화장실에서 나오자 부모님은 찬찬히 상황을 파악한 다음 혼란스러운 듯 서로를 쳐다 보셨다. 그리고 어머니는 아버지를 보며 말씀하셨다. "우리 딸의 드라마는 앞으로 어떻게 흘러갈까요……."

흑백 프린트 칵테일 드레스와 샌들을 보며 아버지가 조심스 럽게 다가서서 말씀하셨다. "아가, 오늘은 외과 진료를 보러 가는 날 아니냐. 왜 뉴욕의 멋진 디너파티에 갈 것처럼 차려입었니."

"이렇게 가면 오늘 내가 죽을 거란 말은 아무도 못할 걸요. 쿠튀르[18]를 입었다고요." 말대꾸를 하며 '성공할 때까지 성공한 척하라'는 모토를 실천하는 사이에도 나는 사실 두려움의 늪으로 가라앉고 있었다.

"쯧, 쯧, 쯧……." 아버지는 내 머릿속에 가득한 잔소리쟁이 이모들의 옛 지혜와 입씨름을 벌여 봤자 소용없다는 것을 알고 계셨다.

하지만 진료실에서 본 펠레그리니 박사는 말했다. "우리가 지금까지 본 환자 중 가장 젊군요. 그리고 가장 심각합니다." 나는 깊은 절망감에 눈물을 터뜨렸고, 아버지는 필사적으로 나를 위로하셨다.

펠레그리니 박사는 말을 이었다. "먼저 식도하부와 위 수술을 하고, 이후 18개월 사이에 수술을 한두 번 더 해야 할 겁니

---

18 쿠튀르(Couture): 맞춤 제작된 고급 브랜드의 의류.

다. 조직검사로 암이 발견되면 시애틀에서 계속 치료받을 생각인가요? 아니면 부모님 댁에서 가까운 곳이 나을까요?" 박사는 잠깐 말을 멈췄다가 덧붙였다. "혹시 장애 보험이 있나요?"

콧물이 흘렀지만 맥 콤팩트를 꺼내 눈이 새빨개졌다는 것을 확인할 필요는 없었다. 나 또한 펠레그리니 박사의 위치에서 환자들에게 비슷한 소식을 전해 왔으니까. 하지만 진료실 반대편에 앉아 있으니 의사의 말을 어떻게 받아들여야 할지 알 수 없었다. 결국 나는 프라다 옷에 울컥 토하고 말았다.

패션의 수호천사와 이 글을 읽는 모든 패셔너블한 독자들이 내 회개를 받아주었으면 한다. 샤넬백에 손을 얹고 맹세컨대 토사물은 프라다가 아니라 휴지통이나 변기에 어울린다는 사실을 나도 잘 알고 있다.

하지만 솔직히 말해서 완벽하게 계획한 삶을 남들 앞에 갑자기 날것으로 드러내야 했던 사람이라면 누구나 '프라다에 토하기'에 준하는 행동을 했을 것이다. 대학에 진학하고 성공의 사다리를 오르는 동안, 만성 스트레스에 시달리는 삶이 완벽하게 채워넣은 옷장과 건강에 문제를 불러일으킬 수 있다는 경고 표시는 보지 못했다. '성공할 때까지 성공한 척하라.'는 말을 처음 만든 사람이 누구든, 내 쓰레기통을 들고 있어 주길 바란다.

🧠 1분 뇌과학 : 뇌는 스스로 도움을 청하지 못한다

건강, 즉 인생이 산산이 부서지기 시작할 때 뇌는 어디서부터 도움을 청해야 할지 모른다. 만성 스트레스와 바쁜 뇌 증후군의 해결책을 찾아 건강 관련 시장을 헤매는 것은 명품 옷을 고르고 골라 옷장을 가득 채우는 것만큼이나 혼란스럽고 비용도 많이 드는 과정이다.

마음 좋은 동료나 친구(또는 잔소리쟁이 이모들)가 소셜미디어 인플루언서에게 전해 들은 완벽한 해결책을 일러 준다. 맘먹고 시도해 보기도 하지만 내게는 맞지 않는다는 사실을 깨달을 뿐이다. 주치의를 만나볼까 싶다가도 나쁜 소식을 듣거나 혹여 부작용이 있는 약을 처방 받을까봐 가지 못한다. 대신 닥터 구글을 뒤진다. 그러나 알고리즘은 별반 도움도 희망도 되지 않고, 내가 예전에 검색했던 것과 비슷한 내용만 추천한다는 것을 깨닫게 된다. 내 경우, 검색창에 '스트레스 해소를 위한 자기돌봄'이라고 쳤더니 구두 세일 광고가 떴다.

🧠 만성 스트레스, 바쁜 뇌 증후군, 번아웃의 연속

2장에서는 스트레스와 번아웃이라는 단어를 혼용할 때 생기는 문제를 언급했다. 바쁜 뇌 증후군은 건강이나 생명에 큰 문제를 일으킬 수 있다.

다시 말하지만 스트레스를 받을 때 스트레스 요인에서 벗어나서 쉬거나 휴가를 가면 기분과 증상이 호전된다. 그러나 급성 삽화성 스트레스와 만성 스트레스가 지속되면 바쁜 뇌 증후군을 야기하며, 바쁜 뇌 증후군을 치료하지 않고 그냥 두면 결국 번아웃에 빠지게 된다. 번아웃이 시작되면 바쁜 뇌 증후군이 그대로 지속될 수도 있지만 대부분 이전의 예민하고 피곤한 상태가 극심한 피로와 절망으로 악화될 가능성이 높다.

의사에서 환자가 되어 프라다웃에 온통 속을 게워냈을 즈음, '번아웃'이라는 용어는 의료계에서는 고사하고 사회에서도 자주 쓰거나 널리 알려지지 않았다. 진료실에서 부모님 사이에 앉아 있을 때, 나는 내가 실패작이 된 것 같은 느낌을 떨쳐낼 수 없었다. 치열한 학계에서 버티지 못한 것이다. 결국 나는 (모두 의사인) 아버지와 삼촌들의 조언에 따라 상황을 받아들이고 내가 꿈꾸던 것과는 다른 유형의 의사로 일하게 되었다.

모두들 내가 일반 지역병원으로 이직하면 다시 기운을 차리겠거니 생각했다. 지역병원은 대학병원보다 업무강도가 낮을 터였다. 환자만 보면 되고, 그 외에는 연구를 하고 논문을 쓰고 의대생을 가르치지 않아도 되니까. 하지만 (아무리 근사한 구두를 신었어도) 한 쳇바퀴에서 다른 쳇바퀴로 건너간다 해서 문제가 해결되지는 않는다.

바쁜 뇌 증후군이나 번아웃에 시달릴 때는 이 부분이 문제다. 직장, 옷차림, 배우자, 집, 사는 도시를 바꾸면 상황이 쉽게 해결되리라 속단하는 것이다. 스트레스-성공 사이클에 갇혀 있을 때, 머리는 목표를 하나만 더 달성하면 스트레스와 걱정이 사라질 거라며 우리를 속인다. 하지만 바쁜 뇌 증후군의 기저원인을 해결하지 않으면 새 직장, 진로, 결혼생활이 주는 스트레스 요인이 바쁜 뇌 증후군에 계속 불을 지펴 결국 번아웃에 이르게 된다.

내 경우를 보면 알겠지만 처음에는 좋은 뜻(어떻게든 성공해야겠다는 생각)으로 시작했던 일이 스트레스를 야기했다. 갓 의사가 되었을 때는 호출대기를 하지 않고 하루만 잠을 보충해도 기운을 차렸다. 하지만 스트레스가 지속되자 산만히고 불인해졌다. 결국 일과 스트레스 때문에 잠이 너무 부족해서 결국 보충할 수 없는 지경에 이르렀다. 하루를 버티려고 커피, 초콜릿, 와인의 힘을 빌렸다. 시간이 지나면서 책임, 마감, 건강 문제가 쌓이자 나는 어두운 구렁텅이에 빠졌다. 바쁜 뇌 증후군 및 식도이완불능증 증상이 심해지면서 사랑하던 일에 대한 열정과 기쁨도 잃었다. 마침내 수술을 받을 즈음, 나는 설명할 수 없는 깊은 어둠에 빠진 상태였다. 이제 그 어둠의 정체가 '번아웃'이라는 것을 우리는 잘 알고 있다.

스트레스를 받을 때는 상황이 안정되면 기분이 나아질 거라는 희망을 품을 수 있지만, 번아웃에 빠지면 절망밖에 남지 않는다. 번아웃이란 무언가에 감정적, 지적, 신체적으로 매몰되고 나를 회복하는 데 도움이 되는 일은 아무것도 하지 않을 때 찾아오는 부정적 감정과 절망이다.

미국심리학회(APA)는 2007년 이래 미국 내 성인을 대상으로 매년 스트레스 수치를 측정하기 위한 설문조사를 실시한다. 수치는 매년 악화되고 있다(놀랄 일은 아니다). 현재 최신 데이터인 2022년의 수치는 미국 내 성인의 스트레스 수치가 건강 전반에 악영향을 미친다는 것을 보여준다.

성인의 76%는 지난달 스트레스로 인해 아래 증상을 최소 1가지 이상 경험했다고 응답했다.

- 두통(38%)
- 피로(35%)
- 긴장 또는 불안(34%)
- 우울 또는 슬픔(33%)

성인 10명 중 7명(72%)은 그 외의 증상도 경험했으며, 가장 흔한 증상은 다음과 같다.

- 부담감(33%)
- 수면 습관의 변화(32%)
- 지속적인 걱정(30%)

미국 내 직장인을 대상으로 스트레스와 업무의 관계에 대해 직접 묻자, 번아웃 증상을 적어도 한 가지 이상 겪고 있다는 응답의 비율이 높았다. 미국 내 성인 직장인 1,501명을 대상으로 미국심리학회(APA)가 진행한 「2021 직장 및 웰빙 설문조사」 결과는 다음과 같다.

- 조사를 실시하기 전 1개월간, 79%의 직장인이 업무 관련 스트레스를 경험했다.
- 직장인 5명 중 3명이 흥미, 동기, 에너지의 결핍(26%)과 직장 내 의욕 부족(19%) 등 업무 관련 스트레스의 부정적 영향을 받고 있다고 응답했다.
- 더불어 인지적 피로(36%), 감정적 소진(32%), 신체적 피로(놀랍게도 2019년보다 38%나 급증한 44%에 달했다)도 경험했다고 보고했다.

이들 보고서에 따르면 교사 및 의료계 종사자가 다른 직군에 비해 번아웃 증상을 보이는 비율이 높다. 하지만 분명히 말해 두는데 번아웃에 면역력이 있는 사람은 아무도 없다. 2014년 TEDx 강연에서 내 번아웃 이야기를 공개한 이래, 나는 IT, 교육, 금융, 서비스업에 이르는 온갖 업계에서 550회 이상 대면 및 비대면 강연을 해왔다. 스트레스가 몸과 마음에 미치는 부정적 영향에 면역을 지닌 사람은 없다. 스트레스 증상 때문에 집중력이 떨어지고, 불안감을 느끼고, 숙면을 취하기 어렵다면 여러분도 나와 함께 바쁜 뇌 증후군을 회복하길 권한다.

많은 업계에서 재택근무를 시행했던 2020년 초, 강연과 컨설팅 위주였던 우리의 사업모델도 온라인 환경에 적응해야 했다. 줌으로 여러 팀과 대화하면서 바쁜 뇌 증후군 자가진단을 온라인으로 제공하게 되었다. 바쁜 뇌 증후군 자가진단은 스트레스가 건강에 미치는 영향을 측정하는 공인 신경심리학 테스트다. 2020년 6월부터 2022년 12월까지 약 17,000명이 온라인 자가진단을 실시했고, 응답자의 83%는 바쁜 뇌 지수가 40점을 웃돌았다. 스트레스 증상이 번아웃으로 악화되고 있다는 뜻이다. 2020~2022년 사이 바쁜 뇌 증후군 자가진단에서 가장 흔히 보고된 증상은 잠을 이루기 어렵고, 한밤중에 깨면 다시 잠들 수 없고, 업무시간에 기운이 떨어진다는 것이었다. 혹시 여러분에게도 해당되는 이야기는 아닐까?

바쁜 뇌 증후군 자가진단은 스트레스가 다음 네 가지 주요 영역에 미치는 영향을 분석하는 질문 20개로 되어 있다.

1. 수면
2. 업무시간의 활력 및 집중력
3. 정신건강
4. 신체 · 호르몬 관련 증상

바쁜 뇌 증후군 자가진단에서 몇 점이 나올까 궁금한 독자를 위해 2장 말미에 진단을 실시하고 점수를 확인하는 법을 설명해 두었다. 바쁜 뇌 증후군 지수가 30점 이상인가? 여러분이 경험하는 증상 일부가 스트레스 또는 번아웃과 연관되어 있다는 사실을 깨달았는가? 2장에서 자가진단을 하지 않았다면 3분만 짬을 내어 www.BusyBrainCure.com에서 20개 문항에 답해 보자.

회복까지 이르는 솔루션은 제각각 다르다

쿠튀르의 세계에서 잘 맞지 않는 맞춤옷은 실패작 취급을 받는다. 반면 일반 의료계에서는 모든 환자에게 같은 처방을 내리는 경우가 많다. 하지만 원피스나 수트가 그렇듯 하나의 사이즈가 모두에게 맞는 것은 아니다. 잘 맞던 원피스도 생리 직전에는 꽉 끼는데 무슨 말이 더 필요할까? 스트레스와 바쁜 뇌 증후군에 대한 해결책도 마찬가지다. 모두에게 완전히 똑같은 프로토콜을 처방할 수는 없다.

2장에서 언급했듯 바쁜 뇌 증후군의 증상은 불안 반추, 집중력 저하, 성인기발발 주의력결핍장애, 불면증이다. 이들 증상에 대한 일반의학의 치료법을 보면 같은 종류의 약, 즉 각성제 또는 진정제가 계속 등장한다. 2장에서 각성제-진정제 사이클에 갇힐 위험에 대해 언급했었다.

오해하지는 말자. 이들 증상 중 한 가지만 나타난다면 약 처방을 받는 것이 바람직할 수도 있다. 그러나 약을 먹으면서도 이를 언 발에 오줌누기가 아닐까 생각한 적은 없는가? 때로는 실제로 그런 상황에 빠질 수 있다.

오늘날 주로 쓰는 불안장애 약은 대부분의 사람들에게 완전히 효과적이지 않으며, 부작용이 잠재적 이점보다 크고 중독성이 있다.

범불안장애[19]에 쓰는 주로 쓰는 약 중 하나는 로라제팜(Lorazepam)과 클로나제팜(Clonazepam) 등의 벤조디아제핀[20]이다. 2019년 《랜싯》지에 실린 벤조디아제핀에 대한 대규모 메타

---

[19] 범불안장애: 과도한 걱정 탓에 일상생활에 어려움을 겪거나 별다른 이유 없이 불안에 시달리는 정신장애.
[20] 벤조디아제핀(Benzodiazepines): 신경안정제에 속하는 향정신성의약품의 일종으로 벤젠 고리와 디아제핀 고리가 결합된 화학 구조를 갖고 있다.

분석[21]에 따르면, 이들 약물군은 불안 및 범불안장애의 증상을 줄이는 데 매우 효과적이다. 약물에 따라 다르지만 대개 몇 분에서 몇 시간 안에 증상이 완화된다. 그러나 벤조디아제핀에는 남용과 의존 문제가 있으며, 이들 약물 일부는 리바운드 불안을 야기할 수 있다. 리바운드 불안이란 불안이 일시적으로 가라앉았다가 더 심한 불안으로 나타나는 것을 말한다. 이 경우 처음에 썼던 약이 더 이상 듣지 않고, 증상도 더 심해질 수 있다. 또 다른 부작용은 진정효과 때문에 낮에 기운과 집중력이 떨어진다는 것이다. 이들 약은 대개 긴급 상황 또는 다른 선택지를 시도해 보았으나 효과가 없을 때 처방해야 한다.

불안장애에 의사들이 흔히 처방하는 또 한 종류의 약물은 플루옥세틴(Fluoxetine)이나 시탈로프람(Citalopram) 등의 선택적 세로토닌 재흡수저해제(Selective Serotonin Reuptake Inhibitors, SSRIs)다. 2013년 「정신요법과 심신의학(Psychotherapy and Psychosomatics Journal)」에 실린 대규모 리뷰에 따르면 이들 약물은 우울증에 수반되는 불안을 완화하는 데는 효과적이지만 범불안장애를 치료하는 데는 거의 효과가 없다.

2016년 「상담과 임상심리학저널(Journal of Consulting and Clinical Psychology)」에 실린 연구에서 크리스토퍼 로즈닉

---

[21] 메타분석: 어떤 연구주제에 대한 연구 결과 여럿을 통합해서 통계적으로 정리, 재분석하는 것.

(Christopher Rosnick) 박사와 연구진은 불안 증상이 있는 성인의 혈청 코티솔 수치(스트레스 호르몬)를 측정했다. 그 결과 인지행동치료와 선택적 세로토닌 재흡수저해제 약물을 병용할 경우, 약물만 쓸 때보다 효과적으로 불안이 완화되고 코티솔 수치가 낮아지는 것을 발견했다. 짧게 말하자면 두 연구 모두 환자의 50~60%가 불안지수가 개선되고 기분이 나아졌지만, 이들 환자 중 최대 40%는 불안이 재발했다.

불면에 흔히 처방하는 진정제는 진정효과가 있으며 벤조디아제핀 수용체 작용제와 비벤조디아제핀 수면제로 나뉜다. 미국의 텔레비전 광고에 너무 자주 등장하는 이들 약의 예로는 졸피뎀과 테마제팜이 있다. 이들 약물의 의존성은 상당하며, 14일이 넘지 않도록 단기간 복용해야 한다. 2007년 「일반내과학저널(Journal of General Internal Medicine)」에 실린 이들 약제에 대한 대규모 리뷰에 따르면 이런 종류의 약은 빨리 잠들고 수면 상태를 유지하는 데 효과가 있다. 반면 몸이 완전히 쉴 수 있는 깊은 수면 단계에 들지 못하는 것과 의존성은 단점으로 꼽힌다.

처방약에 반대하는 것은 아니다. 하지만 우리가 처방하는 약이 바쁜 뇌 증후군의 증상이나 기저원인을 실제로 치료할지는 의문이다. 여러분은 이런 증상이 나타난 원인이 궁금하지 않은가? 우리가 더 깊은 곳의 무언가를 놓치는 것은 아닐까? 증상이 시작되고 지속되어 결국 내가 손쓸 수 없는 지경에 이르는 근본 원인은 무엇일까?

바쁜 뇌 증후군의 기저원인을 찾아서

통합의학에서는 증상의 기저원인에 가닿기 위해 과학적 근거가 있는 연구를 활용한다. 사람 전체(정신, 몸, 영혼)를 치유하기 위해 근거에 바탕을 둔 접근법을 택한다. 수정 싱잉볼[22]을 치거나 쑥을 태우라는 말이 아니다. 아직 일반의학의 모형에 완전히 통합되지는 않았지만 통합의학은 곧 우리의 미래다. 사람의 신체적, 감정적, 정신적, 영적 니즈는 모두 건강과 관련되어 있기에 통합의학은 다양한 치료법의 조합을 활용한다. 통합의학은 일반의학의 접근법(수술과 약물)과 보완 치료법(요가, 침술, 영양, 명상 등)을 '통합'해서 최적의 건강과 치유에 가닿는다.

일반의학에 대한 내 애정을 오해하지는 말기 바란다. 그러나 식도이완불능증을 치유하는 과정의 답은 기존의 약, 생명을 구한 수술뿐 아니라 통합의학에서 발견한 보완 치료법에도 있었다. 다행히 조직검사상 악성 병변은 없었지만, 증상이 어째서 그렇게 심각했는지는 결국 일반의학으로 알아내지 못했다. 식

---

22 싱잉볼(Singing Bowl): 주로 히말라야 근처 지역에서 이용하는 금속제 그릇으로 가장자리를 쳐서 소리를 내어 스트레스 해소와 명상에 도움을 준다.

도와 위 수술을 받은 뒤 입원실에 누워 있는 동안 나를 괴롭힌 단 하나의 질문은 '이제 어떻게 앞으로의 삶을 개선할 것인가?' 였다. 나는 여전히 바쁜 뇌를 제어할 방법을 찾지 못했던 것이다. 길을 잃고, 완벽하게 계획한 인생의 로드맵이 날아간 것 같았다. 당시 내게 의대에서 배운 지식은 전혀 도움이 되지 않는 것처럼 느껴졌다.

TIP　　　　　　　　　　　　　　　3장 요약 정리

- ✓ 삽화성 및 만성 스트레스는 바쁜 뇌 증후군의 증상을 야기한다.
- ✓ 연구 결과, 바쁜 뇌 증후군 자가진단의 응답자 중 83%가 스트레스로 인해 건강에 부정적 영향을 받거나 이미 번아웃을 겪고 있었다.
- ✓ 모든 사람에게 잘 어울리고 실용적인 만능 옷은 없다. 치료와 약도 마찬가지다.
- ✓ 불안과 불면에 대한 현재 치료법은 부작용의 가능성이 있으며 증상에 대처하는 임시방편에 불과하다.
- ✓ 통합의학은 사람 전체, 즉 정신, 몸, 영혼을 치료하고 질환의 기저원인에 접근하기 위해 과학적 연구를 활용한다.

속성 뇌 회복 | 약 상자를 확인하자

불면, 불안, 집중력 문제를 해결하기 위해 집에 쌓아둔 온갖 처방약, 영양제, 잡동사니가 얼마나 많은가? 뇌 회복 8주 그룹 프로토콜 또는 개인 상담을 통해 만난 고객들은 종종 바쁜 뇌 증후군을 다스리기 위해 어떤 방법이나 약을 시도했는지 잘 기억하지 못했다.

아래 사항을 목록으로 정리해 보자.

- ✓ 현재 수면, 불안, 집중력 문제(바쁜 뇌 증후군)를 해결하기 위해 복용 중인 약 및 영양제
- ✓ 수면, 불안, 집중력 문제 해결을 위해 과거 복용한 처방약
- ✓ 과거 바쁜 뇌 증후군 문제 해결을 위해 복용한 비처방약
- ✓ 과거 복용한 영양제
- ✓ 과거 또는 지금 사용 중인 스마트폰 앱, 온라인 프로토콜, 전자기기

바쁜 뇌 증후군의 또다른 징후는 온갖 화장품이나 단백질 셰이크 통 뒤편에 유통기한이 지난 영양제 병이 쌓이는 것이다. 답을 얻으려고 의사를 찾았는데 전에 그 약이나 영양제를 복용했었다는 사실이 뒤늦게 기억나면 얼마나 짜증스러울까? 이 과제의 목표는 복용 중인 약과 영양제를 체계적으로 정리하는 것이다. 3부에서 뇌 회복 프로토콜을 시작할 때 도움이 되도록 내 여정의 윤곽과 이력을 파악해 두자.

04
바쁜 뇌 증후군
치유법

식도이완불능증 증상이 나타나기 4년 전, 내가 완벽하게 계획한 삶에서 탈선하기 시작했던 순간으로 돌아가보자. 니는 맞춤 바지 정장을 입고 처음 신경과 전문의로 근무하게 된 대학병원(어엿한 의사로서 들어간 첫 직장이었다)에서 남성 상사의 인사말에 귀를 기울이고 있었다.

내용인즉슨 이랬다. "무슈타크 선생님, 혹시 임신 계획은 없으시죠? 전에 저희 과에 있던 여자 선생님은 임신 합병증 때문에 6개월이나 휴직했거든요. 그래서 수익이 백만 달러나 줄었지 뭡니까. 선생님은 남자들 못지않게 일해 주셔야 합니다."

당시 나는 이혼했고 2년간 싱글이었으며 우리 집의 가장이었다. 의료계라는 남성 중심적 세계에서 이렇게 노골적인 성차별을 받고 있자니 유리천장이 존재할 뿐 아니라 두껍기 그지없다는 사실을 다시금 깨닫게 되었다. 나는 상사의 말을 똑똑히 알아들었다. 여기서 살아남으려면 병원에 영혼을 팔고, 업무 외의 개인적 목표나 바람 따위는 당장 집어치워야 한다는 것을.

내가 신경과에 발을 들여놓았을 당시, 미국의 뇌 전문의 중 여성의 비율은 5%도 채 되지 않았다. 나는 높은 하이힐을 신은 채 머리를 낮추고 극한까지 업무에 집중하려고 발버둥쳤다. 그러나 빳빳한 흰색 가운 속에는 비밀이 숨겨져 있었다. 어떤 대가를 치르더라도 성공하겠다는 결심과 살인적인 업무에 발맞추느라 내 머리와 몸이 힘겨워하고 있다는 것이었다. 그러나 그 대가가 일반적인 삶의 방식과 커리어를 통째로 희생하는 거라고 말해준 사람은 없었다.

그곳에서 4년이라는 시간을 보낸 뒤 극심한 식도이완불능증이 찾아왔다. 4년이 지난 그때도 상사의 말은 여전히 내 바쁜 뇌 안에서 반복재생 되고 있었다. 내 지미추 하이힐은 평소처럼 자신 있게 소독한 타일 위를 또각거리며 걷지 못했다. 어깨가 축 처지고 부스스한 긴 머리카락이 얼굴을 반쯤 가렸다. 의사로서 낯부끄러운 일이었다. 모든 노력을 기울였지만, 어쨌든 개인 사정(심신을 괴롭히는 질환) 때문에 업무에 지장이 생긴 것이다. 퇴사 전날 밤, 목구멍에 넘겨보려던 약간의 음식과 음료를 모두

토하고 있는데 호출기가 울렸다. 신경과 병동에서 밤새 호출대기를 마친 다음, 나는 대학병원 연구직을 떠나 (바라건대 좀 더 수월할 성싶은) 지역병원으로 이직하기 전의 마지막 회진을 돌았다. 그 아이러니와 고통이라니. 임신을 하지는 않았으니 적어도 그 지시는 지킨 셈이었다(내 몸 상태로는 임신은 꿈도 꿀 수 없었다. 임신 또한 내가 시도했다가 실패한 일 중 하나였다). 하지만 식도이완불능증의 진단과 치료에 전념하기 시작했기에 나는 한동안 의료계를 향한 애정을 거둬야 했다.

그로부터 오랜 시간이 지났지만 증상이 심했던 날이면 환자, 심지어 환자의 부모님이나 배우자가 모두 내게 묻던 기억이 떠오른다. "선생님, 괜찮으세요? 건강에 좀 신경 쓰고 계신 거예요?" 그럼에도 불구하고 모든 호출에 충실히 응답하고 모든 진료를 마치는 사이, 그 어떤 동료 의사도 내 눈을 들여다보며 괜찮냐고 묻지 않았다. 침을 삼킬 때마다 질식하고 폐렴에 걸려 출근했는데도 오가는 이야기의 주제는 임상 증례나 전날 밤 스포츠 중계였다.

물론 다들 뭔가 이상하다는 것은 알고 있었다. 간호사, 뇌파 기사, 원무과 직원 모두 즐거운 듯 내게 뒷소문을 전해 주었다. "아무튼 여자를 학계에 들여놓으면 저런 일이 벌어진다고 하더라구요." 건강과는 거리가 먼 임상의학계의 업무문화 안에서는 입을 다물고 계속 일하지 않으면 의학박사 소리를 들을 자격도 없다고 치부한다. 병으로 휴직해야 한다는 사실을 누군가에게 털어놓으면 내 커리어는 끝장이었다. 질병휴직은 당시 의학계에서는 용납될 수 없는 개념이었으니까. 휴가는 오직 가족의 응급 상황에만 쓸 수 있었다(개인생활이 전혀 없는 실정에서 가족의 응급 상황에 해당되는 사안은 대체 뭘까?). 그뿐 아니라 의료보험 기록이 남지 않도록 사비를 써서 가명으로 상담을 받아야 했다. 정신건강 전문가의 도움을 구하면 의사로서 신망과 자격을 잃을 수도 있었다.

수술이 끝난 뒤 부모님 댁에 머물며 회복하는 동안 (내 머릿속의 이모들이 아닌) 진짜 이모들이 매일 병문안을 오셨다. "아니, 우리가 알던 로미는 대체 어디로 간 게야. 백과사전을 읽고 초콜릿을 먹던 행복한 아이가 어찌 이리 되었을꼬. 지금 네 모습은 불은 켜져 있는데 사람은 없는 집 같구나."

이모들의 진단대로 나는 고요 속에서 괴로워하고 있었다. 시애틀의 입원실과 부모님 댁에서 나는 가만히 누워 있어야 했다. 몸과 영혼이 치유되고 회복하려면 시간이 필요했다. 그 침묵 안에서, 웬 목청 크고 못된 녀석이 나타나 단호한 목소리로 비판과 비난을 퍼부었다.

'넌 실패작이야. 부모님의 기대도 저버리고 어른들을 부끄럽게 했어. 학계의 모든 여성에게도 폐를 끼쳤다고.'

머릿속에 울리는 비난의 목소리에 귀를 닫을 방법은 없었다.

이모들이 가져온 약초로 우린 전통차, 무르기 카 쇼르바(요즘 미국에서는 닭뼈 수프라는 이름으로 판매 중이다), 명상 카세트테이프 사이에서 내 몸과 영혼을 치유할 새로운 로드맵의 출발점을 찾게 되리라는 사실을 그때의 나는 알지 못했다. 명상을 시작하면서 나는 수술 후의 가슴 통증이 잦아들고 있으며 진통제를 예전만큼 복용하지 않아도 된다는 것을 차츰 깨닫게 되었다.

"아아, 로미가 우리에게 돌아와주고 있구나……." 이모들은 줄곧 내 곁에 앉아 무언가를 떠먹여 주고, 안아 주고, 머리맡에서 열심히 기도해 주며(때로는 세 가지를 동시에 하셨다) 말씀하셨다.

내 영혼을 틀어쥔 어둠의 손아귀가 느슨해지고 못된 녀석의 목소리가 일부나마(전부는 아니었다) 조용해지는 것도 느꼈다. 그간 놓쳤던 잠을 보충하고, 명상을 하고, 건강한 전통 음식을 먹는 게 정말 도움이 되었던 걸까? 나는 그 의문을 따라 전 세계를 돌아보는 여정에 올라 수도자와 요가 전문가에게 명상과 마음챙김에 대해 배웠다. 당시로서는 의사가 하기에 어울리지 않는 유별나고 이상한 행동이었으므로 나는 발리의 프라나야마 전문가나 애리조나의 요가 치료사 덕분에 마음의 평화를 찾았다는 사실을 입 밖에 내지 않았다. 한편 서구의 의학 철학을 앞서는 세계 곳곳의 치유의 전통에 대해서도 배웠다. 5천 년이 넘는 역사를 지닌 고대 인도 의학인 아유르베다가 한 예다. 나 자신의 치유뿐 아니라 마음챙김과 통합의학을 환자 진료에 활용하기 위해 필요한 여정이었음을 확신하며, 나는 일상으로 돌아왔다.

수술에서 회복하고 통합의학에서 마음챙김과 치유를 향한 길을 찾자 비로소 명료하게 생각할 수 있게 되었다. (이모들의 세심한 가르침대로) 어릴 때부터 짠 인생 목표를 이루지 못했다며 자책하고 절망에 빠지기 위해 그 모든 역경을 겪은 것이 아니었다. 이제 매일같이 스트레스에 시달리지 않고도 성공할 방법을 찾고 각성제-진정제 사이클을 깨는 데 성공했으니 그 지식을 환자들과 나눌 차례였다.

솔직히 말해서 당시 나는 일반의학의 이단아였다. 신경과 의사들이 모이는 자리에서 내 이름은 여전히 수치와 당혹의 동의어였다. 1년간 전임의로 화려한 성적을 내자 나를 차세대 신경과 연구의 유망주라고 평하셨던 교수님이 있다. 그런데 수술을 받으려고 자리를 비우자 연락이 완전히 끊겼다. 수년 뒤 전통 남부식으로 열린 동료의 딸 결혼식에서 인사를 드렸지만 그 교수님은 모든 사회적 예절을 무시하고 내 인사를 받지 않았다. 설상가상으로 교수님의 부인은 대뜸 내게 가슴 수술을 해준 성형외과의가 누구냐고 물었다. 말해 두는데, 남들이 상관할 바는 아니지만 내 가슴은 펀자브 출신 이모들이 자연적으로 물려준 것이다. 펀자브 문화에서는 소울푸드만큼이나 몸의 곡선을 중시하니까.

2012년 즈음 나는 두통, 우울증, 뇌건강 문제의 기저원인을 찾기 위해 신경과 환자들의 포괄적인 검사 결과를 확인했다. 이들 검사는 당시 일반의학에서 일반적으로 행하는 것이 아니었다. 한편 불안장애에 시달리는 환자들에게 다양한 명상 및 프라나야마[23] 테크닉을 가르쳤다. 병원에서 할당한 15~30분의 진료 시간은 정신, 몸, 영혼을 치유할 완전한 계획을 짜기에는 충분치 않았다(요즘은 진료 시간이 5분으로 줄었다).

이모들은 내가 스스로 인지하지 못했던 번아웃의 양상을 정확하게 진단하셨다. "집에 불은 켜져 있는데 사람이 없는 것 같구나." 그 당시에는 내 머릿속 못된 녀석의 목소리가 수술 이후의 가슴 통증 및 배, 호르몬, 수면에 얽힌 온갖 증상과 관련되어 있다는 사실을 알지 못했다. 평소 수다스러웠던 이모들(실제 및 내 머릿속의 이모들)은 내게 더 조심스럽게 대했다. 어째서 하타[24] 요가 수업을 받고 나면 행복을 느끼는지 궁금해졌다. 사바아사나[25]를 할 때 들리는 지식, 편안, 지혜의 내면의 목소리가 어디서 오는지 알고 싶었다. 내 안의 이성적 신경과 전문의는 해답을 원했다. 더 많은 자료를 읽고 통합의학과에서 전임의 과정을 시작한 뒤에야 나는 정신-몸 관계의 중요한 측면을 깨닫게 되

---

23 프라나야마(Pranayama): 마음을 진정시키는 요가의 호흡법.
24 하타(Hatha): 몸, 마음, 영혼의 조화를 목표로 하는 요가.
25 사바아사나(Savasana): 누워서 몸을 이완시키는 요가의 휴식 자세.

었다. 정신이 평화로우면 몸이 치유된다. 정신이 바쁜 뇌에 얽매여 있으면 몸에는 병이 생긴다.

2014년, 나는 신경과를 떠나 플로리다주 올랜도의 외래 통합의학 클리닉으로 자리를 옮겼다. 환자당 진료 시간은 이제 90분으로 늘어났고, 환자의 삶을 통째로 파악할 수 있게 되었다. 프로토콜을 활용하면서 괄목할 만한 성과가 나타났지만, 세 가지 문제가 있었다.

첫째, 높은 비용을 감당할 수 있는 환자만 진료할 수 있었다. 나는 부모님과 친지들에게 서비스지향적 리더십, 즉 사회환원의 정신에 대해 듣고 자랐다. 통합의학 전문의에게 진료를 받으려면 그때나 지금이나 비싼 진료비를 치러야 한다. 비용을 감당할 수 있는 환자는 소수뿐이었으므로 아무래도 성에 차지 않았다. 돈을 물 쓰듯 쓸 수 있는 사회의 0.1%만 치료하는 데 만족한다면 더 많은 이들에게 도움을 줄 수 없을 터였다.

둘째, 하루에 진료할 수 있는 환자가 대여섯 명뿐이었다. 어떻게 하면 더 많은 환자를 볼 수 있을까? 사람들이 스트레스와 번아웃에 시달려 나와 비슷한 불상사를 겪기 전에 이 메시지를 더 많은 사람들에게 전할 방법은 무엇일까?

셋째, 환자들은 이미 스트레스, 바쁜 뇌 증후군, 번아웃의 여정을 답습한 뒤에야 통합의학 전문의를 찾는다. 문제의 원천, 즉 직장으로 직행에서 관리자와 직접 대화를 나눈다면 어떨까?

이를테면 "여보세요, 회장님! 업무 때문에 임직원과 회장님 본인이 죽는 일이 없도록 손을 써봅시다!"라고 말하는 것이다. 오늘날 업무환경은 인간의 정신에 익숙한 속도보다 더 빠르게 변화하고 있다. 전자기기에 의존하게 되면서 우리 머릿속에 한때 존재했던 일과 사생활의 경계도 사라졌다. 이런 문제는 모두 스트레스 수치를 높여 바쁜 뇌 증후군을 유발한다.

1분 뇌과학 : 지금부터 시작해야 한다

가끔 못된 녀석(또는 잔소리쟁이 가족)의 목소리가 머릿속을 점령하는가? 살면서 겪은 실패를 불명예스러운 낙인인 양 곱씹는가? 만성 스트레스, 바쁜 뇌 증후군, 나아가 번아웃을 겪으면 머릿속의 비판적인 목소리, 부정적 생각, 절망감은 더 심각해진다.

식도이완불능증 진단을 받고 회복되는 과정은 약 18개월이었다. 그러나 바쁜 뇌 증후군과 번아웃을 제대로 진단하고 치유하는 것은 훨씬 오래 걸렸다. 얼마나 시간이 걸렸는지 가늠하지도 않았다. 한 가지는 확실하다. 여러분의 바쁜 뇌 증후군을 이해하고 치유하기 위한 여정은 내가 의사, 학자, 환자, 치유자, 뇌 회복 연구소 창립자로서 16년간 걸어온 커리어의 결과물이다.

오늘날 우리는 뇌과학 및 정신건강 프로그램을 이용하여 전 세계의 기업에 직장 내 웰빙을 중시하는 문화를 전파하고 있다. 2018년, 나는 에볼루션 호스피털리티(Evolution Hospitality, 이하 '에보')의 최고건강책임자로 영입되었다. 당시 에보는 미국과 캐나다 소재 호텔 125곳을 관리했고 직원이 7천 명에 달했다. 내 역할은 에보의 임직원을 위한 마음챙김과 웰빙 프로그램 전략을 만들고 실행에 옮기는 것이었다.

바쁜 세상에서 바쁜 뇌 증후군을 치유하려면

문제는 바쁜 일정이 아니라 뇌가 과제, 감정, 기억, 쉴 새 없이 쏟아져 들어오는 정보를 어떻게 처리하는가에 달려 있다. 나는 스트레스-성공 사이클에서 벗어나 바쁜 뇌 증후군을 치유하기 위한 연구 끝에 뇌 회복 프로토콜을 완성했다.

정말 바쁜 뇌를 치유할 방법이 있을까? 물론이다(그렇지 않다면 이 책을 쓰고 온갖 기업과 기관에 강연과 컨설팅을 하러 매년 미국 내에서만도 25만 킬로미터가 넘는 거리를 날아다니지는 않을 테니까). 바쁜 뇌 증후군을 치유하면 뇌가 회복되어 다음과 같은 일들을 할 수 있게 된다.

- 마냥 분주한 것이 아니라 생산적인 삶을 선택한다.
- 할 일 목록의 일을 해치울 때 치솟는 도파민을 추구하는 대신, 한 번에 한 가지 프로젝트를 하는 데 정신을 집중한다.
- 지금 내가 해야 할 역할에 몰입한다.
- 뇌의 신경염증을 치유해서 스트레스가 건강에 미치는 부정적 영향을 줄인다.
- 일주기리듬의 일일 변화와 균형을 회복해서 낮에는 기운이 넘치고 밤에는 편안한 숙면에 든다.

각 개인과 집단에 맞는 뇌 회복을 향하여

스트레스-성공 사이클에 갇히면 과제를 해치울 때 샘솟는 도파민과 빡빡한 마감에서 오는 아드레날린에 힘입어 종일 쉴 새 없이 움직이게 된다. 그 사이, 코티솔이라는 또 하나의 스트레스 호르몬 수치가 몸과 머릿속에서 증가한다. 2부에서 다룰 바쁜 뇌 증후군의 신경화학적 기반은 이런 과정을 통해 생겨난다.

위의 신경화학적 과정은 아래와 같은 바쁜 뇌 증후군의 증상을 불러일으킨다.

- 아침에 기운이 나지 않고 집중력이 떨어지는 것은 성인 기발발 주의력결핍장애에 속한다.
- 중등도의 불안감은 불안 반추로 발전하며, 주의력결핍장애와 더불어 생산성을 저하시킨다.
- 이 증상은 저녁까지 지속되어 수면장애를 일으킨다.

건강에 관한 상충되는 조언이 넘쳐나는 요즘, 또 다른 다이어트를 강요하지 않고도 바쁜 뇌 증후군에 시달리는 목표지향적인 사람들을 치유할 방법은 무엇일까? 2부 8장에는 다이어트가 뇌 회복 프로토콜의 적이라는 내용이 담겨 있다. 다이어트 업계는 우리의 정신건강, 가족과 함께하는 식사, 소셜미디어의 알고리즘까지도 뒤흔든다. 뇌 회복 프로토콜은 소울푸드를 먹어도 될 뿐 아니라 권장하도록 되어 있다. 2부에서는 마음이 편안해지는 섭식과 스트레스성 섭식의 차이에 대해 알아볼 것이다. 에보의 최고건강책임자로 활동하는 동안 직원들에게 가장 많이 받은 질문(모두들 가장 혼란스러워하는 부분)은 음식에 관한 최신 유행이나 논란이었다. 그러나 직장 동료든 가족이든, 서로 다른 두 사람이 완전히 똑같은 식단을 따르는 경우는 없다. 뇌 회복 연구소에서는 다양성, 평등성, 포용성, 소속감을 중시한다. 남인도의 전통을 따랐던 우리 집에서는 음식이 곧 사람의 표현이었다. 내가 품고 있는 큰 목표 중 하나는 초콜릿 마니아, 비건, 팔레오 다이어트[26], 간헐적 단식을 실천하는 사람들 모두가 한 테이블에서 평화로이 식사를 할 수 있는 더 건강한 세상을 만드는 것이다.

바쁜 뇌를 회복할 방법을 고민하면서 나는 의사 겸 학자로서 보낸 20여 년의 세월을 한줄기로 정리했다. 신경과와 통합의학이라는 두 분야를 한데 모으고 진심과 도발적인 생각도 추가했다(물론 이모들에게서 물려받은 자산이다). 신경과 및 통합의학과에서 치료했던 비슷한 증상을 보인 환자의 면면을 다시 떠올렸다. 그리고 이 개념을 집단 및 더 큰 규모의 대중과 나눌 계획을 짰다. 지난 3년간, 나는 미국 내 기업에 속한 개인 및 집단을 상대로 뇌 회복 프로토콜을 실천하고, 연구해 왔다. 이 책에는 나와 함께 8주간 뇌 회복 프로토콜을 완수한 개인, 팀, 조직의 생생한 이야기가 담겨 있다.

뇌 회복 프로토콜은 프로토콜을 실천한 임직원 천여 명의 데이터를 바탕으로 테스트와 수정을 거쳤다. 왠지 수다스런 이모들처럼 말이 길어지는 것 같다. 여러분의 바쁜 뇌가 "얼른 본론을 말해 달라고!"라고 외치는 소리가 귀에 쟁쟁하다. 이제 본론으로 들어가보자.

---

[26] 팔레오(Paleo) 다이어트: 농업혁명 이전, 선사시대에 먹던 식재료를 중심으로 하고 곡류, 유제품, 설탕, 소금, 술, 커피 등을 제한하는 식단.

정신신경면역내분비학 : 바쁜 뇌 증후군 치유법의 근간

회복기에 할 만한 취미를 찾으면서, 내 바쁜 뇌의 시선을 돌리려는 일련의 시도(아니, 실험)는 또 한 번 실패로 돌아갔다. 취미는 신경과 교수로 재직하는 동안 내가 누릴 수 없었던 사치였다. 이것저것 시도해 봤지만 한 달을 넘기지 못했다. 어머니가 여름에 즐겨 키우던 페튜니아를 심겠다며 시작한 정원 일은 사흘 만에 개미굴과 시든 꽃으로 끝나고 말았다. 내가 지속적으로 즐긴 유일한 일은 뇌과학, 정신건강, 홀리스틱 의학[27] 연구 자료와 비문학 책을 읽는 것이었다.

자칭 공부벌레인 내가 요즘 자유시간이 있다면 해보고 싶은 일은 딱 하나다. 다시 공부를 시작해서 정신신경면역내분비학 박사학위를 따는 것이다(이제 내가 첫 데이트나 회사의 칵테일 파티에서 왜 낯을 가리는지 여러분도 이해하리라 믿는다). 정신신경면역내분비학은 정신과 몸이 어떻게 연결되어 있는지 설명하고 정신, 뇌세포의 신경기능, 내분비기능, 면역 반응 간의 상호작용을 연구하는 학문이다.

정신면역내분비학을 이루는 네 가지 요소는 다음과 같다.

---

27 홀리스틱 의학(Holistic Medicine): 심신을 하나로 보고 치료하는 전인의학.

1. 정신이란 기분 및 외부사건에 대한 감정적 처리를 가리킨다.
2. 신경이란 뇌의 구조와 기능을 말한다.
3. 면역이란 기분과 뇌기능을 바탕으로 형성된 환경에 면역체계가 보이는 반응이다.
4. 내분비학이란 호르몬을 연구하는 학문으로 정신신경면역내분비학은 뇌와 몸을 잇는 호르몬 축이 외부 환경 변화에 어떻게 반응하는지 밝힌다.

간단히 말해서 정신신경면역내분비학은 내 기분이 뇌기능, 면역체계, 장건강, 호르몬 기능에 미치는 영향을 연구한다.

다양한 자극이 특정 경로와 신경전달물질을 통해 일으키는 만성 스트레스 및 후천적 요인은 여러분의 정신신경면역내분비 축을 뒤흔드는 데 큰 영향을 미친다. 그리고 나아가 질병을 일으키고 악화시킨다. 만성 스트레스나 번아웃이 정신신경면역내분비체계를 활성화시키면 뇌와 몸의 모든 기관계에 온갖 증상이 나타난다. 2부에서는 바쁜 뇌 증후군의 증상과 연관된 신경염증의 구체적 패턴에 대해 자세히 알아볼 예정이다. 이어 3부에서는 정신신경면역내분비체계의 모든 주요 측면을 다루어 바쁜 뇌 증후군을 치유하는 8주 뇌 회복 프로토콜을 소개한다.

바쁜 뇌를 회복하는 꼬마습관

뇌의 상태를 제대로 돌려놓지 않으면 인간관계와 업무를 재건할 수 없다. 그리고 뇌를 제대로 돌려놓으려면 단 한 가지 행동, 즉 뇌 회복을 실천해야 한다.

뇌 회복 프로토콜은 뇌 회복 연구소에서 연구, 개발한 바쁜 뇌 증후군과 번아웃을 치유하는 지속가능한 일련의 꼬마습관이다. 꼬마습관이란 건강과 웰빙을 개선하며 자연스럽고 즐겁게 실천할 수 있는 간단한 습관을 가리킨다. 꼬마습관 하나를 마스터하면 그 위에 다음 꼬마습관을 쌓으면 된다. 이렇게 하면 자연스러운 순서대로 차례차례 습관을 쌓아올릴 수 있다.

뉴욕타임스 베스트셀러를 쓴 제임스 클리어(James Clear)는 저서 『아주 작은 습관의 힘』에서 꼬마습관이 왜 효과적인지 밝혔다. 습관이란 자기 발전에 복리가 붙는 것과 같다. 결과가 나아지길 바란다면 목표를 세우는 대신 현재 내 시스템에 초점을 맞춰야 한다. 성공은 평생 한 번 일어나는 대변신이 아니라 매일 쌓아올린 습관의 산물이다.

뇌 회복을 할 때는 행동을 개시하기도 전에 머릿속의 못된 녀석에게 발목을 잡히지 않고 한 번에 꼬마습관 하나에 집중해야 한다. 8주 프로토콜은 2013년 이래 내가 개인 환자 및 고객 수백 명과 함께 실천했듯이 혼자서도 시도할 수 있다. 그러나

가급적이면 온라인 뇌 회복 커뮤니티나 직장의 팀원들과 함께 프로토콜을 실천하길 권한다. 클리어의 말대로 "사람들은 세 가지 사회집단의 습관을 모방한다. 즉 가까운 사람들(가족과 친구), 많은 사람들(다수), 강한 사람들(지위와 특권이 있는 유력자)이다. 더 나은 습관을 쌓는 가장 효과적인 방법은 (1) 내가 하려는 행동이 일반적으로 시행되고 있으며 (2) 이미 나와의 공통분모가 존재하는 문화에 합류하는 것이다."

3부에서는 고객이나 팀이 겪은 다양한 변화의 이야기를 소개할 예정인데, 모두의 공통분모가 하나 있다. 임상 진료를 받으며 혼자 했든, 온라인 커뮤니티나 직장의 팀과 함께 그룹으로 진행했든 간에 꼬마습관의 개념을 코호트 기반 학습과 엮은 8주간의 프로토콜을 열심히 실천했다는 점이다.

코호트 기반 학습은 사람들이 코스, 프로그램, 프로젝트를 통해 함께 발전할 수 있는 협동적 학습이다. 강사나 멘토는 학생들이 주어진 과제를 완수하도록 이끈다. 학생은 대면 또는 비대면으로 함께 배우면서 집단 내에서 커뮤니티를 이루고, 서로 응원을 주고받으며 협동한다. 코스를 어떻게 짜느냐에 따라 전체 코호트를 아우르는 목표를 세우기도 하고, 강사가 각 학생을 위한 개인별 목표를 제시하기도 한다.

심리학 연구에 따르면 건강 및 웰빙 관련 변화를 도모할 때 다른 사람들과 함께하면 성공 확률이 높아진다. 자기계발서를 읽고 의욕에 불타지만 다시 예전 습관으로 돌아간 적이 얼마나 많았던가? 비단 여러분만의 이야기는 아니다. 그래서 우리는 그룹을 위한 뇌 회복 프로토콜을 마련했다. 우리 팀은 전 세계 사람들을 위해 온라인으로 프로토콜을 진행하고 있으며, 여러분도 언제든 합류할 수 있다.

앞서 언급했듯 8주 뇌 회복 프로토콜은 매주 켜켜이 쌓여 바쁜 뇌 증후군을 치유하는 꼬마습관으로 이루어져 있다. 이를 실천하면 아침에 기운차게 일어나는 것은 물론 집중력이 높아지며 마음이 차분해진다. 그리고 집에 돌아오면 쉽게 업무 모드에서 벗어나 잔잔한 상태로 사생활에 십분 집중할 수 있다. 뇌 회복 프로토콜은 세 가지 주요 영역에서 웰빙을 최적화하도록 되어 있다.

> 1. 생기: 낮 동안의 에너지를 끌어올리고 집중력을 높인다.
> 2. 회복: 수면과 건강을 되찾는다.
> 3. 소속감: 삶의 목표를 인지하고 팀워크를 촉진하며 의욕을 끌어올린다.

바쁜 뇌 증후군을 개선하고 치유할 뇌 회복 꼬마습관을 어떻게 골랐는지 궁금한 독자도 있을 것이다. 뇌 회복 프로토콜에 등장하는 꼬마습관은 연구, 시험, 반복을 거쳐 다듬은 것들이다. 아래 기준에 맞는 가장 효과적인 꼬마습관을 찾는 것을 목표로 삼았다.

1. 즉각적으로 수면의 질을 개선할 것
2. 낮 동안의 에너지와 집중력을 끌어올릴 것
3. (사람에 따라 각기 다른) 바쁜 뇌 증후군의 기저원인을 해소할 것
4. 재미있고 웰빙 프로그램의 일환으로 내가 속한 집단에 소개할 수 있을 것
5. (과거에 그랬듯) 또 하나의 다이어트에 얽매이는 결과를 낳지 않을 것

뇌 회복 프로토콜은 현장에서 수년간의 테스트를 거치고 최신 의학 연구에 발맞추어 완성되었다. 영어로 뇌 회복을 뜻하는 브레인시프트(brainSHIFT)는 대부분의 사람들이 겪는 바쁜 뇌 증후군의 기저원인 다섯 가지의 머리글자를 딴 것이다. 책 2부에서는 바쁜 뇌 증후군의 다섯 영역에 대해 하나씩 설명할 예정이다. 모든 사람의 바쁜 뇌는 각기 다르다. 이제 함께 여러분에게 해당되는 기저원인을 찾아보자.

마음챙김, 명상, 요가 연구를 지속하면서 나도 여러분과 같은 문제에 봉착했다. "좀 여유를 갖고 순리대로 살아."라는 말은

듣고 싶지 않았다. 예나 지금이나 나는 항상 당당하고 성공지향적인 A유형 인간이니까. 전 세계 뇌 회복 커뮤니티에 몸담고 있는 사람들도 같은 생각을 공유하고 있다. 우리는 각자의 공동체 안에서 변화를 일으키고, 사람들을 이끌고, 아이들을 키우고, 주변 사람들을 돌보고, 자선활동을 하고, 목표를 이루고, 행동하는 사람들이다. 이런 사람들의 스트레스-성공 사이클을 깨는 방법은 무엇일까? 바쁜 뇌 증후군에 시달리지 않고도 이 모든 역할에 충실하고 목표를 달성하는 게 가능할까?

나는 수술 이후 회복 과정에 도움이 되었던 프로토콜을 사람들과 공유해서 더 많은 사람들이 바쁜 뇌 증후군에서 벗어나도록 돕고 싶었다. 2부와 3부에서는 뇌 회복 운동에 참여한 사람들과 팀의 이야기를 소개했다. 직장 웰빙 프로그램과 마음챙김 앱이 유행하기 훨씬 전부터 이들은 "우리 회사, 업계, 조직이 겪는 변화가 임직원에게 스트레스를 주고 있습니다. 스트레스를 치유하는 것을 돕고 직원들의 업무성취도를 최적화하고 싶습니다."라고 말할 용기와 비전을 갖추고 있었다.

수술이 끝나고 입원실 침대에 누웠을 때 지금 여러분을 위해 이 책을 쓰고 있는 내 모습을 상상했느냐고 묻는다면 답은 '절대 아니다'. 나는 몇 년간 서서히 바쁜 뇌 증후군과 번아웃에 빠져들었던 것과 마찬가지로 하루하루 천천히 번아웃에서 벗어났다. 빠른 회복제는 없다. 하지만 수년간 시행착오를 겪을 필요도 없다. 나는 치유의 시간 동안 두 가지를 배웠다. 번아웃의 원인이 된 잘못된 체계 안에서 피해의식에 젖어 있는 대신 의식적으로 치유를 택해야 한다는 것, 그리고 내 안전지대를 벗어나 새로운 생각과 해결책을 시도할 필요가 있다는 것이다.

3부에서는 바쁜 뇌 증후군을 위한 회복제, 즉 8주 뇌 회복 프로토콜을 소개할 예정이다. 뇌 회복은 위의 두 가지 원칙, 즉 과학적인 전인 치유와 코호트 기반 학습을 바탕에 두고 있다.

의대를 시작으로 인턴, 레지던트, 두 번의 전임의(펠로우) 과정, 그리고 신경과 전문의로서 보낸 20여 년간의 여정을 돌아본다. 동기와 동료들에 둘러싸여 있었지만 스트레스를 내심 자랑스러워하며 성공을 향한 전투를 치르다 보면 고립감, 외로움, 때로는 절망에 휩싸였다. 삶의 진로를 틀어 통합의학과 사업가의 길로 접어든 뒤, 프로그램을 짜고 사람들을 만날 때마다 내가 새긴 목표는 아낌, 배려, 공동체의 정신을 북돋는 것이었다.

혼수로 가져온 해먹은 킬트를 덮은 소파로 완벽하게 꾸민 응접실을 소중한 손님에게 열어 보이는 이모처럼, 나도 여러분을 뇌 회복으로 초대한다.

TIP   4장 • 요약 정리

- ✓ 일반의학과 전 세계의 전통의학에는 모두 나름의 해결책이 있다. 한쪽만 일방적으로 택해야 한다는 생각은 버리자.
- ✓ 치유의 여정을 혼자서 걷지 말자. 나와 비슷한 생각을 지닌 사람들과 함께 침묵 속에서 명상할 때든 이모들의 시끌벅적한 선의의 잔소리(지혜)를 들을 때든, 사람들과 함께 하는 느낌은 영혼을 치유해 준다.
- ✓ 뇌 회복 꼬마습관이란 매주 쌓여 바쁜 뇌 증후군을 치유하는 중요한 꼬마습관이다.
- ✓ 뇌 회복 프로토콜은 수면, 건강, 연결의 느낌을 되살리는 8주 프로토콜이다.

속성 뇌 회복 | 불 켜진 집에는 사람이 있어야 한다

생각은 다르지만 우리는 모두 지구 위의 한 식구다.

아침에 이를 닦을 때 거울 속의 나와 눈을 마주치지 않는가(바라건대 양치를 했길 바란다. 바쁜 뇌 때문에 개인위생을 무시하고 곧장 컴퓨터를 켜지 않았기를)? 또는

사무실에서나 화상회의 중에 여러분의 시선을 피하는 동료가 있는가? 이번 주에 꼭 들어 주었으면 하는 부탁이 하나 있다. 도움이 필요한 동료를 찾아 내가 마음 쓰고 있다는 것을 알려 주자. 무슨 말을 해야 좋을지 모르겠다면 이렇게 말하면 어떨까?

"저기, 나 로미야. 네 곁에 내가 있고, 네 일에 마음 쓰고 있다는 걸 알아주면 좋겠어."

그리고 혹여 양치하는 걸 잊었다면 다시 욕실로 돌아가자. 거울을 들여다보며 나 자신에게 말해주자. "이봐, 네 곁에는 내가 있어. 난 네게 마음 쓰고 있어. 넌 잘 해낼 수 있어."

The **BUSY BRAIN CURE**

2부
바쁜 뇌 증후군의 의학적 원인과 뇌 회복

05
바쁜 뇌 증후군과 수면, 일주기리듬

캄보디아의 고통은 깊었네
고통에서 큰 공감이 태어났으니
큰 공감은 평화로운 마음을
평화로운 마음은 평화로운 사람을
평화로운 사람은 평화로운 가족을
평화로운 가족은 평화로운 사회를
평화로운 사회는 평화로운 나라를
평화로운 나라는 평화로운 세상을 만드나니
만물이 행복과 평화 속에 살기를

_마하 고사난다(Maha Ghosananda)[1]

"자네는 생각이 너무 많아. 너무, 너무 많다고. 그래서 말도 많은 게야. 이렇게 생각이 많으면 영혼이 아프게 된다네." 지난 2011년 어느 스님이 내게 해준 말이다. 스님은 샛노란 가사를 걸치고 프놈펜의 삭막하지만 격식을 갖춘 접견실에 앉아 있었다. 스님 앞에 앉아서 차를 마시던 나는 그 말에 멈칫했다. 스님이 내 영혼을 똑바로 꿰뚫어보고 따스한 배려와 사랑의 담요로 폭 감싼 것 같은 느낌이 들었다. 그 인자한 스님은 처음으로 내 번아웃을 정확히 진단한 사람이었다. 나는 차가운 타일이 깔린 바닥으로 시선을 떨어뜨렸다. 마지막으로 차가운 타일 바닥 위를 걸었던 건 수술을 앞두고 수치심에 휩싸여 대학병원을 떠날 때였다는 사실이 떠올랐다. 노란 가사를 입은 동료 스님이 내 기가 변하는 것을 느꼈는지 쿡쿡 웃으며 큼지막한 노란 사탕을 또 하나 입에 넣었다. 그리고 나도 하나 먹으라고 손짓했다. 뭐 어때, 이걸 먹어서 나도 스님처럼 기쁜 마음으로 웃을 수 있다면야 샛노란 캄보디아 과자를 접시 한가득 먹어도 좋다고.

우리가 그날 앉아 있던 사원은 크메르 루주[2]의 폭정에도 명맥을 이은 곳으로, 스님들은 마하 고사난다의 제자들이었다. 고

---

[1] 마하 고사난다(Maha Ghosananda, 1929~2007): 캄보디아 불교의 최고 지도자로서 수백만에 이르는 사상자를 낸 내전 이후 비폭력 반전 운동을 전개하여 생불로 추앙받았다.
[2] 크메르 루주(Khmer Rouge): 1951년 창설된 캄보디아의 급진 무장단체로 폴 포트의 독재 아래 자국민을 상대로 인구의 10~25퍼센트가 줄어들 정도의 대학살과 종교 탄압, 국가 봉쇄를 자행했다.

사난다는 1992년 캄보디아 국민들에의 희망과 영혼을 되살리기 위해 국토를 가로질러 200킬로미터에 이르는 다마예이트라(진실의 순례)를 한 대승이다. 다마예이트라는 오늘날에도 계속되고 있다.

신의 뜻이었는지, 나는 미국에서 만난 호흡요법 선생님 로리 영(Laurie Young)의 조언을 받아 그 여정에 올랐다. 로리는 동료들과 캄보디아로 여행을 떠나기 직전에 나를 초대했다. 명상을 하고 충실히 마음챙김을 하는 법을 배울 기회였으므로 바로 응했다. 여행의 동무는 나보다 스무 살가량 연상인 나이 지긋하고 엄격한 여성들이었다. 다들 뇌 전문의가 여행에 끼는 걸 탐탁지 않게 여겼다(그때는 오지랖 넓은 잔소리쟁이 이모들이 어딜 가나 나를 따라다니는 느낌이었다).

아이러니하게도 명상으로 향하는 내 여정은 이모들이 준 카세트테이프에서 시작되었다. 수술에서 회복하는 동안 인도 전통 음악을 듣고 뜻 모를 산스크리트 독경 소리를 읊었다. 독경을 하면서 함께 가슴과 복부의 통증이 즉각 나아지는 것이 느껴졌고, 나는 오랫동안 헤매던 어둠 속에서 서서히 빠져나오기 시작했다.

자라면서 명상을 접한 일도 없었고 의학교육을 받으면서 명상을 배운 적은 더구나 없었지만 명상의 치유력은 엄청났다. 내가 카세트테이프를 듣던 그 시절에는 미국 방방곡곡의 길모퉁

이마다 요가 스튜디오가 있던 시절이 아니었다. 스마트폰이나 스마트워치 앱이 등장해서 잠깐 멈추고 호흡하라고 일깨워주지도 않았다. 온라인 대학교와 다름없는 유튜브에도 아직 명상을 권하는 전문가들이 등장하지 않았을 때였다. 명상에 대해 알고 싶으면 고향집 옆의 공공도서관으로 순례를 떠나야 했다. 그러나 온갖 책을 읽어도 '모든 영성 서적 저자가 약속하는 내면의 평화를 얻고 유지할 방법은 무엇일까?'라는 의문에 대한 답을 찾을 수 없었다. 누군가 단계별로 설명해 줄 사람이 없을까? 나는 (대부분의 경우) 지시를 매우 잘 따르는 편인데, 명상만큼은 제대로 하지 못했고 끝없는 걱정도 멈출 수 없었다. 다시 신경과 전문의로 복귀한다면 어떻게 헤쳐 나가야 할까? 식도이완불능증은 왜 생긴 걸까? 다시 사랑하는 사람을 만날 방법은 뭘까? 영혼의 단짝이라는 게 정말 있기는 할까?

배려라는 따듯한 담요에 싸여 고대의 사원에 앉아 있는 동안 누군가가 끝없이 분석하고 지나치게 목적지향적인 내 바쁜 뇌를 꺼둘 방법을 알려줄지도 몰랐다. 캄보디아에 가닿기까지 나는 줄곧 답을 찾게 해 달라고 기도했다.

해답 중 하나는 첫 번째 스님이 한 말에서 찾을 수 있었다. "생각하지 말고, 말하지 말고, 행동하라." 샛노란 가사를 고쳐 걸치면서, 스님은 우리더러 자리에서 일어나 명상 중인 동료 스님들과 함께 앉길 권했다. 나는 세 번째 사탕을 입에 넣고 얼른 씹었다. 스님과 로리를 따라 사원 안쪽으로 들어가니 미리 깔아 둔 명상 자리가 우리를 맞아 주었다. 그 공간은 놀라웠다. 그때 본 풍경이 구체적으로 기억나지는 않는다. 대리석 타일은 차가웠다는 것과 내가 그때까지 경험했던 것과는 전혀 다른 고요한 평화가 공간을 가득 채우고 있었다는 것뿐이다.

명상을 시작하고 몇 분만에 나는 완전히 곯아떨어졌다. 분명히 앉아서 명상을 시작했는데 우아하다고 보기는 어려운 자세로 바닥에 드러누워 푹 잠들어버린 것이다. 코를 골고 반쯤 벌어진 입에서는 침이 흘러내려 자리에 고였다. 당연한 말이지만 로리와 진지한 요가 수련생들은 민망하고 언짢아했다. 하지만 쿡쿡 웃으며 함께 과자를 나눠먹는 것을 좋아하던 스님은 조용히 일어나 어깨에 두른 가사 한 자락을 벗어 나를 덮어 주었다. 그러고는 내 팔을 다독이고 로리를 건너다보며 말했다. "치유되고 있군요." 나중에 로리는 그날 이야기를 전해 주면서 내심 짜증스럽고 화가 났던 그 순간 어떤 책에서도 배울 수 없는 인생에서 가장 중요한 교훈, 즉 배려에 대한 깨달음을 얻었다고 말했다.

🧠 1분 뇌과학 : 뇌를 회복하고 치유의 길을 찾은 사람들

그날 사원에서, 또 그 이후 캄보디아를 여행하는 동안 줄곧 경험한 치유의 잠은 내가 생각하고 말하는 방식을 바꿔놓았다. 한밤중에 응급 환자가 있다며 나를 깨울 호출기나 스마트폰은 없었다. 대신 나는 호흡법을 배우고, 명상을 하고, 여성을 돕는 비정부기구를 방문하고, 숙면을 취하면서 하루하루를 보냈다. 그때는 몰랐지만 나는 바쁜 뇌를 직시하고 강박적인 반추, 불안, 산만, 불면을 치유할 방법을 이해하는 여정의 출발선에 서 있었다. "번아웃에 빠지는 동안 바쁜 뇌에서는 어떤 생리적 현상이 일어날까?", "명상이나 회복 훈련이 도움 되지 않을 때 번아웃을 치유하려면 어떻게 해야 할까?" 등 스트레스, 번아웃, 바쁜 뇌 증후군을 둘러싼 내 의문에 대한 좀 더 또렷한 답이 보이기 시작했다.

2부에 온 것을 환영한다. 2부에서는 바쁜 뇌 증후군의 증상(불안 반추, 주의력결핍장애, 불면증)을 설명하고 증상이 나타난 과학적 이유를 살펴본다. 3부에서는 바쁜 뇌 증후군에 시달리고 있다는 사실을 인정하고 뇌 회복 프로토콜을 실천해서 치유의 길을 찾은 대담한 리더들을 만나볼 것이다. 하지만 너무 앞서 나가지는 말고 일단 2부에서 다루는 내용을 차근히 살펴보자.

본격적으로 2부에 들어가기 전 한 가지 해둘 말이 있다. 2부는 명상과 마음챙김에 관한 내용을 다루지는 않는다. 여러분이 이 책을 읽는 이유는 숱한 처방전이나 마음챙김 강연 이상의 무언가가 필요하기 때문일 것이다. 바쁜 뇌 증후군 자가진단에서 30점 이상을 기록한 분들에게 내가 가장 먼저 듣는 말은 대개 명상을 하기에는 머리가 너무 산만하다는 하소연이다. 내 마음을 가라앉히려 했을 때의 경험도 비슷하다. 믿기지 않을 정도로 기진맥진했는데도 바쁜 뇌는 도무지 멈출 줄 몰랐다. 피곤하고 신경이 곤두섰지만 마음을 조용히 가라앉히려 할 때마다 이모들의 목소리가 귓전을 맴돌았다.

피곤하고 예민한 바쁜 뇌

피곤하고 예민하다는 것은 무슨 뜻일까? 말 그대로다. 기본적으로 '피곤'하고 피로에 시달리고 기운이 떨어지며, 동시에 불안과 걱정 탓에 '예민한' 상태다.

피곤하고 예민한 환자에게 자주 들었던 말들을 소개해 본다.

> - 명상을 해보라는 말씀은 말아주세요. 머릿속에 맴도는 생각을 모두 쳐낼 수도 없고, 솔직히 말해서 오늘 같은 날 내면의 골칫거리들을 만나고 싶지는 않으니까요.

― 완전히 지쳤어요. 그런데 불안한 에너지는 너무 많아서 가만히 앉고, 쉬고, 마음을 푹 놓고 제대로 잘 수가 없답니다.

임상 용어로 신경이 예민하고 피곤하다는 것은 반추나 걱정에 시달리느라 일상을 제대로 살지 못한다는 뜻이다.

기존의 심리학 용어로 '반추'란 '어떤 생각, 상황, 선택에 대해 강박적으로 생각하는 현상으로, 특히 정상적인 정신적 기능에 방해가 되는 경우'를 가리킨다. 누구나 반추를 한다. 스트레스 수준이 올라가거나 마감을 앞두고 있을 때면 반추를 하는 것이 정상이다.

그러나 거기서 한 단계 더 나아간 불안 반추는 바쁜 뇌 증후군의 주요 증상이다. 불안 반추가 일어나면 마감이 끝나고 스트레스 요인이 사라져도 마음이 차분해지지 않는다. 불안 반추는 문제가 된다. 너무 빈번하고, 지속적이며, 일상적인 과제에 집중하고 사람들과 공감하며 긍정적 감정을 느끼는 능력에 방해가 되기 때문이다. "왜 행복할 수 없는 거지? 내면의 평화란 게 대체 뭔지 모르겠어. 나처럼 많은 책임을 짊어지지 않은 신비주의자들이나 누릴 수 있는 거 아냐?"

불안 반추는 괴롭고 벗어나기 어려운 패턴이다. 당사자는 대개 부정적 생각을 반복하거나 정의하기 어려운 문제를 해결하려고 애쓴다. 앉아서 심호흡을 하거나 잠들려고 노력할 때마다 머릿속에서 논란이 벌어진다. 겉으로는 앞으로 일어날 일에 대해 걱정하고, 과거의 시나리오를 반복재생 하고, 상황이 어떻게 전개될지 예측하려는 것처럼 보이기도 한다.

불안 반추는 뇌의 기본모드 네트워크(Default Mode Network: DMN)에서 관장한다. 연구에 따르면 주의력결핍 과잉행동장애(ADHD)가 있는 사람들은 기본모드 네트워크가 비정상적으로 연결되어 있는데, 이는 주의산만과 관련 있을 수도 있다. 앞으로 주의력결핍 과잉행동장애와 주의력결핍장애에 관해 좀 더 자세히 다루겠지만, 주의력결핍 과잉행동장애가 있는 성인은 부주의, 충동성, 초조감 등의 증상으로 인해 제 역할을 다하지 못한다. 기본모드 네트워크의 활동이 늘어나면 주의력 및 인지제어에 관련된 네트워크의 기능을 간섭할 수 있다는 가설도 있다.

기본모드 네트워크는 내측 전전두피질(MPFC), 후방 대상피질(PCC)과 설전부, 하두정소엽(IPL), 외측두피질(LTC), 해마체(HF)로 구성된다. 따라서 기본모드 네트워크는 주의를 기울이는 등 과제를 수행할 때, 차분하게 일에 집중할 때, 공상에 빠질 때, 플로우[3](참으로 이루기 어려운 내면의 평화다)에 들 때 활동성을 낮추는 뇌 영역의 모둠인 셈이다. 명상 등의 치료법은 기본모드 네트워크의 활동에 긍정적 영향을 미친다는 점에서 주목받았다

---

3 플로우(Flow): 심리학자 미하이 칙센트미하이(Mihaly Csikszentmihalyi)가 제시한 개념으로 어떤 행동에 완전히 몰입하여 집중하는 상태.

(즉 기본모드 네트워크는 웰빙을 개선하는 메커니즘의 일부일 가능성이 있다).

간략하게 정리하면 바쁜 뇌 증후군이란 뇌의 여러 영역에 걸쳐 존재하는 기본모드 네트워크의 기능장애를 말한다. 이들 영역 중 한 곳에서 활동이 늘어나면 성인기발발 주의력결핍장애, 불안 반추, 수면장애가 발생한다. 모두 바쁜 뇌 증후군의 증상이다.

우리가 진행한 연구에서도 비슷한 패턴을 찾을 수 있었다. 2020년 12월부터 2022년 12월까지 16,791명이 연구의 일환으로 바쁜 뇌 증후군 자가진단을 진행한 결과를 분석해 보니 일정한 패턴이 나타났다. 수면장애와 더불어 한 가지 주요 영역의 점수가 항상 가장 높았던 것이다. 응답자들은 이렇게 답했다. "걱정과 머릿속에 맴도는 생각을 멈출 수 없어요."

일주기와 바쁜 뇌 증후군

시상하부는 뇌의 지휘본부로서 뇌하수체, 자율신경계, 일주기를 관장한다. 일주기는 시상하부의 일부인 시교차상핵(SCN)에서 주관한다. 일주기란 수면, 주간의 각성 상태, 호르몬, 체온을 제어하는 극히 중요한 체내 시계다. 일주기는 몸 안의 모든 장기를 조율하며 모든 기관계는 일주기라는 시계에 연결되어 있다.

시교차상핵의 시계 유전자는 하루 중의 시간에 따라 몸 구석구석의 활동을 제어하기 위한 신호를 보낸다. 그런데 만성 스트레스와 신경염증에 시달리면 일주기리듬은 곧바로 영향을 받는다. 몸은 환경에 반응해서 분자 수준의 다양한 화학물질을 통해 생체리듬을 유지한다. 햇볕 노출, 식습관, 여타 환경 조건은 생체리듬을 유지하기도, 뒤흔들기도 한다. 일주기리듬의 가장 중요한 역할은 수면-각성 사이클과 관련되어 있다.

개인에 따라 몸에 영향을 주는 환경요인을 차이트게버[4]라 한다. 차이트게버는 일주기리듬이 신체기능을 조율하는 데 직접적인 영향을 미친다. 생리요인과 행동요인의 관계는 수면-각성 주기를 결정짓는다. 개인별 차이트게버의 예로는 취침, 식사, 업무, 사람들과 접촉하는 시간 등이 있다.

특정 신경염증 패턴은 바쁜 뇌 증후군 증상을 야기하며, 문제의 핵심에는 무너진 일주기리듬이 있다. 일주기리듬이 균형을 잃으면 수면-각성 사이클에만 영향을 미치는 것이 아니다. 수면-각성 사이클에 문제가 생기면 심부체온, 코티솔 수치, 멜라토닌 분비에도 2차 장애가 일어난다.

일주기의 방대한 네트워크는 뇌 안팎에도 뻗어 있다. 시교차

---

[4] 차이트게버(Zeitgeber): 생체 시계에 영향을 주는 환경요소로 빛, 어둠, 기온, 사회적 접촉, 조수간만 등이 있다.

상핵 영역으로 좀 더 깊이 들어가보자. 시교차상핵은 전시상하부 안에 있는 세포들의 작은 집합이다. 시교차상핵에서 일어나는 전기활동은 뇌 전반으로 전달되어 신호로 바뀌고, 뇌 밖에 있는 몸의 말초영역은 그 신호를 수신한다. 다음 장에서는 무너진 일주기리듬이 어떻게 수면 및 몸의 기관계에 영향을 미쳐 바쁜 뇌 증후군을 야기하는지 살펴볼 것이다. 무너진 일주기리듬은 호르몬과 장건강, 특히 스트레스성 섭식에 부정적 영향을 미친다.

시교차상핵은 멜라토닌을 생산하는 핵심 영역인 송과선[5]과 연결되어 있다. 송과선은 주변 환경이 어두우면 멜라토닌을 다량 방출하고, 빛에 노출되면 멜라토닌 생산량을 줄인다. 다시 말해 낮에는 혈중 멜라토닌 농도가 낮고 밤에는 멜라토닌 수치가 높아진다는 뜻이다. 밤이 길어질수록 송과선은 오랫동안 멜라토닌을 분비한다.

그렇기 때문에 멜라토닌은 종종 '수면 호르몬'이라는 별명으로 불리기도 한다. 사람들은 혈중 멜라토닌 농도가 높을 때 잘 잔다. 하지만 잠을 이루는 능력과 수면의 질에 관여하는 요인은 그 밖에도 다양하다. 송과선은 눈의 망막을 통해 매일의 빛-어둠(낮-밤) 주기에 대한 정보를 받아들인 다음 그에 따라 멜라토

---

5   송과선(Pineal Gland): 척추동물의 내분비선으로 빛을 감지하여 생체리듬에 관련된 호르몬을 분비한다.

닌을 분비한다. 빛을 인식하지 못하는 시각장애인은 대개 멜라토닌 사이클이 불규칙하게 동기화되어 일주기리듬장애를 겪는다.

일주기리듬이 무너진다는 신호

일주기리듬과 관련된 수면장애를 간과하는 바람에 몸의 다른 부위에 염증과 불균형이 일어나는 경우가 꽤 많다. 일주기리듬 수면장애는 대개 수면 주기와 신체적, 사회적 환경 주기가 맞아떨어지지 않을 때 발생한다. 그래서 규칙적인 시간에 잠들고 일어나는 습관을 실천하기 시작해도 여전히 쉽게 잠들고 숙면을 취하기 어려울 수 있다.

일상에서 무심코 일주기리듬을 무너뜨리는 일들은 무엇일까? 장거리 여행을 하면서 시간대가 바뀌거나, 야근을 하거나, 아이를 돌보려고 불규칙적인 시간에 일어나야 하는 등 여러 가지 일들이 생기기 때문에 항상 제시간에 규칙적으로 자는 것은 쉽지 않다. 이렇게 삽화성 또는 만성 스트레스와 불규칙적인 수면패턴이 겹치면 바쁜 뇌 증후군의 바탕이 다져진다. 가장 먼저 나타나는 증상은 다음과 같다.

- 불면증
- 전반적인 졸음 또는 피로감
- 소화불량
- 신경과민
- 집중력 저하

그와 더불어 우리가 진행한 조사 결과에 따르면 만성 스트레스의 흔한 증상은 다음과 같다.

- 잠을 이루기 어려움
- 한밤중에 잠에서 깨고 다시 잠들지 못함
- 낮에 집중하고 주의를 기울이기 어려움
- 낮에 기운이 떨어짐

정리하자면 바쁜 뇌 증후군의 기저원인 중 하나는 무너진 일주기리듬이다. 다음 장에서는 바쁜 뇌 증후군의 여러 원인이 일주기리듬과 어떻게 연결되어 있는지 살펴볼 것이다.

뇌의 생물학적 시계를 원상복구 하는 수면위생

체내의 생물학적 리듬을 원상복구 할 방법은 없을까? 뇌 회복 8주 프로토콜의 근간은 꼬마습관을 완성해서 일주기리듬을 원래대로 돌려놓는 것이다. 더불어 불균형을 일으키는 크고 작은 의학적 문제의 유무도 확인할 예정이다.

내가 강연이나 기업의 웰빙 컨설팅에서 만나는 이들은 대부분 이런 문제를 해결하려고 온갖 수단을 시도해 본 사람들이다. 그런 다음에야 8주 뇌 회복 프로그램을 만나게 된 것이다. 여러분은 어떨까?

불면 증상을 해결하기 위한 프로토콜은 우선 의사와 상담을 통해 유전적인 일주기리듬 수면장애나 폐쇄성 수면 무호흡증 때문에 불면을 겪는 것은 아닌지 파악한 다음에 시작하는 것이 바람직하다. 뇌 회복 프로토콜은 위 질환에 해당되지 않고 바쁜 뇌 증후군에 시달리고 있으며 각성제-진정제의 사이클에서 벗어나고 싶은 이들을 위한 것이다.

일반의학과 통합의학을 막론하고, 불면을 치료하는 첫 단계는 의사가 처방하는 진정제를 복용하는 것이 아니다. 2015년, 미국내과학회에서 발간하는 국제학술지 「내과학 회보(Annals of Internal Medicine)」에 실린 임상 가이드라인은 수면장애의 1차 치료법으로 인지행동치료(CBT-I 또는 CBTI)를 권장하고 있다.

11장에서는 5-하이드록시트립토판(5-HTP)과 글리신산 마그네슘[6] 등의 영양제가 바쁜 뇌 증후군에 이롭다는 사실을 소개할 것이다. 또한 멜라토닌 영양제를 복용하는 데 따르는 장단점을 검토하고, 멜라토닌을 장기 복용하면 왜 수면과 일주기리듬이 무너질 수 있는지 살펴볼 예정이다. 더불어 일주기리듬을 회복하기 위한 수면위생 지침과 인지행동 치료를 조합한 '7일 수면 챌린지'를 시작하게 된다.

생체리듬의 균형, 적기, 일관성을 유지하려면 아래 행동을 추천한다(시간을 내기가 어렵다는 것은 나도 알지만, 조금씩 실천해 보자).

- 뇌의 일주기리듬이 효과적으로 깨어나도록 아침 일찍 선글라스를 쓰지 않고 야외에서 햇볕을 쬐거나 걷는다.
- 매일 같은 시간에 일어나고 잠자리에 든다.
- 밤에 잠들기 쉽고 깨어 있는 동안 에너지를 재충전할 수 있도록 낮에 운동을 한다.
- 밤에 잠들기 쉽도록 정오 이후로는 카페인을 피한다.
- 자기 전에는 전자기기에서 나오는 인공광을 피한다. 이어지는 내용에서 자기 전 30~60분간 전자기기를 멀리하는 습관에 대해 자세히 다룰 예정이다.

---

6 글리신산 마그네슘(Magnesium Glycinate): 산화 마그네슘에 비해 위장 관련 부작용이 적고 생체 이용률이 높은 유기산 마그네슘.

- 90분 이상 낮잠을 자는 것은 좋지 않다. 또한 잠자리에 들기 6시간 전부터는 낮잠을 자지 않도록 한다.

바쁜 뇌가 혹사당하고 있다면 위의 지침이 하나같이 버겁게 느껴질 수 있다. 여러분 머릿속의 잔소리쟁이 이모들이 잘라 말할 수도 있다. "우리가 바보도 아니고, 전에도 해봤는데 소용없었다고!" 3부에서는 매주 꼬마습관 하나를 골라 실천하는 과정에 대해 설명할 텐데, 우리 이모들이 여러분 머릿속의 이모들을 초대해서 티파티를 연 듯한 기분이 들지도 모르겠다.

만성 스트레스와 번아웃 탓에 뇌의 일주기리듬이 무너지는 것은 하룻밤 사이에 일어나는 현상이 아니다. 빠른 해결책을 찾겠다는 생각은 헛된 희망과 깊은 절망의 사이클에 시동을 걸 뿐이다. 이 책의 목표는 빠른 해결책, 만병통치약, 모든 증상을 해결해줄 단 하나의 영양제를 소개하는 것이 아니다. 마음챙김과 요가의 기본에 푹 빠졌던 시기, 나는 자아성찰을 위한 안내와 멈춤에 대해 배웠다.

바쁜 뇌 증후군을 멈추는 뇌 끄기

걱정거리가 많고 불안 반추를 하느라 바빠서 호흡 조절 훈련이나 명상에 집중하지 못했던 때가 얼마나 많았던가? 반추와 불안이 심해지면 바쁜 뇌는 이미 절벽에서 뛰어내린 것과 같으므로 "물러서. 절벽 아래로 떨어지면 안 되니까."라고 말하는 것은 의미 없는 짓이다.

처음에는 뇌 회복 프로토콜 4주차에 명상을 소개했는데 완전히 실패로 돌아갔다. 바쁜 뇌에 초점을 맞출 무언가가 좀 더 필요했던 것이다. 이 과정을 '뇌 끄기'라고 한다. 이제 뇌과학과 마음챙김에 기반을 둔 테크닉을 융합해서 기본모드 네트워크에 접속하고 뇌 끄기를 하는 법을 설명하려 한다. 이어 3부의 뇌 회복 프로토콜 4주차에는 뇌 끄기의 구체적 단계를 다룰 예정이다.

뇌 끄기를 구상하게 된 것은 대규모 팀과 조직을 대상으로 마음챙김 프로그램 강연을 한 뒤였다. 모두 바쁜 뇌를 지닌 리더들로 이루어진 집단이었다. 그들은 잇달아 "대체 제가 뭘 잘못하고 있는 걸까요? 맴도는 생각을 멈출 수가 없습니다."라고 말했다. 나도 익히 경험했고 지금도 명상할 때 가끔 겪는 문제였으므로 동병상련을 느꼈다.

사실 그 사람들이 잘못하고 있는 건 없었다. 전신마취를 하거나 혼수상태에 빠지거나 죽지 않는 한 뇌는 감각을 느끼고, 생각하고, 분석하는 활동을 멈추지 않는다. 그러나 바쁜 뇌를 길들이면 온갖 사소한 생각, 특히 잔소리쟁이 이모들의 말에 일

일이 반응하지 않게 된다.

머릿속의 목소리를 잠재워야 했을 때, 나는 뇌와 몸을 다시 연결시키는 데서부터 시작해야 한다는 걸 깨달았다. 즉, 내 머릿속에서 벗어나야 했다. 달리기와 요가는 도움이 되었다. 아사나뿐 아니라 프라나야마와 명상을 포함한 요가 전반에 대해 더 배우고 싶었다. 2012년, 나는 8주 요가 강사 훈련 프로그램을 발견했다. 프로그램에 참여하려면 한동안 휴직을 해야 했다. 당시 나는 수술을 받고 나서 이직한 지역병원에서 근무하고 있었는데, 휴직을 하려면 사유를 설명하는 복잡한 서류를 내야 했다. 나는 휴직 사유를 쓰는 란에 '요가 강사 트레이닝'이라고 쓰는 우를 범하고 말았다. 곧 병원장실에서 호출이 왔다. 휴직신청서를 손에 쥔 병원장님은 제대로 말을 잇지 못했다.

"대체 하고 싶은 말이 뭔가? 요가 강사 트레이닝이라고? 자네, 술이나 마약 문제가 있는 겐가? 재활시설에 들어가야 하는 거야? 왜 병원 일을 8주나 내팽개쳐야 하는지 사실대로 털어놓게. 재활시설에 가야 하는 거면 의사면허를 박탈당하지 않도록 손을 써볼 테니까."

믿기지 않았다. 함께 캄보디아 여행을 떠났던 근엄한 요가 수련생들이 그랬듯, 이제 의료계의 시스템이 나를 비난하고 있었다. 뇌 전문의가 어째서 요가 강사 트레이닝을 받고 싶어 하는지 아무도 이해하지 못했다.

당혹스러웠던 나는 독일 출신의 은퇴한 엔지니어로 캘리포니아 주 라호야에서 〈프라나 요가(Prana Yoga)〉를 설립, 운영하던 게르하르트 게스너(Gerhard Gessner) 선생님에게 병원장님의 반응을 전했다. '셀럽 요가 스타일'에 초점을 맞추는 대신 요가의 원천인 인도의 선조들을 기리는 순수한 하타 요가를 가르치는 분이었다. 게스너 선생님은 잠깐 멈췄다가 입을 열었다. "선생님은 너무 생각이 많네요. 요가는 영적 재활이나 마찬가지 아니던가요?"

마음챙김, 명상, 요가에 푹 빠져 기본을 배우던 시절 나는 종종 불가 및 『도덕경』에서 비롯되었다는 명언을 새기곤 했다(지금은 널리 알려진 말이다). "학생이 준비를 갖추면 스승이 나타날 것이다. 학생이 진정 준비를 갖추면 스승은 사라질 것이다." 이 책에 담긴 프로토콜의 근간이 된 의학적 지식을 배우고 연구하던 수년간, 나는 바쁜 뇌 증후군과 번아웃을 야기한 만성 스트레스를 안고 살았다. 의학서적 몇 권, 학술지에 실린 논문 몇 권만 읽고 손쉽게 해결책을 떠올린 것은 절대 아니다. 그래서 2부에는 뇌 회복 프로토콜의 의학적 근거와 더불어 내 치유, 성장, 배움의 과정에 큰 역할을 했던 스승, 멘토, 길잡이의 이야기도 담았다.

강연 전문가로서 "팩트는 내용을 설명하지만 스토리는 마음을 끈다."는 금언을 자주 듣는다. 의사, 엔지니어, 컴퓨터공학자 등 분석 전문가를 상대로 강연을 할 때면 데이터가 담긴 슬라이드를 잔뜩 추가하고 스토리와 일화는 대부분 배제했다. 그러면 지루해하는 표정 또는 미친 듯이 필기를 하며 전문적인 내용을 소화하느라 스트레스를 받는 사람들의 얼굴이 눈에 들어왔다. 행사 담당자가 전문적인 이야기는 집어치우고 분위기를 가볍고 재미있고 활기차게 유지해 달라고 주문하면, 어쩐지 강연의 알맹이가 부족한 것 같은 기분이 들었다.

시간이 흐르면서 나는 이야기와 정보가 적절히 섞인 탄탄한 발표를 하는 것이 내 성향에 맞는다는 사실을 깨달았다. 2부에 담긴 이야기와 의학적 정보를 읽고, 3부의 '8주 뇌 회복 프로토콜'을 시도할 의욕이 생기길 바란다. 바쁜 뇌에 시달려 3부로 건너뛰고 싶은 독자에게 말하건대, 각 단계를 뒷받침하는 논리, 사실관계, 연구 결과를 이해하지 않으면 프로토콜의 근거와 순서가 납득되지 않을 것이다. 과거의 내 행동에서 여러분 자신의 모습을 보고, 건강을 되찾는 내 여정을 이끌어준 스승과 길잡이에게 경의를 표하기 위해 내 치유의 여정도 함께 소개했다.

바쁜 뇌를 회복하는 법을 배우고 수천 명의 고객이 같은 길을 걷게끔 도우면서 나는 내 리더십의 근간이 되는 결론에 다다랐다. 인생을 제대로 살려면 인생의 스승인 동시에 제자여야 한다는 것이다.

TIP

5장 · 요약 정리

- ✓ 신경이 예민하고 피곤한가? 바쁜 뇌 증후군에 시달리면 완전히 지쳐 있으면서도 할 일들이 머릿속에서 끝없이 맴돈다.
- ✓ 불안 반추는 바쁜 뇌 증후군의 전형적인 증상이다. 스트레스를 유발하는 사건이나 마감이 끝났는데도 부정적이고 강박적인 생각에 시달린다는 뜻이다.
- ✓ 뇌의 일주기리듬이 무너지는 것은 바쁜 뇌 증후군의 근본 원인이다.
- ✓ 수면위생(잘 잠들기 위해 지켜야 할 생활 습관)은 뇌의 일주기리듬을 다시 맞추는 기반이 된다.
- ✓ 뇌 끄기는 마음챙김에 기반을 둔 스트레스 완화 테크닉과 뇌과학을 융합한 방법이다. 뇌 끄기를 실천하면 일과 중의 온갖 분주한 생각(불안 반추)을 멈추고 초점을 찾는 데 도움이 된다.

/ 06 /

바쁜 뇌 증후군과
호르몬의 상관관계

 요가 강사 훈련을 받던 어느 날, 요가 스튜디오 뒤편에 놓인 매트 위에서 사바아사나 자세로 누워 있었다. 나는 항상 창가 바로 아래쪽 자리를 차지했다. 완벽하게 다듬어진 야자나무 가로수가 늘어선 라 호야 거리가 내다보이는 자리였다. 하지만 그 날은 무언가가 익숙한 자세를 방해했다. 누군가의 목소리였다. 누구 목소리인지 알 수 없었다. 농담을 잘하고 현명한 잔소리쟁이 이모들의 목소리에는 이미 익숙했지만, 그 목소리는 달랐다. 그 목소리는 내게 신경과 전문의 노릇을 그만두라고 또렷이 말했다. 내가 정신이 나갔나보다 싶었다. 요가 강사 훈련을 하면서 하루 8시간씩 요가, 명상, 공부를 하다 보니 머리에 뭔가 문제가 생겼구나 생각했다. 하지만 시간이 지나면서 머릿속에 뭔가 변화가 생겼고 나쁜 느낌이 아니었다. 게르하르트 선생님이 옳았다. 요가는 영적 재활이었다.

나는 신경과 전문의이자 착한 딸로 살던 바쁜 일상에서 물리적으로 벗어나 긴 고요의 세상에 와 있었다. 요가 강사 훈련을 받는 동안 인터넷, 나를 생각하는 가족, 종일 지시를 내리는 직장 상사들과는 멀리 떨어져 있었다. 소셜미디어, 온라인 뉴스, 텔레비전도 보지 않았다. 산만한 외부의 목소리를 일상에서 배제하자 나 자신의 생각에 다시 가닿고, 내 감정을 소화하고, 고요를 즐길 수 있게 되었다. 고요야말로 신경과 전문의 일을 그만두라던 목소리의 원천이었다.

당시 나는 내 뇌와 몸 안에서 고요를 유지하는 것을 배우고 있었고, 그 과정에서 직관과 지혜의 목소리(개인적으로 이 목소리를 '내면의 나침반'이라 한다)를 들은 것이었다. 물론 나는 곧장 말대꾸를 했다. '직장을 그만두라니, 무슨 소리야? 요가를 가르치려고 의료계를 떠날 일은 없어. 그랬다간 지금 입고 있는 룰루레몬[7] 반레깅스랑 탱크톱 세트를 살 형편도 못 될걸.'

그날 저녁, 방에 돌아오자 머리가 또 한 움큼 빠졌다. 몸이 아프고 수술을 받은 뒤로 탈모와 여드름이 진행되고 있었던 것이

---

7 룰루레몬(Lululemon): 요가에서 영감을 받은 캐나다의 고급 스포츠웨어.

다. 무언가 변화를 시도해야 한다는 증거가 아닐 수 없었다. 내면의 나침반은 지난 십여 년 동안 마음속 깊은 곳에서 이미 알고 있었던 사실을 속삭였다. 내 갑상선에 뭔가 문제가 있다는 것이었다. 갑상선기능저하 또는 갑상선호르몬 수치가 낮을 때 나타나는 증상에 관해 공부할 때마다 내가 거의 모든 항목에 해당된다는 사실을 눈치채곤 했다. 주치의와 갑상선문제를 상의한 적도 있었다. "환자분의 갑상선자극호르몬(TSH) 수치는 정상 범위입니다. 탈모도 그렇고요. 아마 좀 스트레스를 받은 거겠죠." 그래도 나와 호르몬이 탄 롤러코스터는 정상과 거리가 멀다는 느낌을 떨칠 수 없었다. 그리고 이제 확신이 들었다.

요가 강사 훈련을 마치고 돌아왔을 때 나는 새로운 시각과 차분한 자세를 갖추었지만 곧바로 일을 그만두지는 않았다. 아직 때가 일렀다. 단, 내면의 나침반을 따라 새 주치의를 찾았다. 수치가 정상으로 나와도 갑상선에 뭔가 문제가 있는 것 같다는 내 의견을 주치의가 귀담아 들어주길 바랐다. 진료를 보기 전, 나는 의사이자 환자로서 보험처리가 되지 않더라도 추가적으로 갑상선 검사를 요구하겠다고 마음먹었다.

다행히 아무것도 요구할 필요는 없었다. 친절하고 나이 지긋한 의사는 내 말을 편견 없이 들어 주었다. 그는 내가 신경과 전문의로서 지역사회에서 해온 일들에 관해 알고 있었다. 함께 일하는 간호사가 병원에서 내가 진행하는 요가와 호흡요법 수업을 즐겁게 들었기에 명상, 마음챙김, 요가에서 배운 내용을 건강관리에 활용하고 싶다는 내 바람도 전해들은 터였다. 그는 자신도 애리조나 대학교의 앤드루 와일 통합의학센터(Andrew Weil Center for Integrative Medicine)에서 진행하는 의사 대상 강의를 듣기 시작했다고 말했다. 그리고 나의 고질적인 소화기 병력, 식도이완불능증 수술, 지난 십여 년간 갑상선에 뭔가 문제가 있다는 사실을 이전 주치의에게 설득하려고 애썼던 이야기 등을 주의 깊게 들어주었다.

안타깝게도 내면의 나침반과 내 생각은 옳았고, 더 심란한 소식이 날아들었다. 갑상선 검사 결과 여러 수치가 비정상이었고 수술 전에 제산제를 장기 복용한 탓에 비타민D3 수치가 위험할 정도로 낮았다(20 이하). 당시 일반의학에서 적정 비타민D 수치는 30 이상이었다. 우리는 호르몬에 관한 도움을 줄 전문가를 찾아야 한다는 데 의견이 일치했다. 전문가를 찾는 한편, 나는 슈퍼 비타민D3가 뼈뿐 아니라 뇌와 호르몬에 미치는 영향에 대한 온갖 논문을 읽었다.

나는 호르몬 건강 관련 최신 연구 동향을 파악하고 있으며 내 환자들의 호르몬 문제를 해결할 수 있도록 내게 지식을 전수해줄 호르몬 전문가를 찾아 헤맸다. 딱 맞는 의사를 찾아 깊이 파고들수록 호르몬이 기분, 주의력, 수면에 발휘하는 지대한 영향에 대해 알게 되었다(자세한 이야기는 나중에 하자).

그러다 생각지도 못한 곳에서 의사를 발견했다. 일흔 줄에 들어선 제프리 라이프(Jeffry Life) 박사는 기내 잡지의 광고 속에서 웃통을 벗고 오토바이에 기댄 채 서 있었다. 딱 보기에도 바쁜 뇌를 안고 비즈니스 클래스에서 우드포드 리저브 프리미엄 버번 위스키를 마시며 중년의 위기가 닥치기 전의 몸과 리비도를 갈망하는 고위직 남성을 겨냥한 광고였다. 라이프 박사는 '세네제닉스(Cenegenics)'라는 기업의 최고의료책임자였다. 세네제닉스는 정밀예방의학 분야의 선구자 격인 건강증진기업이었고, 광고 아래에는 작은 글씨로 여성호르몬 문제도 다룬다고 적혀 있었다. 나는 전인건강과 통합의학에 얽힌 내 여정을 주시하던 이모 중 한 분에게 잡지를 보여드렸다.

그리고 차라도 한 잔 마시자는 부름에 들른 이모의 응접실에서 본격적인 신문이 시작되었다. "스무 살짜리 보디빌더 같은 복근을 자랑하는 일흔 살 먹은 바바지(노인)의 병원에 가겠다는 거냐? 어이쿠야, 이 사진은 분명 포토샵일 게야. 넌 뇌 전문의잖냐……, 이 할배는 헬멧도 안 썼어. 아니, 안 된다. 대체 왜 여길 가겠다는 거냐? 이 양반 식으로 호르몬 치료를 했다간 수염이 자라서 좋은 신랑감은 영영 만나지 못할 게다." 이번에도 잔소리쟁이 이모는 내 머릿속의 두려움을 그대로 드러내주었다. 의대생과 레지던트 시절 배운 길을 약간 벗어나 새롭고 다른 무언가를 시도하는 데 따르는 두려움이었다.

다행히도 나는 내면의 나침반을 따라 세네제닉스에 연락했다. 알고 보니 세네제닉스는 여성 환자를 받을 뿐 아니라 (내가 찾던 두 가지 요소인) 건강과 장수를 실현하기 위해 호르몬 건강을 연구할 온갖 분야의 전문의를 교육하고 있었다. 게다가 다행히 웃통을 벗을 필요는 없었다.

1분 뇌과학 : 바쁜 뇌 증후군과 갑상선호르몬

여기까지 읽은 독자라면 지금까지 여러 명상 앱, 친구가 강력 추천한 영양제, 온갖 디톡스 프로그램을 시도해 봤을 것이다 (다들 그렇듯 반쯤 하다 마는 경우가 많지 않았을까). 그런데 지금까지 별달리 도움이 된 방법이 없었을 것이다. 내 나침반이 그랬듯 여러분의 나침반 또한 '뭔가 잘못됐어.'라고 말했는지도 모른다. 지금까지 바쁜 뇌 지수가 30점을 웃도는 많은 사람들이 내게 똑같은 하소연을 했다. "로미 선생님, 잠은 잘 자긴 하는데 여전히 낮에 기운이 없어요." 쉽게 잠들고 잘 깨지 않는데도 업무 시간에 집중하기 어렵거나 불안에 휩싸이는 것이다. 여러분의 말뜻을 나는 잘 알고 있다. 그리고 여러분의 말을 믿는다. 무언가가 균형이 맞지 않는 것이다.

5장에서 바쁜 뇌 증후군의 주요 원인 중 하나는 무너진 일주기리듬이라고 설명했다. 일주기리듬의 균형이 무너지면 수면-각성 사이클에만 영향을 미치는 것이 아니다. 일주기의 방대한 네트워크는 뇌 안팎과 연결되어 있기 때문이다. 전시상하부에 자리 잡은 세포들의 작은 집단인 시교차상핵에 관해서도 다뤘다. 시교차상핵에서 일어나는 전기활동은 뇌 전역에 전달되어 신호로 바뀐 다음 뇌 바깥의 말초영역을 따라 전달된다. 시교차상핵이 신호를 전달하는 방법은 세 가지다.

> 1. 뉴런 네트워크적 전달: 여러 다른 뇌 영역과 직접 접촉한다.
> 2. 화학적 전달: 신호전달분자를 합성한다.
> 3. 간접적 전달: 휴식-활동 리듬을 세워서 섭식-금식 주기를 결정한다.

시교차상핵의 메시지 전달 체계가 하나라도 제 기능을 발휘하지 못하면 호르몬 건강에 부정적 영향을 미친다. 호르몬은 (테스토스테론, 에스트로겐, 프로게스테론처럼) 성기에만 존재하는 것이 아니라 뇌, 갑상선, 부신에도 존재한다. 체내에서 장기의 기능을 조율하는 호르몬의 종류는 50여 가지를 웃돈다.

여러 호르몬은 시교차상핵에서 매일 보내는 신호에 의존하거나 신호에 맞추어 기능을 발휘한다. 이들 호르몬 중 가장 활발한 연구 대상은 멜라토닌, 코티솔, 성스테로이드[8], 유선자극호르몬, 갑상선호르몬, 성장호르몬이다. 수면-각성 사이클을 제어하는 멜라토닌의 중요한 역할에 대해서는 5장에서 다룬 바 있다. 이들 호르몬은 모두 뇌와 신체 건강에 영향을 미치지만 그중에서도 바쁜 뇌 증후군의 증상과 깊은 관련이 있는 것은 갑상선호르몬 균형이다.

인슐린, 렙틴[9], 그렐린[10], 아디포넥틴[11] 등 섭식과 관련된 호르몬도 일주기리듬의 영향을 받는다. 허기와 신진대사를 관장하는 이들 호르몬에 대해서는 7장에서 섭식을 바이오해킹[12]하는 법을 다루면서 자세히 살펴볼 것이다.

이 장에서는 다른 호르몬은 잠시 제쳐 두고, 바쁜 뇌 증후군과 갑상선호르몬의 관계에 초점을 맞출 것이다. 더불어 이 책의 스타인 비타민D3에 관해서도 다룰 예정이다. 통합의학 분야의 많은 의사들과 마찬가지로 나 또한 비타민D3가 진가를 인정받지 못한다고 본다. 비타민D3는 필수 비타민일 뿐 아니라 건강한 호르몬 수치를 유지하는 주요 호르몬 전구물질이기도 하다.

---

8 성스테로이드(Gonadal Steroids): 생식선에서 주로 분비되어 생식기계의 성장과 발달 등을 유발하는 각종 호르몬.
9 렙틴(Leptin): 식욕을 억제하고 에너지 소비를 촉진하는 호르몬.
10 그렐린(Ghrelin): 허기를 유발하고 체내 대사율을 낮추는 호르몬.
11 아디포넥틴(Adiponectin): 지방산, 탄수화물, 포도당 대사에 관여하는 호르몬.
12 바이오해킹(Biohacking): 환경, 생활방식, 식습관을 확인, 제어해서 생리기능을 최적화하는 통합의학의 이론.

갑상선문제나 비타민D3 불균형의 증상을 검색하려는 독자들에게 의사로서 말하건대 문제가 있는지 정확히 알아볼 유일한 방법은 검사뿐이다. 인터넷에서 영양제를 주문해 먹고 바쁜 뇌 증후군에 얼른 안녕을 고하고픈 마음이 들 수도 있다. 하지만 나는 여러분이 바쁜 뇌 증후군의 기저원인을 찾고, 정확한 상황을 파악하고, 믿음직한 의료진의 도움을 받아 검사를 받길 권한다. 최근 비타민D3 검사 및 상세한 갑상선기능 검사를 했다면 체내 호르몬과 화학적 관계의 현 상태를 정확히 파악하는 데 도움이 된다.

뇌 회복의 스타 선수 : 비타민D3

비타민D('칼시페롤'이라고도 한다)는 지용성 비타민으로서 몇 가지 음식에 함유되어 있고 건강보조제로도 나와 있다. 비타민D는 여러 형태가 있는데, 그중에서도 비타민D2와 D3가 가장 중요하다. 비타민D는 햇볕을 쬐면 내생적으로(즉 체내에서) 생산된다. 햇볕의 자외선이 피부에 닿으면 비타민D의 전구물질을 비타민D3('콜레칼시페롤'이라고도 한다)로 전환하는 단계가 시작된다. 비타민D2는 분자구조가 약간 다르며 식물에서 유래하는 반면, 비타민D3는 동물성 재료에서 추출한다. 임상 연구에 따르면 영양제 형태로 섭취했을 경우 비타민D3가 비타민D2에 비해 임상효과가 뛰어나다. 이 장에서는 비타민D라고 하면 따로 단서를 붙이지 않는 한 비타민D3를 가리킨다.

대개 비타민D3를 그저 비타민이라 치부하고 건강에 미치는 영향을 과소평가한다. '비타민'이라는 이름이 붙으면 몸과 머리에서 일어나는 모든 호르몬 상호작용을 조율하는 중요한 역할을 하고 있다는 것을 실감하지 못하는 것이다. 그러나 비타민D3는 골격과 건강에 중요한 요소인 칼슘과 인을 흡수하고 유지한다고 알려져 있다. 연구에 따르면 비타민D3는 암세포의 성장을 억제하고, 감염을 제어하는 데 도움을 주며, (뇌에서 일어나는 신경염증을 포함한) 염증을 줄인다. 비타민D의 결핍은 치매, 우울증, 자폐증, 조현병을 비롯해 여러 뇌 및 정신질환과 연관되어 있다.

비타민D3가 부족하면 다발성 경화증의 재발, 여러 종류의 암 발생, 인지력 저하의 가능성이 높아진다. 내가 신경과 레지던트로 수련받던 지난 1990년대부터 잘 알려진 사실이다.

하지만 여기서는 우선 다양한 형태의 비타민D를 흡수하고 대사하는 방식과 측정 방법에 대해 알아보도록 하자.

햇볕과 비타민D

태양의 자외선(UV-B)[13]은 비타민D의 가장 좋은 직접 공급원이다. 하지만 안타깝게도 요즘은 햇볕 노출이 부족하고 자외선 차단제를 쓰기 때문에 미국인의 최대 90%는 혈중 비타민D3 농도가 낮은 것으로 추정된다. 그렇다면 햇볕을 얼마나 많이 쬐어야 할까? 피부색이 흰 사람은 매일 자외선 차단제를 바르지 않고 팔다리를 모두 노출한 채 최소 10여 분간 햇볕을 쬐어야 한다. 그러면 10,000IU[14]와 맞먹는 효과가 있다. 피부색이 짙을 경우 피부의 멜라닌이 비타민D 생산을 늦추므로 자외선차단제를 바르지 않은 상태로 매일 최소 40분간 햇볕을 쬐어야 한다.

그러나 모든 피부과 전문의는 이렇게 무방비 상태로 자외선에 많이 노출되는 것을 권장하지 않는다. 피부암 발생 위험이 높아지기 때문이다. 따라서 비타민D3의 다른 공급원을 찾는 것이 중요하다.

---

13 UV-B: 자외선은 파장의 길이에 따라 나뉘는데, UV-B는 UV-A에 비해 파장이 315nm~280nm로 짧고 프로비타민D를 비타민D로 전환한다.

14 IU(국제단위): 비타민은 종류에 따라 활성성분의 양이 달라 용량 단위로 비교할 수 없으므로 IU로 활성성분의 양을 표시한다.

비타민D가 풍부한 식품

비타민D는 식품에서도 얻을 수 있지만, 햇볕에 노출되는 것만큼 많은 비타민D가 생성되지는 않는다.
비타민D가 풍부한 식품은 다음과 같다.

- 넙치
- 잉어
- 고등어
- 장어
- 연어
- 송어
- 황새치
- 무지개송어
- 대구 간유
- 정어리
- 참치
- 갈색양송이버섯(자외선에 노출된 것)
- 잎새버섯(자외선에 노출된 것)
- 달걀
- 생우유

비타민D와 불안

비타민D 결핍과 바쁜 뇌 증후군의 증상(불안, 주의력결핍 과잉행동장애, 불면)의 상관관계에 대해 말해보려 한다.

여러 연구 결과 비타민D 결핍은 불안을 야기하는 것으로 나타났다. 어떤 연구는 A집단에게 6개월간 비타민D 영양제를 주고 B집단에게는 영양제를 주지 않았다. 이후 해밀턴 불안척도(Hamilton Anxiety Rating Scale-4)로 피험자의 불안 정도를 측정한 결과, 비타민D 영양제를 복용한 A집단의 불안 증상은 B집단에 비해 확연히 줄어들었다.

「당뇨연구저널(Journal of Diabetes Research)」은 영양제가 정신건강과 2형당뇨병을 개선할 수 있는가에 대한 연구를 진행했다. 여성 46명이 6개월간 연구에 참여하고 정신건강에 대한 질문에 답했다. 연구 결과 비타민D3 영양제를 복용한 여성 2형당뇨병 환자의 불안도는 뚜렷이 낮아졌다.

불안에 시달리는 환자는 비타민D3의 전구물질인 칼시디올 수치가 낮다는 사실을 밝힌 연구도 있다. 비타민D가 분해되면 부산물인 칼시디올이 생성된다. 이 연구는 비타민D 수치가 낮으면 우울증, 당뇨, 암의 위험이 높아지며 수천 년 전의 문헌에도 비타민D 결핍과 불안 간의 연관관계가 드러난다는 데 주목했다.

비타민D와 주의력결핍 과잉행동장애

주의력결핍 과잉행동장애가 있는 아동을 대상으로 한 메타분석에 따르면, 주의력결핍 과잉행동장애가 있는 아이들은 그렇지 않은 아이들에 비해 비타민D3 수치가 낮았다. 게다가 주산기 및 아동기 비타민D 수치가 낮으면 주의력결핍 과잉행동장애 발현 가능성이 높아졌다. 즉 출생 전후 또는 어릴 때 비타민D 수치가 낮은 아이들은 주의력결핍 과잉행동장애가 발생할 확률이 높아진다는 뜻이다. 의사가 처방한 주의력결핍 과잉행동장애 약을 아이들에게 먹이지 말라는 것은 아니다. 다만, 주의력이라는 인지기능을 유지하는 데 비타민D가 중요한 역할을 한다는 것을 언급해 둔다.

20여 년 이상 축적된 연구 결과, 성인의 경우 비타민D 수치가 낮으면 인지기능이 저하된다는 사실이 밝혀졌다. 성인기발발 주의력결핍장애(ADD)나 집중력 저하는 어떨까? 현재 비타민D3 영양제와 성인기발발 주의력결핍장애의 구체적 상관관계를 보여주는 연구는 없다. 어린이를 대상으로 한 수많은 연구 결과를 바탕으로 추정할 뿐이다.

비타민D와 불면증

비타민D 결핍은 수면장애 및 수면의 질 저하와 연관되어 있다. 치 가오(Qi Gao)와 그의 연구팀은 9,397명을 대상으로 진행한 관찰연구의 메타분석을 통해 비타민D 결핍을 겪는 피험자는 수면장애, 수면의 질 저하, 짧은 수면시간 등의 문제를 경험할 확률이 높다는 사실을 밝혀냈다. 또한 혈청 비타민D 수치(25-하이드록시 비타민D 수치로 측정)가 20ng/ml 이하일 경우, 수면 건강이 눈에 띄게 저하되었다. 그 밖의 광범위한 연구도 비타민D 수치가 낮으면 수면의 양과 질에 영향을 미친다는 결과를 내놓았다. 비타민D3를 보충하면 수면의 질 향상에 효과가 있다는 것을 밝힌 대규모 리뷰 논문은 나와 있지만, 비타민D2 보충의 이점에 대해서는 연구가 부족한 상태다.

비타민D 결핍 검사

비타민D 수치는 공복혈액 검사로 측정할 수 있다. 의사가 검사를 처방할 수 있으며 미국의 경우 대부분 보험으로 처리된다.

- 1,25-디하이드록시 비타민D

- 25-하이드록시 비타민D

비타민D 결핍 증상과 연관된 추가 검사는 다음과 같다.

- 간기능 검사
- 고감도 C-반응성 단백질 검사[15](hs-CRP)
- 부갑상선호르몬 검사
- 혈청 칼슘 검사

성인의 정상 비타민D 수치

적정 비타민D 수치를 둘러싸고 일반의학계와 진보적 통합의학 및 기능의학계 간에 의견이 분분하다. 더불어 하루 비타민D 필요량을 겨우 400~800IU로 규정하는 미국 식품의약국(FDA)의 지침에 대한 논란도 있다.

특정 질환과 연관된 혈청 비타민D 농도의 범위 또는 수치(예컨대 구루병이나 엉덩이뼈 골절이 발생하는 25 하이드록시 비타민D 수치)는 아직 나와 있지 않다. 전미 과학·공학·의학한림원(NASEM)의 미

---

15 C-반응성 단백질(C-Reactive Protein): 간에서 생성, 혈장에서 발견되는 단백질로서 몸에 염증이 있을 때 수치가 증가한다.

국 식품영양위원회(Food and Nutrition Board) 산하 전문위원회는 의학적 근거에 따라 아래와 같은 결론을 내놓았다.

- 25-하이드록시 비타민D 수치가 30 nmol/L 이하(12 ng/mL 이하)일 경우 '비타민D 결핍'에 해당된다.
- 25-하이드록시 비타민D 수치가 30~50 nmol/L(12~20 ng/mL)일 경우 골질환 가능성이 있다. 이 범위는 '비타민D 부족'에 해당된다.
- 25-하이드록시 비타민D 수치가 50 nmol/L(20 ng/mL) 이상일 경우 비타민D 수치가 적절하다고 본다.
- 미국내분비학회는 다른 수치를 제시하고 있다. 적절한 골건강을 위해서는 혈청 25-하이드록시 비타민D 수치가 최소 75 nmol/L(30 ng/mL) 이상이어야 한다는 것이다.

신경과에서 내가 배운 일반적 원칙은 환자의 검사치가 아니라 증상을 치료해야 한다는 것이었다. 정상 범위와 극도로 차이가 나지 않는 한, 검사상 수치만을 바탕으로 추측하지 않는 것이 중요하다는 뜻이다. 그보다는 환자와 대화하며 증상을 숙지하고 이학적 검사[16]를 완료하는 것이 중요하다. 수치로 모든 것

---

16 이학적 검사(Physical Examination): 의사가 눈으로 보거나 손으로 만져 증상을 파악하는 것.

을 알 수는 없다.

바쁜 뇌 증후군 치유에 관한 한, 우리는 성인 남녀를 대상으로 한 의학적 연구 결과 최적의 인지기능과 기분 상태(즉 기억력이 좋고 차분한 상태)를 보여주는 수치인 80~100 nmol/L을 기준으로 삼고 있다.

비타민D 영양제

시판 비타민D 영양제는 비타민D2와 비타민D3로 나뉜다. 양쪽 모두 비타민D 결핍을 해소하지만, 지속적인 연구 결과에 따르면 (특히 뇌 및 정신건강 증상에 대해서는) 비타민D3가 비타민D2에 비해 효과가 높다. 사람을 대상으로 한 약리학 연구 결과에서 비타민D2보다 비타민D3를 복용했을 때 총 25-하이드록시 비타민D 수치 및 자유 25-하이드록시 비타민D 수치가 훨씬 높아졌기 때문이다. 그렇다면 비타민D3는 얼마나 복용해야 할까? 검사 결과에 따른 권장 복용량은 3부의 8주 뇌 회복 프로토콜에 나와 있다. 하지만 우선 의사와 함께 검사 결과와 일일 비타민D3의 적정 섭취량에 대해 의논하는 것이 바람직하다. 뇌 회복 프로토콜에서는 25-하이드록시 비타민D 수치가 낮거나 경계선에 있다면 매일 5,000~10,000IU의 비타민D를 복용하도록 권장하고 있다.

갑상선호르몬장애

성별에 관계 없이, 갑상선은 뇌와 몸의 모든 대사기능에서 중요한 역할을 차지한다. 특히 바쁜 뇌 증후군을 치유하려면 기분, 에너지, 주의력 기능을 유지하는 갑상선의 역할에 주목해야 한다.

갑상선호르몬 농도는 낮거나(갑상선기능저하증) 높을(갑상선기능항진증) 수 있다. 갑상선기능 저하증과 항진증 모두 바쁜 뇌 증후군의 원인이 된다. 갑상선은 일주기리듬이 무너졌을 때 영향을 받는 중요한 호르몬 경로이기도 하다.

갑상선질환, 얼마나 흔할까?

미국의 최신 역학 연구에 따르면 명백한 갑상선기능부전 발생률은 성인의 0.1~2%다. 불현성 갑상선기능부전 발생률은 그보다 높아서 성인의 4~10%에 달하며, 고령 여성의 유병률은 더 높다. 갑상선기능저하증은 남성보다 여성의 경우 5~8배 흔하며 출생시 및 유아기에 몸집이 작았던 여성에게서 더 자주 나타난다.

일반의학에서 보는 갑상선기능저하증(갑상선호르몬 수치가 낮은 경우)의 증상은 체중 증가와 변비였다(탈모 또한 흔한 증상인데, 일반의학에서는 이런 징후를 환자의 사소한 불평으로 치부하는 경우가 잦았다). 그러나 사실 갑상선기능저하증의 증상에는 불안도 포함된다. 2018년 6월 《미국의사협회 정신의학회지(JAMA Psychiatry)》에 실린 연구 결과에 따르면 갑상선기능저하증 환자는 정상인에 비해 불안장애가 나타날 확률이 두 배나 높았으며, 모든 불안장애의 29.8%는 자가면역성갑상선질환[17]과 연관되어 있었다.

갑상선기능항진증은 환자의 1.2%에서 나타났다(0.5%는 유증상, 0.7%는 무증상이었다). 갑상선기능항진증의 증상은 다양하며, 특히 고령자의 경우 불현성 환자에게서 증상이 나타나고 유증상 환자에게서는 나타나지 않기도 한다. 유증상 갑상선기능항진증을 앓는 대부분의 환자는 불안, 정서불안, 마비, 경련, 심계항진, 열과민증, 발한 증가, 식욕이 정상이거나 증가했는데도 체중이 감소하는 등의 뚜렷한 증상을 보인다.

(일반 내분비학 전문의와 통합의학의를 포함) 모두가 동의하는 부분을 강조하고 싶다. 갑상선질환은 제대로 진단받는 비율이 낮다

---

[17] 자가면역성갑상선질환: 면역기전의 이상으로 자가항체가 갑상선조직을 공격하는 질환이다. 그레이브스병, 하시모토병 등이 있다.

는 사실이다. 여러분이나 바쁜 뇌 증후군을 겪는 지인 모두 실은 갑상선질환이 있을 수 있다. 8명 중 1명이 갑상선질환을 앓는데도 증상이 뚜렷이 드러나지 않아 그 사실을 모르고 지나친다. 내 경우처럼 갑상선질환의 증상이 드러나는데도 갑상선호르몬 수치는 정상 범위인 경우도 있다.

갑상선질환이 있으면 불면증과 주의력결핍장애·주의력결핍 과잉행동장애 등 바쁜 뇌 증후군 증상의 발생 확률도 높아진다. 연구에 따르면 갑상선호르몬에 내성이 있는 사람들은 갑상선 기능이 정상인 여타 가족들에 비해 주의력결핍 과잉행동장애 발병률이 훨씬 높았다. 또다른 대규모 메타분석에 따르면 갑상선기능항진증과 갑상선기능저하증은 불면, 하지불안증후군[18], 폐쇄성수면무호흡증 등의 증상과 중첩을 보였다. 다시 말해 신경과민, 불안, 불면은 갑상선기능항진증과 불현성 갑상선기능저하증 모두와 연관되어 있다.

의사가 자주 환자의 갑상선호르몬장애를 놓치는 이유는 환자가 호소하는 증상이 모호하고 검사에서도 일반적으로 갑상선자극호르몬 수치만 확인하기 때문이다. 의사는 정기 건강검진을 할 때 갑상선자극호르몬이 정상 범위(0.4~4.0 mIU/L로 범위가 매우 넓다)에 해당되는가만 확인한다. 그러나 포괄적인 갑상선

---

[18] 하지불안증후군: 다리가 저리는 등의 불쾌한 느낌이 들면서 숙면을 취하지 못하는 질병.

검사를 하지 않으면 "갑상선기능이 정상입니다."라고 단언할 수 없다. 무기력이나 불안 등 갑상선질환의 주요 증상이 나타나면 갑상선에 문제가 있는지 깊이 파고들어 확인하지도 않고 '스트레스' 탓으로 치부하는 경우가 너무 많다.

뇌 회복 프로토콜에서는 의사에게 아래 검사 항목을 포함한 포괄적인 갑상선기능 검사를 처방받도록 권장하고 있다.

- 갑상선자극호르몬(TSH)
- 총 삼요오드티로닌 T3
- 총 티록신 T4
- 유리삼요오드티로닌(fT3)
- 유리티록신(fT4)
- 리버스 T3(rT3)
- 항티로글로불린 항체
- 갑상선과산화효소 항체

기업 혹은 팀을 대상으로 8주 뇌 회복 프로그램을 진행할 때면 항상 듣는 말이 있다. "제 주치의는 어째서 이런 검사를 다 해야 하는지 모르겠대요." 그래서 나는 종종 참가자의 주치의에게 전화나 메일로 철저한 검사가 필요한 까닭을 설명하곤 한다. 검사를 모두 받지 않으면 아래와 같은 바쁜 뇌 증후군의 기저원인을 간과할 수 있다.

- 자가면역성 갑상선염
- 불현성 갑상선기능저하증
- 불현성 갑상선기능항진증

그렇다면 의사들은 왜 (과거의 나를 포함한) 환자들에게 총체적인 갑상선기능 검사를 권하지 않는 것일까? 예전에는 체중 증가나 변비 등의 물리적 증상이 나타나지 않으면 굳이 갑상선장애 치료를 고려하지 않았다. 의사나 내분비내과 전문의는 주의력결핍 과잉행동장애, 불안, 불면 등의 신경적, 정신적 증상을 갑상선장애의 탓이라 보지 않았다. 위 증상을 주로 겪고 갑상선 불균형의 물리적 증상이 나타나지 않을 경우, 의사가 갑상선질환을 의심할 가능성은 낮다. 환자는 내가 수년 전 들었던 말을 또 듣게 될 것이다. "환자분은 그저 스트레스를 많이 받은 A유형 직장인일 뿐이에요……."

물론 의사의 말이 맞을 수도 있다. 하지만 세네제닉스의 호르몬 전문의를 만나 전반적인 갑상선 관련 검사를 받은 결과, 나는 자가면역 하시모토 갑상선염을 앓고 있었다(새삼 놀랍지도 않았다). 자가면역 갑상선질환이 있으면 면역체계가 갑상선을 외부 침입자처럼 공격해도 갑상선자극호르몬 수치가 정상 범위로 나타나곤 한다. 세네제닉스 클리닉의 의사들은 37세의 내게 약을 처방해 주었고, 나는 생전 처음으로 기운이 나고 주기적인 생리를 하게 되었다. '그랬더라면'이라는 생각에 빠지지 않으려고 노력하고 있지만, 내가 의대에 다니던 20대 때 그 사실을 알았더라면……. 스트레스를 덜 받았을까? 그렇게 심각한 식도이완불능증을 앓았을까? 임신할 수 있었을까? 내 삶은 얼마나 달라졌을까? 과거의 가능성을 곱씹는 것은 위험하고 바쁜 뇌 증후군에 시달릴 때는 더욱 좋지 않다. 지금의 나는 여러분이 문제를 해결하는 것을 도울 수 있도록 내가 몸소 문제를 겪은 거라 생각한다.

내면의 나침반의 목소리는 계속 커졌다. 그리고 나는 요가 강사 훈련을 끝내고 분주한 일상으로 돌아온 뒤에도 계약을 갱신하는 대신 임상을 떠날 생각이라고 터놓고 말할 수 있게 되었다. 그리고 결정을 실행에 옮겼다. 2013년, 일반의학과 동양의 전통을 연결하겠다는 생각이 확고해지면서 신경과 전문의 일을 그만두었다. 이번에는 대학병원 신경과를 떠날 때처럼 부끄럽지 않았다. 앞으로 뻗은 길이 보였던 것이다. 내 사업을 시작해서 뇌질환 및 정신건강질환을 앓는 환자에게 근본 원인을 다루는 의학(통합의학)을 소개할 방법을 찾아야 했다.

나는 통합의학을 공부하고 전문의 시험을 쳤다. 미국통합의학협회(전 ABIHM, 현 AIHM)의 동료들로 가득한 공간에 들어서는 것은 멋진 경험이었다. 의사가 명상, 요가, 영양에 관심을 갖는 다며 비난하는 게 아니라 나를 환영하고 함께 목표를 공유한다는 느낌이 들었다.

통합의학의 겸 사업가로 새로운 커리어를 시작했을 당시, 나는 무엇보다 내 건강을 우선시해야 한다는 것을 알고 있었다. 호르몬을 건강하게 유지하려는 여정은 플로리다주 올랜도로 옮겨갔을 때도 계속되었다. 내가 진료를 보던 통합의학 클리닉의 동료 토머스 모라체프스키(Thomas Moracewskei) 박사가 나를 돌봐 주었다.

산부인과 전문의 출신으로 배려심이 깊었던 그는 당시 이미 호르몬건강에 관해 수년간 추가 수련을 하고 있었다. 미국 항노화의학회의 유명 회원으로서 호르몬의 제다이 마스터[19]로 통하던 모라체프스키 박사의 치유와 지혜의 폭은 무척 넓었지만 그중에서도 내가 가장 인상 깊게 기억하는 박사의 단순한 말이 있다. "나 자신의 호르몬과 면역체계에 스트레스가 미치는 부정적 영향을 먼저 치유하지 않으면 남들의 스트레스와 고통을 치유할 수 없어요." 나는 2020년 전립선암과 용감히 싸우다 스러진 그분을 지금도 기리고 있다. 그분이 아니었다면 나는 건강해지지도, 내 목표에 이토록 깊은 믿음을 갖지도 못했을 것이다.

---

19 제다이 마스터: 영화 〈스타워즈〉에 등장하는 전사 제다이 중 최고 수준의 스승이자 지도자를 말함.

박사님 덕분에 나는 가장 큰 뇌 회복 꼬마습관을 다졌다. 바로 나 자신의 뇌와 몸을 먼저 돌보는 것이다. 그런 다음에는 당당하고 성공지향적인 A유형다운 방식으로 내 사업을 이끌 수 있게 되었다. 제다이 마스터에게 감사를 보낸다.

TIP　　　　　　　　　　　　　　　　　　　6장　요약 정리

- ✓ 바쁜 뇌 증후군의 근본 원인은 무너진 일주기리듬이다.
- ✓ 일주기리듬은 수면-각성 사이클뿐 아니라 모든 호르몬의 주기와 피드백 루프[20]에도 관여한다.
- ✓ 갑상선기능항진증과 갑상선기능저하증은 모두 바쁜 뇌 증후군의 증상을 일으킬 수 있다. 그러나 의사가 갑상선질환의 신경 및 정신건강 관련 증상을 간과하는 탓에 제대로 진단되지 않고 넘어가는 경우가 많다.
- ✓ 비타민D 수치가 적절하지 않으면 어떤 호르몬(및 각종 인지집중능력)도 최적의 상태를 유지할 수 없다.

---

20 피드백 루프(Feedback Loop): 과정 도중에 일어난 결과물이 이전 또는 이후 과정에 영향을 주어 항상성을 유지하는 것.

07
바쁜 뇌 증후군과
염증, 당, 카페인

"앤젤푸드 케이크[21]를 만드는 가문의 비법이 있으세요?" 폴 프리처드 3세(Dr. Paul Pritchard III) 박사는 병실 침대에 누운 뇌전증 환자에게 물었다. 곁에는 환자의 부인이 앉아 있었다. 두 사람은 왜 담당 수석 신경과 전문의가 아침부터 그런 질문을 할까 생각하며 잠깐 머뭇거렸다. 그러고는 미소를 지었다. 바닐라 익스트랙과 아몬드 익스트랙 중 어느 쪽이 더 중요한가에 대한 진지한 대화가 이어졌다. 그 모습은 차이를 마시며 요리법에 대해 토론을 벌이던 이모들을 떠오르게 했다. 생강? 카다멈? 닭고

---

21 앤젤푸드 케이크(Angel Food Cake): 달걀 흰자, 밀가루, 설탕으로 만든 미국의 스펀지 케이크.

기 비리야니에 통계피를 넣어야 할까? 물론 사우스캐롤라이나 주에 있는 이 병원에서는 차이 대신 스위트 티[22]를 마시는 편이 더 어울렸을 것이다.

벽에 걸린 시계를 흘긋 보았다. 호출대기 상태의 신경과 레지던트로 병원 이곳저곳을 쏘다닌지 벌써 28.5시간째였고 아직도 일은 끝나지 않았다. 이제 회진을 돌 시간이었다. 즉 나뿐 아니라 레지던트 둘, 인턴 하나, 본과생 둘, 간호사, 케이스 매니저[23]가 병실에 꽉 들어차서 집중력을 유지하고 조리법에 관한 대화를 필기하는 것처럼 보이려고 애쓰고 있다는 뜻이었다. 개만 없었다 뿐이지 미국 남부의 어느 가족 모임을 방불케 했다.

"오, 햄튼에서 오셨다구요? 제 처가 쪽 팔촌이 햄튼에 사는데……." 프리처드 박사는 이제 케이크에서 친척으로 대화의 주제를 바꾸고 있었다.

더 이상 버티지 못한 다리가 후들거렸고 부스스한 곱슬머리에서는 칙필레[24] 감자튀김 냄새가 났다(당직이 끝나고 병원 구내식당에서 아침식사로 먹은 메뉴였다). 감자튀김을 먹고 버틸 기운이 나는

---

22 스위트 티(Sweet Tea): 미국 남부에서 즐겨 마시는 달콤한 아이스티로 홍차에 시럽이나 설탕을 넣어 만든다.
23 케이스 매니저(Case Manager): 환자 및 가족에게 치료 지원과 안내, 상담 등을 제공하는 의료인이다.
24 칙필레(Chick-fil-A): 치킨버거로 유명한 대형 패스트푸드 프랜차이즈로 미국 남부 조지아주에 본점이 있다.

지는 몰랐지만, 어쨌든 교수님이 남은 입원 환자 13명과 이런 대화를 나누는 것을 견뎌야 했다. 병동의 모든 신경과 환자에 대해 세심하게 정리해 둔 메모를 훑어보았다. 나는 환자들의 진단명, 검사 결과, 뇌촬영 결과, 간밤의 활력징후[25], 쉬를 했는지, 응가를 눴는지, 토했는지 모두 꿰고 있었다. 하지만 문제의 '앤젤푸드 케이크 요소'는 미처 챙기지 못했다.

프리처드 박사는 항상 회진을 돌 때 환자들과 가벼운 잡담을 나눴다. 가족의 비전 요리법을 묻거나 사우스캐롤라이나주에 사는 소식이 끊긴 친지나 공통의 친척 이야기를 하는 식이었다. '앤젤푸드 케이크 요소'는 환자의 신경적, 정신적 상태를 분석할 수 있도록 순수한 배려와 환대를 드러내서 환자의 긴장을 풀어주는 그만의 비법이었다. 박사님은 뛰어난 의사였고 (대개 음식을 주제로) 공통분모가 생기고 나면 환자와 보호자는 병원에 입원해서 뇌, 척추, 또는 정신질환을 치료받는 힘겨운 과정에서도 좀 더 마음을 편히 가질 수 있었다. 환자가 마음을 놓으면 프리처드 박사는 완전한 진단을 내리는 데 필요한 복잡한 병력의 사소한 부분에 대해 질문할 수 있었다. 박사님은 언제나 나와 동기들이 오랫동안 환자를 문진하고도 결국 놓쳤던 중요한 사항을 단박에 알아내셨다.

---

25 활력징후: 환자의 호흡, 맥박, 체온, 의식정도, 혈압 등의 기본 생체 정보.

공동의 친척이나 최고의 바비큐 맛집에 대해 이야기를 나누던 소탈한 모습의 프리처드 박사님은 사실 헌신, 리더십, 뇌전증 연구로 세계적 명성을 떨친 신경과 의사이자 연구자였다. 레지던트 시절, 나와 동기들은 프리처드 박사님과 회진을 도는 것이 영광이며 힘들고 긴 근무시간을 견뎌낼 가치가 있다는 것을 알고 있었다.

사우스캐롤라이나 의과대학 신경과 동료들이 보여주는 남부 특유의 환대를 받고 친분을 쌓으면서 나는 곧 '소울푸드'라는 말을 배우게 되었다. 뇌 회복 프로토콜에서는 소울푸드를 권장하고 소중히 여긴다. 미국 남부에만 소울푸드가 존재하는 것은 아니다. 가족, 조상, 종교적 휴일, 출신지역 또는 나라와 관련된 음식에 즐거운 추억이나 긍정적 경험이 있는 사람이라면 누구나 소울푸드가 무엇인지 잘 알고 있다.

그날 아침에 먹은 칙필레 감자튀김은 어떨까? 그걸 소울푸드라 할 수 있을까? 물론 그럴 수도 있겠지만 그날은 아니었다. 그건 병원에서 밤새 스트레스를 받으며 대기하고 24시간이 넘도록 눈을 붙이지 못한 데 대한(사나흘 간격으로 반복되는 일과였다) 보상이었을 뿐이다. 내 일주기리듬은 밤낮을 구별할 수 없을 만큼 무너진 상태였다. 그날 감자튀김을 먹은 것은 스트레스 때문이었다. 당지수가 높은 탄수화물, 포화지방, 염분이 잔뜩 든 음식이라면 뭐든 상관없었으니까.

1분 뇌과학 : 스트레스 상황에서 과식하는 이유

스트레스성 섭식은 감정적 섭식이라고도 하며 대개 스트레스나 부정적 감정 탓에 과식하는 현상을 가리킨다. 만성 스트레스를 겪으면 혈당과 혈중 염분 농도의 변화 탓에 단것, 기름진 음식, 짠맛을 갈구한다. 앞서 언급했듯 만성 스트레스는 신경염증을 유발하며, 신경염증이 발생하면 시상하부-뇌하수체-부신축이 활성화된다.

만성 스트레스로 인해 시상하부-뇌하수체-부신축이 잘 조율되지 않으면 부신은 코티솔이라는 스트레스 호르몬을 계속 분비한다. 그 결과 혈중 인슐린이 치솟아 혈당을 낮춘다. 그래서 혈당을 빠르게 올릴 단 음식이 당기는 것이다. 마찬가지로 만성 스트레스를 받을 때 짠 음식을 갈구하는 것은 부신이 알도스테론[26]이라는 호르몬을 분비해서 나트륨, 마그네슘, 칼륨 농도에 변화를 일으키기 때문이다. 스트레스 탓에 알도스테론 수치가 높아지면 신장은 수분 유지를 위해 보전하던 나트륨과 마그네슘 등의 중요 미네랄을 소변으로 내보낸다.

위에서 보듯 만성 스트레스에 시달릴 때 특정 음식을 갈망하는 데는 생화학적 관계 및 호르몬과 관련된 이유가 있다. 목표

---

[26] 알도스테론(Aldosterone): 부신피질에서 분비되는 대표적인 스테로이드 호르몬으로 나트륨과 칼륨 대사에 주로 관여한다.

는 일단 바쁜 뇌 증후군에서 벗어나 만성 스트레스로 인한 신경염증의 영향과 이상식욕을 줄이고, 궁극적으로는 완전히 없애는 것이다.

바쁜 뇌 안의 신경염증

신경염증이란 뇌의 염증이다. 만성 스트레스는 뇌의 여러 경로에 신경염증을 일으킨다. 만성 스트레스를 겪으면 편도는 시상하부를 자극한다. 시상하부가 자극을 받으면 시상하부-뇌하수체-부신축이 무너져 자율신경실조증[27]에 이르게 된다.

신경염증은 또한 일주기리듬을 무너뜨려 바쁜 뇌 증후군을 야기한다. 이렇게 되면 신경염증은 몸에서도 염증 반응을 일으켜 췌장과 여타 소화관을 비롯, 여러 기관계에 악영향을 미친다. 2장에서 일반적인 신경염증에 대해 언급했는데, 여기서는 스트레스를 받을 때 신경염증이 시작되는 과정과 뇌 안의 특정 신경염증 패턴이 바쁜 뇌 증후군을 야기하는 방식에 대해 좀 더 자세히 다룰 것이다.

---

[27] 자율신경실조증(Autonomic Dysfunction): 교감, 부교감 신경계에 문제가 생겨 발생하는 증후군으로 기립성 저혈압, 실신, 배변 및 발한 기능의 이상 등의 증상을 보인다.

급성 삽화성 및 만성 스트레스로 인한 신경염증의 신경화학[28] 적 관계에 대해 좀 더 자세히 알아보자. 만성 스트레스를 겪으면 미세아교세포라 불리는 뇌 내 면역세포가 활성화된다. 이들 면역세포는 자극을 받으면 염증성 사이토카인을 생성하는데, 인터류킨-1(IL-1) 등 특정 사이토카인은 신경염증에 불을 지핀다. 사이토카인은 질병을 일으키는 세균이나 여타 물질이 몸에 침입했을 때 면역체계가 방어태세에 들어가 체내 염증을 제어하는 데 도움을 주는 신호전달 단백질이다. 그러나 사이토카인이 지나치게 많으면 과도한 염증이나 자가면역질환 등을 유발할 수 있다.

인터류킨-1은 뇌 내 면역세포의 소집 및 활동을 총괄적으로 관장하며, 이런 경로로 진행되는 신경염증은 기분장애[29] 등의 정신질환을 야기한다. 기본적으로 정서적 스트레스를 많이 느낄수록 인터류킨-1 수치가 올라가 신경염증을 부채질한다. 인터류킨-1이 매개하는 뇌 내 신경염증은 불안, 우울, 번아웃 등에서 관찰할 수 있다. 이처럼 신경염증은 인터류킨-1 수치를 높이며, 다른 연구에 따르면 스트레스를 받을 때는 해마와 전전두피질에 주로 영향을 미치는 주요 염증표지자가 상승한다. 이

---

[28] 신경화학(Neurochemistry): 신경과학의 한 분야로 신경전달물질, 관련 약물, 관련 화학물질에 대해 연구한다.
[29] 기분장애: 기분을 조절하기 어렵고 비정상적인 기분이 오랫동안 지속되는 장애.

들 영역에 문제가 생기면 집중력 감퇴와 불안장애가 발생한다.

뇌의 염증성 사이토카인 수치가 높아지면 온갖 부정적 결과가 나타난다. 그중 하나는 시상하부-뇌하수체-부신축이 계속 혼란에 빠진다는 것이다. 시상하부-뇌하수체-부신축이 자극받으면 몸의 호르몬체계뿐 아니라 소화와 허기를 제어하는 자율신경계도 영향을 받는다.

허기, 포만감, 신진대사를 관장하는 주요 호르몬은 (시상하부의 시교차상핵에서 조절하는) 일주기리듬에 따라 분비된다. 5장에서 일주기리듬 이상에서 비롯되는 수면장애의 영향에 대해 다루었는데, 영양 관련 호르몬도 일주기리듬의 영향을 받는다. 렙틴과 인슐린 등의 호르몬이 통제를 벗어나는 것이다. 그렇기 때문에 만성 스트레스와 바쁜 뇌 증후군에 시달리면 식욕에 이상이 생기게 된다.

뇌 조직 검사를 하지 않고 신경염증을 분석, 진단하는 방법은 무엇일까? 의사는 우선 환자의 기분에 대한 과거 이력 및 현 상태에 이른 원인을 빠짐없이 듣는 데서부터 시작한다. 의사들이라면 모두 동의하겠지만, 그러려면 기본적인 병원 진료시간인 평균 7분보다 많은 시간이 필요하다(진료시간이 짧은 것은 의사가 아니라 망가진 의료체계 탓인데, 그 이야기를 시작했다가는 우리 모두의 스트레스 수치가 올라갈 테니 그만두자). 철저한 정신건강 검사 및 이학적 검사도 해야 한다.

철저한 병력 청취 및 이학적 검사와 더불어 신경염증과 바쁜 뇌 증후군의 기저원인을 이해하려면 필수적으로 시행해야 하는 검사가 있다. 우리가 바쁜 뇌 증후군의 신경염증을 진단하기 위해 실시하는 주요 검사는 몸이 스트레스에 어떻게 반응하는지 측정하기 위한 인슐린, 당화혈색소, 혈당 검사다. 이들 수치를 분석하면 1형 또는 2형당뇨병 유무를 확인할 수 있다. 또한 체내 염증 수치를 통해 스트레스가 뇌에 얼마나 영향을 미치는지 간접적으로 분석하기도 한다.

뇌의 상태와 혈당

큼직한 생일 케이크나 당 함량이 높은 음식 또는 음료를 먹고 나면 기분이 어떤가? 기운이 확 올랐다가 갑자기 축 처지지는 않는가? 이런 현상이 나타나는 것은 혈당 때문이다. 에너지가 급상승하는 것처럼 느껴지지만 사실 높은 혈당은 뇌에 매우 위험하다. 위에 언급한 음식을 먹고 혈당 스파이크가 일어나면 자율신경계와 췌장은 인슐린을 생산해서 당을 에너지로 전환한다. 오랫동안 이런 일이 반복되면 어떤 사람들은 인슐린 저항성이 높아져서 몸의 혈당 조절 메커니즘이 더 이상 효과를 발휘하지 못해 평소 혈당이 높아진다. 이 상태를 당뇨 전단계 또는 당뇨라 한다.

인슐린을 조절하는 것은 췌장의 혈당 제어뿐 아니라 뇌에도 극히 중요한 영향을 준다. 혈당을 급상승시키는 음식을 두고 당지수가 높다고 한다. 당지수가 높은 음식이란 단시간에 소화 흡수되어 혈당을 급격히 올리는 탄수화물로 백설탕, 흰 밀가루, 백미, 흰 감자, 흰 빵 등이 있다.

몸은 당지수가 높은 음식을 포도당과 과당으로 분해한다. 뇌세포 구조의 일부(뉴런과 신경아교세포 모두)에는 항상 활동하며 뇌의 주요 에너지원 역할을 하는 수용체가 있기 때문에 이 점은 매우 중요하다. 즉 뇌세포에는 뇌 안의 당수치가 올라가면 수용체가 반응할 준비를 갖추도록 항상 활동 중인 유전자가 있는 것이다. 뇌 내 고혈당의 영향에 대한 연구는 여럿 진행되었다. 높은 혈당은 언어와 기억을 활용하는 지적 활동을 하는 동안의 장기적 구어인출[30], 주요 인지행동, 집중력 관련 주요 요소를 저해한다.

당지수가 높은 음식(즉 '당')은 정신건강과 웰빙, 특히 건강한 기분과 집중력을 유지하는 능력에 부정적 영향을 미친다. 우울증의 기본 원인 중 하나는 세로토닌(더 구체적으로 말하자면 세로토닌의 결핍)이다. 당은 뇌와 몸이 세로토닌을 생산하는 능력을 방

---

30 구어인출: 장기기억에 저장된 정보를 인출하여 말로 표현하는 것.

해해서 불안과 불면을 야기한다. 모두 바쁜 뇌 증후군의 증상이다.

당은 장, 즉 소장의 세로토닌 분비에 영향을 미친다. 사실 세로토닌의 90%는 장에서 생산된다. 당을 너무 많이 섭취해서 장 기능이 떨어지면 소화, 면역세포형성, 세로토닌 생산 등 장이 담당하는 주요 역할에 문제가 생긴다.

당이 높으면 궁극적으로 세로토닌을 생산하고 활용하는 뇌의 능력에도 영향을 준다. 비타민B군 전체(특히 엽산)는 세로토닌의 생산에 필수적인 요소다. 당이 높은 식단을 유지하면 몸이 당을 대사하느라 비타민B를 모두 소모해서 세로토닌을 생산하고 뇌가 주요 기능을 발휘하는 데 필요한 여러 형태의 비타민B가 부족해진다.

당이 불안에 미치는 영향은 혈당치와 깊이 연관되어 있다. 당을 섭취하면 혈당의 롤러코스터가 시작되어 불안 발작 같은 느낌을 준다. 혈당치가 급격히 떨어지면 뇌는 절박하게 에너지원을 찾게 되며 몸은 저혈당 상태에 빠져서 떨리고, 마비되고, 혼란스럽고, 긴장한다(흔히 '당이 떨어진다'고 한다). 혈당치가 급락하면 뇌는 급히 아드레날린 경보를 울려 불안을 야기한다.

게다가 혈당을 높이는 음식을 먹으면 뇌유래신경영양인자(BDNF)라는 단백질의 양이 감소한다. 뇌유래신경영양인자는 불안, 패닉, 스트레스 반응을 낮추는 데 필수적인 역할을 하며 뇌

유래 신경영양인자가 부족하면 바쁜 뇌 증후군의 증상이 악화된다.

정리하자면, 당지수가 높은 음식을 먹으면 혈당이 급상승해서 뇌와 장에 고혈당과 관련된 여러 문제가 일어난다. 이같은 몸의 염증 패턴과 뇌의 신경염증은 불안, 집중력 저하, 불면 등 바쁜 뇌 증후군의 여러 증상에 불을 지핀다.

이모들은 여기서 이마에 손을 짚을 것이다. "이런 이런, 그럼 오후에 손님과 차이티를 마실 때는 대체 뭘 내놓으란 말이냐? 방금 해로즈에서 고급 티 비스킷을 주문했는데. 저녁 식사로 매콤한 할림[31]과 비리야니를 낸 다음에는? 제대로 된 안주인이라면 손님의 입을 달게 해주는 법이야. 향료를 듬뿍 넣은 든든한 식사 뒤에 후식을 내는 건 손님맞이의 기본이란다."

논란의 소지가 있으니 분명히 말해 두어야겠다. 나는 당 및 당지수가 높은 음식과 카페인에 반기를 드는 게 아니다. 여러분에게 저탄수화물 다이어트를 시작하라고 권하는 것도 아니다. 3부에서는 당을 향한 갈망을 줄이고 느린 탄수화물을 접하는 데 도움이 될 뇌 회복 프로토콜을 제시하고 있다. 느린 탄수화물이란 당지수가 낮은 음식을 가리킨다. 탄수화물이 들어 있지만 혈당이 급상승하지 않는 음식이다. 느린 탄수화물의 예로는

---

31 할림(Haleem): 중동에서 즐겨 먹는 스튜의 일종으로 커리, 곡류, 육류, 콩류를 끓여 만든다.

현미와 고구마가 있다. 뇌 회복 프로토콜 5주 및 6주차에는 전체 섭식체계를 분석할 것이다. 믿기지 않겠지만 (지금까지 여러 번 약속했듯이) 소울푸드는 먹어도 된다.

대체 어떻게 그런 일이 가능하냐고? 뇌 회복 프로토콜 1~4주차에서 일주기리듬을 회복해서 신경염증이 가라앉고 나면 전보다 푹 자고 불안이 감소할 것이다. 그러면 스트레스성 섭식이 줄어들어 전처럼 쿠키, 감자칩, 피자 같은 음식을 폭식하지 않게 된다. 일단 균형을 되찾고 스트레스성 섭식이 멈춘 다음에는 뇌 회복 프로토콜의 관련 지침을 따라 소울푸드를 즐길 수 있다.

커피와 콜라에 든 당은 뇌 세포에 유해하다

오후의 차 한 잔과 함께 맛보는 쿠키, 아침의 아이스 아메리카노와 함께 먹는 베이글, 에스프레소와 함께 즐기는 크루아상……. 사람들은 뇌에 에너지를 잔뜩 실어줄 것 같은 먹을거리에 쉽게 손을 뻗는 습관이 있다. 카페인을 섭취하면 당에 대한 갈망은 더욱 커진다. 카페인은 인슐린 수치를 급격히 올려서 당 지수가 높은 음식을 찾아나서게 한다.

위에서 언급했듯 뇌의 혈당치가 올라가면 염증이 유발되어 숙면을 조절하고 불안을 누그러뜨리는 호르몬인 세로토닌 수치를 떨어뜨린다. 그런데 카페인과 설탕을 함께 섭취하면 바쁜 뇌의 회로가 과부하를 겪어 불안과 주의력결핍이 악화된다. 쌓인 할 일 목록을 보고 더욱 불안해하며 자책하는 것도 그 때문이다.

아직 패닉에 빠지지는 말자. 카페인마저 금지하려는 건 아니다. 뇌 회복 프로토콜에는 언제 당지수가 높은 탄수화물과 카페인을 섭취하면 되는가에 대한 지침이 마련되어 있다.

카페인은 바쁜 뇌의 집중력을 높인다

확실히 말해 두지만 나는 뇌 전문의로서 카페인에 반대하지 않는다. 카페인은 각성제이자 (차이를 사랑하는 인도 사람들을 비롯) 세계에서 가장 흔히 쓰는 약물이다. 매일 수백만 명의 사람들이 기운을 차리고 피로를 누그러뜨리고 집중력을 높이기 위해 카페인을 섭취한다.

카페인은 아데노신의 특정 부위와 분자구조가 유사하기 때문에 아데노신의 경쟁적 억제제로 작용한다. 아데노신은 뇌의 억제성 전달물질로서 중추신경계를 안정시켜 차분하게 만들고 수면을 조절한다. 아침에 일어나서 시간이 흐르면 아데노신은 뇌의 수용체와 결합하여 점점 졸음을 유발한다. 이때 카페인이 수용체와 결합해서 아데노신의 결합을 막으면 경각심, 집중력,

에너지가 유지된다.

처방약 및 비처방약 형태의 카페인은 피로와 졸음을 해소하고 일부 진통제의 효과를 촉진하는 데 쓰인다. 카페인은 중추신경자극제라 불리는 약물군에 속한다. 카페인이 든 음식은 정신적 각성 상태를 되찾는 데 도움이 된다. 그러나 각성 상태를 유지하고 잠을 쫓기 위해 카페인을 사용하는 것은 간헐적인 수준에서 그쳐야 한다. 졸음을 막기 위해 규칙적으로 카페인을 사용하는 것은 금물이다. 카페인을 언제, 얼마나 섭취하는지 스스로 파악하고 있어야 한다.

미국의 경우 성인의 90% 이상이 카페인을 규칙적으로 섭취하며, 평균 섭취량은 일일 400mg을 웃돈다. 180ml 커피 2잔 또는 360ml 청량음료 5캔을 넘는 양이다. 카페인의 권장섭취량은 일일 200mg 이하다.

카페인을 지나치게 섭취하고 있는지 파악할 방법은 무엇일까? 하루에 커피를 4잔 이상(또는 그에 상당하는 양의 카페인) 섭취하고, 두통, 불면, 불안, 긴장, 신경과민, 빈뇨, 소변조절장애, 심계항진, 근육경련 등의 부작용이 있다면 카페인 섭취량을 줄여야 한다.

카페인은 언제 마시는 것이 좋을까? 아침에 일어나자마자 커피를 마시는가? 바쁜 뇌 증후군 지수가 30을 웃돈다면 커피로 기운을 북돋아야 할 수도 있다. 하지만 건강하고 신경염증이 없는 사람의 코티솔 수치는 원래 아침에 가장 높다. 그러므로 일어나자마자 커피를 마시면 코티솔 수치가 이미 높기 때문에 커피의 원기회복 효과가 감소할 수 있다는 점을 알아 두자.

코티솔 수치가 아침에 높은 것은 정상이며, 일반적인 상황에서 코티솔은 경각심과 집중력을 높이고 신진대사, 면역체계 반응, 혈압에 관여한다.

코티솔은 수면-각성 사이클의 리듬, 즉 일주기리듬을 따른다. 신경염증이 없으면 코티솔 수치는 아침에 일어나서 30~45분 뒤에 정점에 이르며 종일 서서히 감소한다. 따라서 코티솔 수치가 낮아지는 오전 중반부터 후반 사이에 커피를 마시는 것이 바람직하다.

6시 30분에 일어나는 사람이라면 9시 30분에서 11시 30분 사이에 커피를 마시면 된다. 그보다 늦게 마시면 일주기리듬을 무너뜨려 숙면을 취하기 어렵다. 기운을 불어넣는 효과가 사라진 뒤에도 각성 효과는 3~5시간가량 유지되며, 개인차가 있지만 섭취하는 카페인 총량의 절반은 5시간 이후에도 체내에 남아 있다. 뇌 회복 프로토콜에서는 수면 및 일주기리듬과 조화를 이루기 위해 오후 1시 이후에는 카페인을 섭취하지 않도록 되어 있다. 따라서 6시 30분에 일어난다면 9시 30분에서 오후 1시 사이에 카페인을 섭취하도록 하자.

시계를 맞추기 전, 카페인이 (특히 식후) 인슐린 활동을 억제해서 혈당을 다소(측정 가능한 수준이다) 올릴 수 있다는 연구 결과도 유념하자. 식사 때 당지수가 높은 음식을 먹은 다음 카페인을 섭취하면 혈당 스파이크가 일어나 더 많은 인슐린이 필요하다.

인슐린이라고 하면 혈당을 조절하는 호르몬으로 생각하기 쉽지만, 사실 인슐린은 뇌기능에도 중요한 역할을 한다. 인슐린은 뇌 세포의 건강과 성장을 유지하는 데 도움을 준다. 그러나 자연당을 많이 섭취하면 인슐린의 효과가 떨어진다. 혈당이 오를수록 인슐린의 기본 활동에 대한 뇌의 저항이 커진다. 이렇게 뇌가 인슐린의 활동에 둔감해지면 집중력과 여타 인지기능이 감소한다. 10여 년간 5천 명의 참여자를 추적한 연구에서, 연구진은 혈당이 높은 사람들의 인지능력이 눈에 띄게 떨어졌으며, 혈당치가 높을수록 인지능력 감소 속도도 빨라졌다는 사실을 확인했다.

2형당뇨병 환자에 대한 임상연구에 따르면 카페인을 섭취한 뒤에는 혈당이 올라간다. 추가 연구 결과, 카페인을 지나치게 섭취하면 당뇨 진단을 받지 않은 사람들도 혈당 스파이크를 겪는다는(그 결과 혈당 저하가 일어나 단것을 갈망하게 된다) 사실이 밝혀졌다.

앞에서 뇌 회복 프로토콜에 소울푸드를 담아내는 법에 관해 이야기했다. 하지만 스트레스성 섭식은 제어할 수 있어야 한다. 여러분도 익히 알겠지만 나는 당지수가 높은 음식에 반대하지 않는다. 카페인에 반대하는 것도 아니다. 하지만 최고의 성과를 내려면 적절한 양의 소울푸드를, 적절한 시간에 먹어야 한다. 3부에서는 탄수화물, 특히 느린 탄수화물(당지수가 낮은 탄수화물)을 먹는 타이밍에 대해 살펴볼 것이다. 그리고 카페인과 당(당지수가 높은 음식)을 분리해서 섭취하는 방법에 대해서도 알아볼 예정이다. 이러한 뇌 회복 꼬마습관을 따르면 특정 순서를 지키는 한 원하는 음식을 자유롭게 먹을 수 있다.

분명히 밝혀 두지만 여러분에게 디톡스나 클렌즈를 권하는 것은 아니다. 책을 열면서 나는 뇌 회복을 통해 스트레스성 섭식이 줄어들면 앤젤푸드 케이크를 비롯한 소울푸드를 즐길 수 있다고 약속했었다.

그때를 돌아보면 프리처드 박사님이 꽉 찬 일정에도 불구하고 시간을 내서(나처럼 '앤젤푸드 케이크 요인'에 관한 추가 멘토링이 필요한 사람들을 포함한) 모든 레지던트를 가르치셨다는 데 감사한 마음이 든다. 내가 박사님을 만났던 시절, 여성 신경과 전문의는 미국 남부 한복판의 찰스턴에서 치킨 티카 마살라[32]를 파는 식당보다 더 찾기 어려웠다. 프리처드 교수님은 스테미니스트의 진정한 본보기로, 여성 전문의나 리더가 많지 않은 기존 의료계에서 나와 같은 여성 리더에게 멘토링을 해주고 지원해 주셨다.

---

32 치킨 티카 마살라(Tikka Masala): 영국의 인도 식당에서 인기가 높은 커리로, 요거트에 잰 닭고기 구이를 마살라(혼합향신료)와 섞어 만든다.

나는 그분 아래서 처음으로 뇌전증 환자를 치료하겠다는 열정을 키우고 연구 논문의 기본 작성 규범을 익혔다.

매달 말 로테이션이 바뀌면 프리처드 박사님과 친절한 베키 부인은 팀 사람들을 집에 초대해서 식사를 대접하셨다. 전통적인 남아시아 가정에서 자란 터라 집에 초대받아 교수님의 가족들과 '앤젤푸드 케이크 요소'의 순간을 나누는 건 큰 의미가 있었다(냄새나는 가운 대신 실크 블라우스와 진주 목걸이를 걸칠 수 있다는 것도 물론 좋았지만, 모두 식탁에 둘러앉아 박사님의 유명한 수제 프리처드 페스토와 구운 가리비를 즐기는 동안에는 그런 것 따윈 중요치 않았다).

가장 중요한 것은 내가 프리처드 박사님께 미국 남부의 소울푸드의 전통에 대해 제대로 배우고 모든 문화권에 각자의 소울푸드가 있다는 사실을 이해했다는 것이다. 이 책을 편집하는 사이 프리처드 박사님이 2023년 5월, 80번째 생일에 췌장암으로 소천하셨다. 나는 여성 창업자이자 최고건강책임자로서 역할을 다하면서 프리처드 박사님께 배운 리더십을 활용했다. 에보에서 최고건강책임자로 활동하면서 사람들을 만날 때면 잠깐 멈추고 소울푸드에 관해 이야기하며 연대감을 구축했다. 미국과 캐나다에 있는 에보 계열 호텔에서는 전 세계 출신의 다양한 인력이 일하고 있다. 산하 호텔들을 돌아보는 출장은 프리처드 교수님과 함께 했던 회진을 연상케 했다. 뇌 전문의 겸 본사 관리자가 호텔에 도착했다고 하면 에보의 동료 직원들은 다소 긴장한다. 하지만 나 또한 긴장하고 있다는 사실은 잘 모른다. 그러나 우리 앞에 식사가 놓이면(또는 좋아하는 소울푸드에 관한 이야기를 나누면) 모두 긴장에서 벗어난다. 직원들은 회사 주치의가 다이어트를 강요하지 않는다는 것을 알고 마음을 놓고, 나는 로미 이모가 되어 회사가 직원의 웰빙을 최우선에 두고 그들을 세심히 보살핀다는 것을 전할 수 있어 마음이 편안해진다.

TIP 　　　　　　　　　　　　　　7장 요약 정리

- ✓ 바쁜 뇌 증후군을 치유하기 위해 소울푸드를 포기할 필요는 없다.
- ✓ 소울푸드와 스트레스성 폭식은 다르다.
- ✓ 소울푸드는 문화, 추억, 조상, 명절과 얽혀 있으며 기쁨을 가져다준다.
- ✓ 바쁜 뇌는 당분, 염분, 탄수화물을 동원해서 지친 신경계를 진정시키려고 한다. 이것이야말로 스트레스성 폭식의 원인이다.
- ✓ 당지수가 높은 식품을 먹으면 혈당이 급격히 올라간다. 이렇게 되면 낮에 기운이 나지 않을뿐더러 신경염증을 초래해서 바쁜 뇌 증후군이 악화된다.
- ✓ 스트레스성 섭식은 여러분의 잘못이 아니다. 일주기리듬이 무너져서 몸에 염증이 생기면 이상 식욕이 나타난다.
- ✓ 스테미니스트가 되자. 주변의 소녀와 여성들이 과학, 기술, 엔지니어링, 수학, 의학 분야의 교육을 받고 커리어를 쌓도록 응원해 주자.

08

바쁜 뇌 증후군과 뇌의 연료
: 음식과 지방

프리처드 박사님 댁에서 구운 가리비와 페스토, 앤젤푸드 케이크, 스위트 티를 대접받으니 하루도 푹 자지 못하고 한 달 내내 격무에 시달리다가 이모나 삼촌에게 위로를 받는 느낌이 들었다. 그때는 스위트 티와 커리어를 향한 꿈이 앞으로 나아갈 원동력이 되어주었고 레지던트라면 으레 겪기 마련인 수면 부족에도 그다지 신경 쓰지 않았다.

의대에 가고 수련을 하는 동안에는 잠은 나약한 사람이나 자는 거라고 세뇌당했었다. 신경과의 남자 의사들과 어울리려면 땀 한 방울, 피로한 기색을 포함해서 그 어떤 나약한 모습도 드러내지 말아야 했다. 의대 수련에서 에고와 약한 모습은 용납받지 못했고, 마음속 깊은 곳에서 나는 매일 실패할까 두려워했다. 실패할 수 없다는 생각은 더 큰 부담으로 다가왔다. 실패했다간 할머니, 엄마, 이모들, 집안 어른들의 기대를 무너뜨릴 터였다. 당시 미국의 뇌 전문의 중 여성은 단 5%에 불과했으므로 나의 실패는 여성 전체를 저버리는 것이기도 했다. 내가 실패하면 앞으로 수세대간 의료계에 몸담는 여성들에게 영향을 미칠 것 같았다. 다행히 프리처드 박사님과 레지던트 시절 교수님들은 딸을 둔 부모로서 의료계에도 다양성이 필요하다는 것을 이해하고 문화를 바꾸려고 애쓰셨다.

그날 저녁 식탁에서 프리처드 박사님은 포크를 내려놓고 나를 돌아보았다. "병동 로테이션을 방금 끝냈다는 건 알지만, 내일부터 다시 병동 레지던트를 맡아 주어야겠네. 브랙스턴 B. 워너메이커 3세(Braxton B. Wannamaker III) 박사가 이달의 어텐딩(전문의)이 될 거야."

나는 맛있는 남부식 소울푸드를 입에 넣다가 멈추고 방금 받은 과제를 파악했다. 워너메이커 박사님은 의료계에서 소개가 필요 없는 분이었다. 사우스캐롤라이나 의대의 복도를 걷는 전설 같은 존재였으니까(워너메이커 박사님이 이 글을 읽는다면 겸허한 성격상 몸둘 바를 모르실 것 같아 미리 사과의 말씀을 드린다). 신경과 정교수이자 미국뇌전증협회(American Epilepsy Society)의 전 회장을 역임했고, 의사 생활 내내 항뇌전증 약물과 뇌전증의 돌연사에 대한 최첨단 연구에 매진하셨다. 나는 뇌전증 환자를 대상으로 한 교수님의 경험뿐 아니라 임팩트 지향적[33]인 임상연구의 지혜도 배우고 싶었다.

부드럽고 푹신한 앤젤푸드 케이크를 한입 베어물면서 식탁에 앉은 나 자신과 이야기를 나눴다. '얼른 알겠다고 말씀드려. 잠은 다음 달에 자면 되잖아. 의학박사 호칭 앞에 로마 숫자가 붙어 있는 교수님을 또 만난 거라고. 커리어를 생각하면 일생일대의 기회야. 절대. 날리지. 마.'

잠이랑 맑은 정신은 어떻게든 되겠지. 나는 누구보다 먼저 출근하고 '앤젤푸드 케이크 요소'를 포함, 모든 환자에 대한 내용을 모두 머릿속에 집어넣으려고 다음날 아침 새벽 4시에 다시 신경과 병동에 도착했다. 실용적인 의사 가운은 집어치우고 실크 블라우스, 스커트, 반짝이는 구두로 복장을 완성했다. '아무리 정신이 없어도 준비되고 우아하고 프로답게 보여야 해.' 나는 팀의 모든 인턴과 본과생이 반질반질하게 준비를 갖추도록 했다. 승부의 날이었다. 워너메이커 박사님은 오전 9시에 도착할 테고, 나는 병동의 수석 레지던트로서 모든 것이 통제하에 놓여 있다는 것을 보여주고 싶었다. 간호사들도 간호 스테이션을 정리하고 내게 엄지를 치켜세워 보였다.

---

[33] 임팩트 지향(Impact Driven): 객관적인 성공 지표를 넘어 사회적 가치에 바탕을 둔 긍정적 영향을 주는 것을 목표로 하는 것.

그 순간 호출기가 울렸다. 동시에 호출기에 뜬 문장이 머리 위의 인터콤에서 큰 소리로 울려퍼졌다. "신경과 병동 717번 병실에 코드블루 발생, 반복, 신경과 병동 717번 병실에 코드블루 발생……."

하느님 맙소사, 그것은 내 담당 환자 중 하나가 심정지나 호흡정지를 겪고 있다는 것을 의미했다.

병동을 달리면서 전에도 해본 일이라고 되뇌며 불안한 뇌를 진정시키려 했다. 간호사 하나가 소리쳤다. "선생님 어디 계셔?" 인턴과 본과생들이 내 뒤를 따라 달려왔다.

숨이 턱에 닿은 채 뇌졸중 같은 증상을 보이는 환자 곁에 도착했다. 전날 밤 입원한 고령의 여성 환자였다. 모니터를 보니 심방세동과 심실빈맥이 나타나고 있었다. 뇌와 폐 등의 장기에 산소가 든 혈액을 충분히 보내지 못하고 있다는 신호였다. 환자는 호흡을 하지 못하고 혼수상태에 빠져 있었다.

나는 뛰어난 간호사 팀과 함께 첫 단계를 헤쳐나갔다. 기도와 호흡을 확보하고 정맥주사로 약물을 투여할 수 있다는 것을 확인했다.

그러고서 나는 얼어붙었다.

아니, 숨이 막혔던 걸까?

어느 쪽이든 상관없었다.

응급상황을 위한 전문심장소생술은 머릿속에 꿰고 있었다.

거꾸로도 줄줄 외울 수 있었다. 전문심장소생술[34]이란 심장에 영향을 미치는 응급상황이 발생한 환자를 빠르고 효율적으로 처치할 수 있도록 짜인 지침이다. 그전에도 코드블루가 떠서 전문심장소생술을 시행한 적이 있었다. 하지만 그날 지침은 내 머릿속에 갇힌 채였고, 바쁜 뇌는 기억이 다음 단계에 가닿는 것을 가로막았다.

간호사가 단단한 격려를 실어 외쳤다. "선생님, 힘내세요. 할 수 있어요. 이제 어떻게 할까요!"

하지만 도와달라는 간호사들의 외침에도 나는 여전히 얼어붙어 있었고, 중환자실의 동료가 팀을 데리고 달려와 상황을 접수했다. 병실에서 나와 숨을 몰아쉬는데 워너메이커 3세 박사님이 특유의 나비넥타이를 매고 모퉁이를 돌아 잰걸음으로 내 쪽으로 오는 것이 보였다.

의료계에 몸담고 있지 않은 독자 여러분을 위해 보충설명을 해야겠다. 어텐딩(이 경우에는 워너메이커 3세 박사님이다)은 출근하자마자 일면식도 없는 환자가 코드블루에 빠지는 상황을 질색한다. 설상가상으로 수석 레지던트가 굳은 상태로 실크 블라우스에 땀이 밴 채 병실 문 밖에 서 있다면?

전통적인 남부 신사답게, 박사님은 손을 내밀고 사투리가 섞

---

[34] 전문심장소생술(ACLS): 미국심장협회(American Heart Association: AHA)에서 5년마다 개정되는 심장소생 가이드라인.

인 느린 억양으로 말했다. "안녕하시오. 나는 신경과 전문의 워너메이커요······."

나는 선생님의 손을 부여잡고 말을 쏟아냈다. "선생님, 간밤에 입원한 72세 여성 환자가 뇌졸중 같은 증상을 보이고 지금······."

그 말을 자르며, 워너메이커 박사님은 숨을 들이마시고 말했다. "나는 워너메이커라고 합니다. 선생님 이름은 어떻게 되시죠?"

나는 혼란에 빠졌다. "음, 저는 무슈타크 박사라고 합니다. 아, 이름은 로밀라고요. 하지만 이모들 빼고는 그 이름을 제대로 발음하는 분들이 없어서, 사람들 사이에서는 항상 로미로 통해요."

그가 고개를 끄덕였다. "오, 로밀라라니, 바닐라와 운이 맞는군요······."

"선생님, 저는 바닐라보다는 캐러멜 색에 가까운데요." 나도 모르게 말이 튀어나왔다.

젠장, 생명이 걸린 상황에서 일 처리도 제대로 못해 놓고 말대답이라니! 당장 해고당해도 할 말이 없는 상황이었다. 레지던트 수련이 끝나지도 않았는데. 의사 노릇 말고는 할 줄 아는 것도, 사생활도 없는데. 아무도 나를 고용해 주지 않을 거야. 아래층의 칙필레조차도. 이러다 굶어죽겠지. 그보다 최악인 건······.

이모들이 낯부끄러워하실 테지. 하느님 맙소사, 우리 아빠(심장 전문의 무슈타크 1세 박사)한테는 뭐라고 말해야 하지?

내 머리는 더 이상 굳은 상태가 아니었다. 대신 완전히 통제를 벗어났다.

워너메이커 박사님은 쿡쿡 웃었고, 불과 몇 초 만에 차분하고 온화한 태도로 나를 데리고 다시 병실로 들어갔다. 우리는 팀을 도와 상태가 안정된 환자를 중환자실로 옮겼다.

병원에서 이런 순간이 닥치면 어텐딩은 모두가 보는 앞에서 기본 소생 프로토콜도 잊었다며 질책하고 망신을 주는 것이 당연했다. 언제나 '근사한 여의사 선생님'을 응원해 주던 간호사들도 교수님의 분노를 맞닥뜨릴 마음의 준비를 갖추었다.

하지만 교수님은 팀원들을 둘러보더니 잠깐 쉬었다가 다른 환자들을 돌보라고 일렀다. 그리고 나를 바라보았다. 금방이리도 무너져 울음이 터질 것 같았다.

"아래층 의사 라운지에서 커피 한잔 하세. 폴 말로는 자네가 뇌전증에 관심이 있다던데." 그렇게 워너메이커 박사님은 그 순간의 분위기뿐 아니라 이후의 내 커리어를 완전히 바꿔놓았다.

이 이야기의 중요한 부분을 간과했을 패션에 관심 없는 독자들을 위해 말하건대, 실크와 땀은 좋지 않은 조합이다. 살면서 중요한 순간이 온다면 더운 실크 옷은 피하도록 하자. 이모들께는 죄송하지만, 사실은 사실이니까.

1분 뇌과학 : 할 수 없는 식단관리는 오히려 독이다

신경과 레지던트로서 뇌전증과 뇌 건강에 대해 더 배우면서 심한 뇌전증을 앓는 아동을 위한 키토제닉 식단[35]에 관해 알게 되었다. 약물저항성 뇌전증 환아는 여러 약을 써도 계속 발작을 겪는다. 뇌전증 환자를 위한 키토제닉 식단은 요즘 유행하는 키토제닉 다이어트와는 전혀 다르다. 영아연축[36], 레트 증후군[37], 결절성 경화증 복합체[38], 드라베 증후군[39]을 비롯한 뇌전증 증후군 환자의 경우, 의사가 처방한 키토제닉 식단을 전문 영양사가 밀착 관리한다.

이 시기 키토제닉 식단을 접하면서 나는 처음으로 뇌 건강을 유지하는 식단의 역할에 관심을 갖기 시작했다. 통합의학 분야

---

[35] 키토제닉 식단(Ketogenic Diet): 총 열량은 유지하되 탄수화물 섭취량은 줄이고 지방 섭취량은 늘려 인슐린 저항성을 낮추는 식이요법이다.
[36] 영아연축: 생후 4~8개월에 발생하며, 온몸을 뻗는 동작이 반복되는 뇌전증 발작이다.
[37] 레트 증후군: 여아에게 주로 발병하는 X염색체 연관 퇴행 및 발달지연질환으로 대부분 뇌전증이 동반된다.
[38] 결절성 경화증: 뇌의 결절이 석회화되거나 경화되며 전신에 걸쳐 증상이 나타난다.
[39] 드라베 증후군: 영아기에 강직발작을 겪은 후 근육이 수축, 이완하다 경련이 끝나면 잠드는 유전질환이다.

의 지식을 쌓으면서 영양의 장점에 대한 더 많은 해답을 얻을 수 있었다.

책 첫머리에서 여러분에게 다이어트나 클렌즈를 시키지는 않을 거라고 약속한 바 있다. 대규모 기업의 최고건강책임자로서, 나는 비건, 키토제닉, 팔레오, 다이어트 반대론자를 비롯한 모두가 한 식탁에 둘러앉아 어우러지길 바란다.

지중해식 식단이 노화, 뇌졸중, 인지 저하를 막고 뇌 건강을 지키는 데 도움이 된다는 계속된 의학적 증거를 반박할 생각은 없다. 하지만 나는 현실 세계에 살고 있으며 여행, 외식, 삶의 다양한 면면을 십분 즐기는 이들과 함께 일한다. 사람들이 모두 밀프렙[40]을 마련하는 것도 아니고, 레스토랑에서 사업상 고객을 만날 때 엄격한 식단을 지키는 것도 불가능하다.

그래서 3부에서는 주방에 서서 먹든, 지하철역까지 걸어가는 길에 한입 베어먹든, 애틀랜타 공항 B 탑승동을 지나 델타 스카이 클럽 라운지에 가서 먹든 어디에서나 쉽게 실천할 수 있는 영양 바이오해킹에 대해 다루고 있다.

---

40 밀프렙(Meal Prep): 영양에 맞춰 며칠치 끼니를 준비해서 냉장, 냉동 보관해 두는 것.

지방은 뇌의 적이 아니다

무엇을 먹어야 하는가에 대한 영양학적 조언은 혼란스럽고 혼돈 그 자체인데다 섭식에 대한 더 많은 불안을 야기한다. 그래서 가장 중요한 한 마디로 시작하려 한다. 어떤 유형의 식단을 따르든(또는 따르지 않든), 지방은 절대 적이 아니다.

모든 지방이 똑같은 것은 아니다. 믿기지 않겠지만 뇌는 기본적으로 인지질[41]이라는 지방 분자로 이루어져 있다. 게다가 뇌가 제대로 기능하려면 기운이 난다는 느낌을 줄 지방이 필요하다. 그렇다고 지금 당장 무쇠팬을 꺼내서 버터 500g을 녹여 베이컨을 튀겨먹으라는 말은 아니다. 유익한 지방과 유해한 지방은 서로 다르므로 좀 더 자세히 알아보자.

바쁜 뇌 증후군의 원인은 세포가 소통하고 분자가 수용체에 효과적으로 달라붙도록 돕는 뇌세포의 기능을 방해하는 특유의 염증 패턴이다. 바쁜 뇌 증후군을 일으키는 신경염증을 가라앉히려면 유익한 지방을 포함한 주요 영양소가 필요하다. 바쁜 뇌 증후군의 치료제를 설명할 때는 이 부분이 어렵다. 어떤 지방이 뇌에 '유익'하고 어떤 유형의 지방이 뇌에 몸에 해로운지 헷갈리기 쉽기 때문이다. 임상 영양 용어로는 포화지방(좋은 지방)과

---

41 인지질: 인산과 지방산으로 구성되어 있는 지질의 일종으로 당지질, 콜레스테롤, 단백질과 함께 세포질의 주된 구성 성분이다.

불포화지방(건강에 별로 좋지 않은 지방)으로 구분한다.

오메가6 지방산 vs. 오메가3 지방산

여러 출처에 따르면 인간은 오메가6 필수지방산 대 오메가3 필수지방산(EFA)의 비율이 1:1인 식단을 바탕으로 진화했다고 한다. 그런데 현재 서구 식단의 비율은 현재 15:1에서 16.7:1 수준이다. 건강에 좋은 오메가3 지방산은 부족하고 건강에 좋지 않은 오메가6 지방산이 너무 많다.

오늘날 서구 식단에서 보듯 오메가6 다가불포화지방산(PUFA)을 지나치게 섭취하고 오메가6 지방산 대 오메가3 지방산의 비율이 너무 높으면 심혈관질환, 암, 염증성질환, 자가면역질환 등 많은 질병이 유발된다.

오메가3 다가불포화지방산을 늘려 섭취하면 뇌와 심장의 항염 효과가 있다. 의학 데이터를 바탕으로 질병을 예방하기 위한 적절한 비율을 찾아본 결과를 소개한다.

- 4:1 비율로 섭취할 경우 심혈관질환의 위험을 낮추고 예방하는 효과가 있었다.
- 4:1 비율로 섭취할 경우 사망률이 70% 감소했다(심장질환

으로 인한 사망 위험).

- 2.5:1 비율로 섭취할 경우 대장암 환자의 암세포 성장이 억제되었다.
- 유방암 환자의 경우 오메가6 대 오메가3 비율이 낮으면 위험도가 감소했다.
- 2:1에서 3:1의 비율로 섭취할 경우 류머티스 관절염 환자의 염증이 억제되었고, 5:1 비율의 경우 천식 환자에게 유익한 효과가 있었으나 10:1 비율에서는 불리한 결과가 도출되었다.

이들 연구는 질환에 따라 최적의 비율이 달라질 수 있다는 것을 시사한다. 그러므로 오메가3 지방산의 치료섭취량[42]이 유전적 경향에 따른 질환의 심각도에 따라 달라질 가능성도 충분하다. 오메가6 지방산 : 오메가3 지방산 비율을 낮추면 현재 서구 사회(및 개발도상국)에 만연하고 전 세계로 번지고 있는 여러 만성질환의 위험을 줄이는 데 도움이 된다.

댄 뷰트너(Dan Buettner)의 저서 『블루존 솔루션(The Blue Zones Solution)』에 따르면 주민의 수명이 가장 길고 건강한 전 세계 다섯 지역(블루존)의 공통분모는 양질의 음식이었다. 블루

---

42 치료섭취량: 영양소의 섭취량은 권장섭취량, 충분섭취량, 상한섭취량 등으로 나뉘며 치료섭취량은 질환의 치료를 목적으로 하는 섭취량을 말한다.

존은 일본 오키나와, 이탈리아의 사르데냐, 코스타리카의 니코야, 그리스의 이카리아, 캘리포니아의 로마린다다. 이 지역의 장수 비결은 여러 가지가 있지만, 공통된 요인은 1:1에 가까운 포화지방과 다가불포화지방의 건강한 비율을 유지하는 식단이었다. 지중해식 식단의 지방 비율도 비슷하다.

신경염증과 싸우는 오메가3 지방산

지방산 중에서도 뇌에서 가장 강력한 항염 및 면역력 강화 활동능력을 보이는 것은 오메가3 다가불포화지방산이다. 오메가3 다가불포화지방산은 세 가지 유형으로 나뉜다. 아이코사펜타엔산(EPA), 도코사헥사엔산(DHA), 알파리놀렌산(ALA)이다. EPA와 DHA는 ALA보다 강력한 효능을 지니고 있다.

오메가3 지방산의 기능 중 하나는 아이코사노이드의 양과 유형을 조절하는 것이다. 더불어 세포 내 신호 전달 경로, 전사인자[43] 활성, 유전자 발현[44] 등 아이코사노이드 비의존 메커니즘을 통한 다른 효과도 유도한다.

---

[43] 전사인자(Transcription Factor): 활성화되었을 때 DNA의 특정 부위에 결합하여 유전자의 발현을 촉진하거나 억제하는 단백질.

[44] 유전자 발현(Gene Expression): 생체 정보가 담긴 유전자에서 실제 기능을 하는 유전자 산물이 생성되는 과정.

생성된 아이코사노이드는 뇌기능에서 다음과 같은 중요한 역할을 담당한다.

> - 수면 유도(PGD2)
> - 인지 및 관장기능, 특히 장기적 강화, 공간학습, 시냅스 가소성[45](PGE2)
> - 신경염증의 치유와 해소(리폭신)[46]
> - 항염 및 신경보호적 생체활동(DHA에서 비롯되는 디하이드록시도코사트리엔산, 뉴로프로텍틴[47] D1)

요약하면 건강한 다가불포화지방은 학습력과 주의력을 포함, 주간 인지능력의 여러 측면에 극히 중요한 역할을 담당한다. 그뿐 아니라 수면을 조율하는 데에도 도움을 준다. 끝으로 신경염증을 물리친다.

2022년 클라우디아 사티사발(Claudia Satizabal) 박사와 연구팀은 치매나 뇌졸중 병력, 증상, 징후가 없었던 건강한 참가자 2,183명을 대상으로 한 연구를 발표했다.

---

[45] 시냅스가소성: 신경세포 사이의 접점인 시냅스의 형태나 전달 효율이 변하는 것.
[46] 리폭신(Lipoxin): 면역세포의 활성화를 돕는 항염 물질.
[47] 뉴로프로텍틴(Neuroprotectin): 뇌세포를 보호하고 손상을 회복하는 데 도움을 주는 뇌 기능개선물질.

참가자의 평균연령은 46세였으며 연구 결과는 다음과 같다.

- 오메가3 지수가 높으면 해마의 부피가 컸다. 뇌 안의 기관인 해마는 학습과 기억에 중요한 역할을 한다.
- 오메가3을 많이 섭취하면 추상적 추론 능력 또는 논리적 사고를 활용하여 복잡한 개념을 이해하는 능력이 상승했다.
- 오메가3 지수가 높은 APOE4 유전자[48] 보유자는 소혈관 질환의 유병률이 낮았다. APOE4는 심혈관질환 및 혈관성 치매와 관련되어 있다.

관상동맥심장질환, 심각한 우울증, 노화, 암의 특징은 염증성 사이토카인 인터류킨-1 수치가 상승하는 것이다. 마찬가지로 관절염, 크론병, 궤양성 대장염, 홍반성 낭창 등 자가면역질환은 인터류킨-1 수치와 오메가6 지방산에서 생성되는 염증성 류코트리엔 LTB4의 수치가 높은 것이 특징이다.

류머티스성 관절염, 크론병, 궤양성 대장염, 건선, 홍반성 낭창, 다발성 경화증, 편두통을 비롯한 여러 염증성 및 자가면역 질환을 치료하기 위해 어유(피쉬 오일)를 복용할 경우에 나타나

---

[48] 중추신경계의 신경 회복을 돕는 유전자인 APOE의 대립 유전자 중 APOE4는 알츠하이머병의 위험 인자로 꼽힌다.

는 이점을 분석한 임상시험 결과는 무수히 나와 있다. 만성 염증성질환에서 피쉬 오일의 효과에 대한 플라시보 통제 실험에서는 질병활동의 감소를 포함, 여러 유의미한 이점이 나타났다. 모두 인터류킨-1 수치가 높은 질환이다. (6장에서 언급했듯) 인터류킨-1을 포함, 염증성 사이토카인의 상승은 바쁜 뇌 증후군의 증상 중 하나이기도 하다.

지방 섭취를 기피하는 일반적인 식단을 하면 지방 섭취량의 균형이 맞지 않는다. 오메가3 다가불포화지방산 부족은 불안반추, 주의력결핍 과잉행동장애, 불면 등 염증을 동반한 신경정신장애, 신경장애와 연관되어 있다. 저지방 식단에 따르는 의외의 부작용 중 하나는 바쁜 뇌 증후군이다. 유익한 지방을 섭취하면 뇌기능을 활성화시킬 뿐 아니라 해로운 복부지방도 감소한다.

렙틴은 뇌에 배가 부르니 그만 먹어야 한다는 신호를 보내고 효율적인 대사를 지원한다. 혈중 렙틴 농도가 너무 높으면 렙틴 저항성이 생긴다. 이렇게 되면 체내 렙틴이 제 역할을 하지 못해서 체중이 증가한다. 혈중 렙틴 농도가 증가하는 메커니즘은 무엇일까? 여러분도 익히 짐작했겠지만 수면부족, 스트레스, 바쁜 뇌 증후군이다. 바쁜 뇌 증후군에 시달릴 때 증가하는 호르몬인 코티솔은 렙틴에 대한 뇌의 민감도를 낮추어 과식을 유발한다.

결론적으로, 바쁜 뇌 증후군에 시달리고 있다면 스트레스 호르몬이 늘어나서 체중 감소를 방해하고 있을 가능성이 높다. 유익한 지방 섭취는 (수면과 더불어) 렙틴 수치를 회복하는 주요 영양 권장사항 중 하나다. 뇌 회복 프로토콜 5주차 및 6주차가 끝나갈 즈음, 참가자의 60%는 복부팽만이 감소하고, 바지·원피스 사이즈가 줄고, 체중이 내려갔다고 보고했다. 무엇보다도 종일 기운이 오르락내리락하지 않고 활기찬 느낌을 받았다고 한다.

메틸화장애

한편 일련의 유전장애도 검토해야 한다. 과거 임상 진료를 하고 8주 뇌 회복 프로토콜을 진행하면서, 정기 검진에서 메틸화장애 진단을 받는 사례를 꾸준히 볼 수 있었다.

곧장 유전자 검사 키트를 사서 선조들 중 누군가가 내 바쁜 뇌 증후군에 책임이 있는 건 아닌지 뒤질 필요는 없다. 많은 유전질환이 뇌와 정신건강에 영향을 미치지만, 내가 눈여겨보는 주요 이슈는 메틸화장애다. 이 분야에서 가장 흔한 것은 메틸엔테트라하이드로폴산 환원효소(이하 'MTHFR') 변이다.

MTHFR은 엽산을 기분을 조율하는 신경전달물질 생산에 관여하는 형태로 전환하는 필수 효소다. 혹시 MTHFR 변이가 있다면 패닉에 빠지지 말자. 식단과 생활습관을 바꾸어 메틸화를 최대화하고, 증상을 관리하고, 건강 전반을 최적화할 기회가 온 셈이니까.

MTHFR 변이가 일어나면 신경염증과 체내염증 표지자가 올라간다. MTHFR 결핍은 혈장 내 호모시스테인 수치가 올라가고(고호모시스테인혈증) 엽산 수치가 낮아지는 가장 흔한 유전적 원인이다. MTHFR 변이와 관련된 위험은 심혈관질환에서 유산 위험 상승에 이르기까지 다양하지만, 이 결핍에 연관된 가장 중요한 두 가지 의료적 문제는 불안과 주의력결핍장애다.

MTHFR 효소는 아미노산 처리, 특히 호모시스테인을 메티오닌으로 전환하는 데 필수적인 역할을 담당한다. 메티오닌은 몸의 단백질을 생성하는 필수 아미노산이다.

신경과에 있을 때, 나는 심장질환, 뇌졸중, 이상혈전 발생 가능성을 분석하기 위해 이들 장애에 대한 검사를 일상적으로 진행했다. 하지만 통합의학에 대한 지식이 쌓이면서 나는 임상연구 결과 메틸화장애가 우울증, 주의력결핍장애, 불안 등 뇌 및 정신건강장애의 기저원인이라는 것을 알게 되었다.

치료법은 간단하다. 호모시스테인 수치를 검사하고, 수치가 높으면 엽산으로 치료하면 된다. 활성엽산(L-메틸엽산, 5-활성형엽산, 5-메틸엽산으로도 알려져 있다)은 엽산이 몸에 쉽게 흡수되도록 생물학적으로 활성화된 형태라는 사실을 뒷받침하는 임상결과가 나와 있다.

워너메이커 교수님과의 첫 만남을 돌아보면 내가 바쁜 뇌 증후군에 시달리고 있었다는 사실이 뚜렷이 드러난다. 나는 의사 휴게실에서 커피를 한잔 하자는 권유를 받고도 최악의 상황을 예상했다. 좋은 인상을 주는 데 실패했다고 생각했고, 여러분도 알다시피 내 인생의 선택지에 실패는 없었다. 하지만 궁극적으로 나는 실패하지 않았다. 멘토들을 따라 성공적인 커리어를 쌓을 수 있었다.

신경과를 떠나 통합의학에서 커리어를 쌓기로 결정했을 때, 처음에는 워너메이커 교수님과 프리처드 교수님을 마주하기가 어려웠다. 두 분처럼 뇌전증 환자들을 도울 어엿한 신경과 교수가 되도록 나를 교육하셨는데 실망을 안겨드리는 것 같았다. 2018년, 나는 사우스캐롤라이나에 있는 워너메이커 교수님의 자택에서 두 분을 만났다. 그즈음 나는 에보의 최고건강책임자로서 자리를 잡아가고 있었고, 내 사업을 쌓느라 바빴다.

교수님 댁에서 근사한 식기에 담긴 전통 남부식 크리스마스 정찬을 들면서, 나는 이미 내 커리어의 멘토이자 지지자로서 그분들께 경의를 표하고 있다는 것을 깨달았다. 교수님들이 전해주신 배려, 소통, 소울푸드에 대한 교훈을 리더로서의 내 일에 활용하고 있었으니까. 20여 년 전 교수님들이 가르쳐주신 모든 지식이 없었다면 나는 이 책을 쓰지도, 바쁜 뇌 증후군을 둘러싼 연구를 완성하지도 못했을 것이다. 배려 깊은 스승을 만나면 우리는 치유될 뿐 아니라 자기만의 방식으로 전진할 수 있다.

이유는 모르지만 수면부족과 바쁜 뇌 증후군에 시달릴 때는 내 최악의 모습만 기억에 남는다. 워너메이커 교수님은 우리가 처음 만났을 때 응급 환자가 발생했다는 것을 기억하지 못하셨다. 내가 의사의 딸이고, 교수님도 언젠가 의료계에 발을 들여놓았으면 하는 딸을 두었기에 나를 품어주셨다는 사실만 기억하셨을 뿐이다. 교수님은 현 체계가 여성 의료인을 환영하는 방향으로 발전해야 하고, 나를 가르치면 나중에 누군가가 교수님의 딸도 가르쳐줄 거라 생각하셨다.

그리고 오늘 이 순간까지 나는 절대 심실빈맥을 동반한 심방세동에 대한 전문심장소생술 지침을 잊지 않았다. 한밤중에 불안한 상태로 잠에서 깨면 나는 상황이 통제하에 있다는 사실을 상기하기 위해 그 지침을 외운다. 그러면 다시 잠들 수 있고 마음이 안정된다.

TIP　　　　　　　　　　　　　　　　8장 · 요약 정리

- ✓ 건강에 좋은 지방은 뇌의 연료이자 체중 및 실행능력 관리의 연료다.
- ✓ 건강에 나쁜 지방(오메가6)과 건강에 좋은 지방(오메가3)의 비율은 1:1이 이상적이지만, 4:1로 줄여도 뇌와 신체 건강에 임상적으로 유익하다. 현재 일반적인 서구식 식단의 비율은 16:1이다.
- ✓ 건강에 좋은 지방은 뇌 구조와 기능 유지에 필수적이다. 더불어, 유익한 지방이 없으면 몸의 50여 가지 호르몬 중 그 어느 것도 제대로 생산되거나 기능을 발휘하지 못한다.

---- 09 ----

바쁜 뇌 증후군과
전자기기

 문 반대편에서 힙합 음악이 쿵쿵 울렸다. 나는 에보의 경영진을 만날 용기를 그러모으려고 잠깐 멈춰 섰다. 가슴이 음악의 리듬만큼이나 빠르게 떨렸고, 목구멍 뒤쪽에 고이는 침을 삼키려고 애썼다. 식도이완불능증 증상이 시작될 만큼 스트레스 수치가 높다는 표시였다.
 부스스한 곱슬머리에 공부벌레인 여자가 하루 24시간, 주 7일, 1년 365일 쉬지 않고 돌아가는 기업의 회장에게 말도 안 되는 요구를 하려는 참이었다. 심호흡을 하고 요구사항을 한 번 더 연습했다. "전 직원이 잠들기 1시간 전부터는 업무를 멈추고 이메일, 전화, 모든 전자기기를 꺼두었으면 합니다. 그런 다음

직원들의 뇌에 대한 데이터를 수집하고 싶은데요."

연습해도 긴장이 해소되지는 않았고 바쁜 뇌는 곧장 행동을 개시했다. 자기회의와 부정적 생각의 토끼굴로 빠져든 것이다. 이렇게 바쁜 뇌에 깊이 빠질 때면 어머니와 이모들의 잔소리가 항상 선봉을 맡는다. "거 봐라, 우리 말이 맞았잖냐. 명색이 뇌 전문의인데 그리 정신줄을 놓다니 말이다. 존경받는 병원 전문의 자리를 때려치우고 그 뭣이냐……, '창업인'이 되겠다니. 이런 이런, 대체 무슨 말인지도 모르겠구나."

머릿속에서 이모들의 목소리를 듣자마자 안전한 곳으로 도망치고픈 본능이 발동했다. '그냥 밖에 세워둔 비싼 렌터카를 몰고 가까운 남 캘리포니아 해변으로 가면 어떨까? 병원에 복직시켜 달라고 비는 게 나을지 생각을 정리해 보는 거야.' 하지만 이미 늦었다. 에보의 문이 열렸고 나는 집착적으로 반추하는 뇌와의 싸움에서 깨어났다. 정신이 번쩍 드는 시끄러운 음악에 끌려 방 안을 살짝 엿보았다.

개방형 사무실은 섹시한 독신남의 집과 서부의 IT 스타트업을 섞어놓은 분위기가 풍겼다. 캘리포니아 스타일로 쿨하게 꾸민 사무실 안쪽으로 걸어 들어가자 마케팅 팀원 둘이서 탁구를 치고 둘러선 구경꾼들이 응원하는 모습이 보였다. 탁구대 뒤로는 기업 미션이 적혀 있었다. '일이 아니라 삶의 방식입니다.'

'쿨한 애들은 고등학교를 졸업하고 이런 데를 오는구나. 고작 아침 8시 45분인데 벌써 파티가 시작된 것 같잖아. 와, 내가 어쩌다 이런 데 초청받은 거지?' 나는 묵직한 남색 울 재킷을 벗으면서 지미추 구두를 내려다보았다.

뇌가 익숙한 토끼굴에 다시 빠지기 전, 파티 분위기였던 사람들이 나를 맞아주었다. 그러자 비로소 사람에 초점을 맞추는 에보의 문화가 눈에 들어왔다. 마치 가족과 친구들로 이루어진 작은 마을이 나를 환영하는 것 같았다. 가슴에 따뜻한 무언가가 차올랐고 식도이완불능증 증상이 누그러들었다.

인사 부서의 기업인재부장 불마로 파리아스(Bulmaro Farias)가 이미 주방에서 나를 기다리고 있었다. 웃음을 띠고 포옹을 하며 (간절히 바랐던) 거품 올린 카푸치노를 권했다. 불마로는 내가 마음챙김을 주제로 진행했던 TEDx 강연을 본 최초의 에보 직원이었고, 2년 전 내 목표를 회사에 소개했다. 그 직후, 에보는 리더십 컨퍼런스에서 강연을 해달라고 나를 초청했다. 에보가 독특하고 진보적인 회사라는 것은 이미 알고 있었지만, 내 바쁜 뇌는 여전히 경각심을 늦추지 않았다.

내가 긴장했다는 것을 알아챘는지 불마로는 내가 왜 리더십 팀과 미팅을 하게 되었는지 상기시켜 주었다. "저희 회사는 오랫동안 직원 개개인의 심신의 웰빙을 중시하는 전통을 지닌 가족기업에서 성장했습니다. 선생님을 모시게 된 건 이제 일반적인 직원 교육이나 웰빙에 대한 초청 강연 이상의 무언가를 할 준비가 되었기 때문입니다. 우리 임직원이 자신의 역량을 잘 발휘하도록 돕는 시스템 차원의 상호 협동적 웰빙 문화를 구축할 방법이 있을까요?"

나는 그 말을 들었고, 분석했고, 내가 준비한 담대한 요구사항을 들려줄 준비를 갖췄다. 카페인을 홀짝이는 사이, 벽에 걸린 액자가 눈에 띄었다. 에보의 웰니스 피라미드였다. 에보의 웰빙 피라미드는 회사의 비전이자 인간중심적 문화의 근간이었다. 피라미드 안에는 단어들이 켜켜이 적혀 있었다. 피라미드 아랫 부분에는 '잠'이라는 단어가 보였다(내 안의 뇌 전문의가 고개를 끄덕였다). '잠' 위에는 '소명', 그 위에는 '영양', '행동'이라고 쓰여 있었고 피라미드 바깥쪽에는 '사랑하는 사람들과 더불어'라는 구절이 적혀 있었다.

에보의 웰니스 피라미드

사랑하는 사람들과 더불어

'와, 호텔관리기업의 창립자들이 대체 어떻게 이 모든 걸 알아낸 거지? 나는 이걸 알아내려고 신경과 전문의 일을 그만두고 통합의학과 근본 원리를 다시 배워야 했는데.' 눈앞에 그 모든 원리에 바탕을 둔 직원 웰빙에 대한 개념이 멋지게 정리되어 있었다. 마법 같은 순간이었다. 우주가 우리를 한데 묶어준 것 같았다. '어쩌면 이 사람들은 내 무모한 요구를 들어줄지도 몰라.'

에보의 회장 존 머피(친한 사람들 사이에서는 머프라는 애칭으로 통한다)가 채 사무실에 들어서기도 전에 분위기는 눈에 띄게 조용해졌다. 머프가 들어오는 순간 카리스마가 너른 공간을 채웠다.

머프는 서퍼용 반바지에 양말을 신지 않은 정장구두 차림이었다. 하지만 그를 익히 알고 있던 나는 캐주얼한 복장과 매너에 경계를 풀지 않았다. 눈앞에 선 사람은 직원의 웰빙을 중시하는 문화와 더불어 빠르게 성장하는 기업을 이끄는 선구안을 지닌 리더였다.

"로미, 이곳 샌 클레멘테의 에보 본사에 오신 걸 환영해요." 머프가 말했다.

나는 벽의 웰빙 피라미드에서 눈을 떼고 인사를 건넸다. 머프는 이어 장소와 어울리지 않는 더운 정장 차림의 나를 사무실로 안내했다. 기억해 두자. 다음에 여기 올 때는 울 정장과 스타킹을 동부에 두고 올 것. 나는 병원 외부에서 임상시험을 진행할 때 으레 받는 인사문제나 법적 사안과 관련된 모든 질문에 대답할 수 있도록 지나치게 열심히 준비한 노트가 빼곡히 들어찬 폴더를 무심결에 꺼냈다.

머프는 에보 직원의 웰빙을 위한 자신의 생각을 설명했다. "2011년 1월 1일(우리에게는 숫자가 중요하다) 이 회사를 세우면서, 우리 직원들이 자신의 최선의 모습으로 살도록 돕는다면 업무도 뛰어나게 처리하고 회사도 성장할 거라는 사실을 알았습니다. 저는 방금 보신 웰빙 피라미드를 진심으로 믿고 있습니다. 저희가 '타사디아 호텔 체인'[49]을 떠나 에보를 세울 때 가져온 개념이죠. 저희는 웰빙 분야의 여러 전문가들과 짧게 만나봤습니다. 그런데 작년에 저희 리더십 컨퍼런스에서 해주신 강연을 보고, 경력으로 보나 사람들과 깊이 소통하는 능력으로 보나 드디어 저희 임직원들과 진정 공감할 수 있는 분을 만났구나 싶더군요."

그 공간에 앉은 모두가 소속 조직의 임직원에게 보탬이 되려는 미션을 품고 있다는 사실을 깨닫자 내 바쁜 뇌는 차분한 의식을 되찾았다. 그리고 내 안의 의학적 배경, 연구, 마음챙김 리더십을 상기하자 내 목소리를 낼 수 있었다.

"아까 본 웰빙 피라미드는 제가 이곳에 오게 된 것이 운명이

---

[49] 타사디아 호텔(Tarsadia Hotels): 1976년 창립한 미국의 호텔 및 금융관리기업.

라고 우주에서 보내는 신호 같았어요. 제가 신경과 전문의로서 배우지 못했던 건강으로 나아가는 길을 이미 알고 계신 것 같더군요. 저는 에보에서 직원 웰빙을 위해 이미 실천하고 있는 일들을 배우기 위해 통합의학에서 추가 수련을 받았었죠. 그 지식을 활용해서 바쁜 뇌 증후군에 대한 중요한 연구를 하는 동시에 에보의 직원 웰빙 정책을 도울 방안이 있습니다." 미리 연습한 대사는 아니었지만 머프는 관심을 보였고 나는 떨 듯이 기뻤다.

우리는 에볼루셔너리('진화적'이라는 뜻으로 에보에서 직원을 칭하는 말이다)를 위한 즐거운 웰빙 프로그램을 구축하는 동시에 의학 데이터를 수집하는 데 따르는 복잡한 법적 사안에 대해 논의했다. 우리 세 사람 사이에 잠시 고요가 찾아왔다. 머리로, 더욱이 마음으로, 우리는 그 공간 안의 세 사람보다 더 큰 무언가를 시작하려는 참이라는 것을 느꼈다. 그 순간과 생각은 머프가 에보의 창립자로서 남기고 싶은 업적보다 더 큰 것이었고, 그 프로젝트는 이 책과 향후 프로그램을 위한 연구 자료를 얻는 것보다 더 큰 의미를 지닐 터였다.

그날 우리는 단순히 웰빙 프로그램이 아니라 문화적 물결의 불꽃을 일으키는 거라는 사실을 알지 못했다. 가까운 해변으로 달려가 복직할 방법을 고민하지 않은 게 얼마나 다행인지. 그 플로우의 순간, 〈프로젝트 에보〉와 최고건강책임자로서의 내 직무가 탄생했다.

1분 뇌과학 : 전자기기와의 이별, 권고가 아닌 필수

2017년, 바쁜 뇌 증후군의 원인을 밝히려고 애쓰면서 나는 더 이상 전자기기가 주의력과 불면에 미치는 부정적 영향을 무시할 수 없게 되었다. 짧게 말해 밤에 전자기기를 사용하면 숙면을 방해할 뿐 아니라 낮에 기운을 내고 집중력을 유지하는 능력을 무너뜨린다. 나는 전자기기를 사용하고 잠들기 전 청광에 노출되면 매일의 수면리듬, 주간의 에너지, 주의력에 어떤 영향을 미치는지 시험하고자 했다. 전자기기(스마트TV를 포함)의 화면을 바라보면 청광에 노출된다. 밤에는 특히 해로운 행동이다. 빛의 스펙트럼은 일곱 가지 색으로 이루어져 있다. 가시광선 스펙트럼의 일곱 가지 색은 파장과 에너지 준위[50]가 각기 다르다. 전자기기에서 방출되는 청광은 파장이 짧고 에너지가 높다. 청광에 노출되면 일주기리듬이 무너지고 수면과 주의력에 부정적 영향을 미친다.

나는 자기 전 30~60분간 전자기기로 인한 자극을 없애면 직원들의 일주기리듬을 빠르게 회복할 수 있을 거라는 가설을 세웠다. 그러고 나면 전자기기 거리두기로 인한 수면의 질 및 업무시간의 집중도 변화를 구체적으로 측정할 수 있으리라는 계

---

[50] 에너지 준위(Energy Level): 원자와 분자가 갖는 에너지의 값을 말함.

산이 섰다. 나는 이 연구 프로젝트와 웰빙 프로그램을 〈프로젝트 에보〉라 이름지었다.

5장에서 설명했듯이 일주기리듬은 미세하게 조율되는 24시간 사이클로서, 우리 몸은 일주기리듬을 바탕으로 언제 필수 기능을 수행할지 결정한다. 눈으로 감지하는 빛은 일주기리듬을 정돈하는 데 극히 중요한 역할을 한다. 인류가 탄생한 뒤로 지금까지 일주기리듬은 일출 및 일몰과 밀접하게 연관되어 있었다. 그런데 요즘 사람들은 일출 및 일몰과의 연결고리를 잃어버렸다. 인공광과 전자기기를 많이 사용하면서 뇌가 유전적으로 어둠을 감지해야 하는 시간대에 빛에 노출된 탓이다.

모든 가시광선은 일주기리듬에 영향을 미치지만, 청광의 영향력은 그중에서도 가장 크다. 청광은 뇌가 쉬어야 할 때 일어나라는 신호를 보낸다. 어떤 연구는 밤에 2시간만 청광에 노출되어도 수면 호르몬인 멜라토닌의 분비 속도가 느려지거나 아예 멈춘다고 보고했다. 나는 저녁 시간에 전자기기를 멀리하면 수면의 질이 높아지는 것뿐 아니라 낮 동안의 에너지와 불안 수치가 어떻게 변하는지도 측정하고 싶었다.

연구는 이제 화면에 노출되는 시간이 수면 저해뿐 아니라 주의력 감퇴 및 심지어 성인기발발 주의력결핍장애(주의력결핍 과잉행동장애와 주의력결핍장애)와도 연관이 있다는 사실을 시사하고 있었다. 내가 에보에서 연구를 시작하기 전까지 전자기기가 바쁜 뇌 증후군에 미치는 영향에 관한 연구는 임상 및 수면 연구실에서 시행한 것이 전부였다.

바쁜 뇌 증후군은 주의력을 흐트러뜨린다

주의력은 공공적으로 폭넓은 논의가 이루어지고 과학적으로도 널리 연구되는 주제다. 가장 일반적인 형태의 주의력은 전반적인 각성이나 주변 환경에 대응하는 능력을 가리킨다. 그런데 주의력이 건강한 일주기리듬과 직접적으로 연관되어 있다는 사실을 아는 사람은 많지 않다.

주의력에는 세 가지 유형이 있다.

> 1. 초점 주의(Focused Attention): 자극에 주의를 집중하는 능력이다. 가령 조용한 방에서 갑자기 들리는 소음에 집중해서 내가 위험한 상황인지 분석하는 것이다.
> 2. 지속적 주의(Sustained Attention): 하나의 자극이나 활동에 장시간 주의를 기울이는 능력이다. 예컨대 하루에만 다섯 번 들어간 팀 회의에서 폰으로 문자메시지나 이메일을 확인하지 않으려 애쓰는 것이다.
> 3. 선택적 주의(Selective Attention): 주의를 흐트러뜨리는 다

른 자극이 있을 때 특정 자극 또는 활동에 집중하는 능력이다. 이를테면 회의실 밖에서 울리는 소음의 원인이 무엇인지 분석하는 사이 회의 내용에 집중을 유지하는 능력을 가리킨다.

하루 동안 할 일을 처리하고 최적의 성과를 내려면 세 가지 유형의 주의력이 모두 필요하다. 바쁜 뇌 증후군은 세 종류의 주의력에 모두 부정적인 영향을 미친다. 연구에 따르면 오늘날의 초연결적인 디지털 세계를 사는 사람들의 주의력은 9초에 그친다고 한다(금붕어보다 짧은 시간이다). 실은 우리 모두가 사회적 주의력결핍 과잉행동장애를 겪는 게 아닐까?

독자 여러분만 이 부분에서 공감하는 것은 아니다. 제시카 아그뉴블레(Jessica Agnew-Blais)의 연구에 따르면 주의력결핍 과잉행동장애를 앓는 미국 성인의 50%가 불안장애를 겪는다고 한다. 불안장애와 주의력결핍장애는 밀접한 관련이 있으며, 어느 쪽이 먼저 발발했는지 판단하기 어렵다. 학자들은 둘 사이에 뇌 연결이 있다고 본다. 주의력결핍 과잉행동장애와 불안장애는 자주 같이 나타난다. 이들 질환은 동시에 나타나기도 하고, 주의력결핍 과잉행동장애가 불안장애를 초래하기도 한다. 반대로 불안을 겪고 있다면 주의력장애가 일어날 가능성이 높다(바쁜 뇌 증후군이라는 단어도 여기서 유래했다). 참고로 내게 성인기발발 주의력결핍장애가 있다고 선불리 판단하기 전, 전문 의료인이 시행하는 검사를 받길 권한다.

전자기기는 성인기발발 주의력결핍장애를 야기한다

위 내용을 읽으면서 이미 다른 곳에 정신이 팔렸는가? 내 머리로 의학적 지식을 이해하는 건 무리라고 속단하기 전에 직장에서, 또 저녁 시간에 얼마나 많은 전자기기를 접하는지 잠깐 생각해 보자. 내 경우 일부러 의식하지 않으면 노트북으로 이메일에 답장을 쓰는 동시에 넷플릭스를 보고, 스마트폰으로 전에 만난 잘생긴 남자가 문자에 답했는지 확인한다(쉿, 이모들에게는 비밀이다).

결과는 어떤가? 특히 잠자리에 들기 1시간 전의 상황은 어떻게 나왔을까? 집안 풍경을 떠올리고 컴퓨터, 스마트폰, 태블릿, 전자책 리더기, 심지어 스마트 텔레비전에 이르는 온갖 전자기기를 지속적으로 사용하는 현 상황을 돌아보자. 중간에 스마트폰을 집어 들지 않고 최신 인기 드라마의 한 편을 처음부터 끝까지 집중해서 볼 수 있는가? 이게 지금 우리가 처한 현실이다. 낮에는 직장과 학교에서, 저녁에는 사교와 여가를 위해 쉬지 않고 전자기기를 사용한다. 설상가상으로 소셜미디어와 받은 메일함 알림이 계속 나를 잡아끈다.

모르긴 몰라도 온라인 모임을 거절하는 호사를 여전히 누리는 사람은 우리 이모들뿐일 것이다. 이모들은 스마트폰 셀카 모드로 카메라를 돌리는 법을 배우는 데에도 도움이 필요하기에 내가 온라인 차이 파티에 초대해도 거절하신다. 영상통화를 예약하면 카메라는 이모들의 얼굴이 아니라 페디큐어를 하지 않고 두툼한 발이나 무릎께를 비춘다(이모들을 대신해서 변명하자면 오프라인에서 차이 파티가 열리면 소파 쿠션 색에 맞춘 근사한 실내화로 바꿔 신는다). 그러나 이모들을 제외한 우리 모두는 밤에도 급한 회사 메일에 답하거나 온라인 학부모 회의에 참여해야 한다.

의대 수련을 시작할 당시 나는 스마트폰이 없는 이모들처럼 두툼한 교과서를 짊어지고 다녔다. 1990년대 말 나는 프리처드와 워너메이커 교수님(8장에서 언급한 분들이다)의 가르침과 리더십 아래 신경과에서 레지던트 과정을 밟고 있었다. 당시 성인기발발 주의력결핍장애는 잘 알려진 의학적 증후군이 아니었다. 성인이 되어 주의력결핍 과잉행동장애나 주의력결핍장애가 나타나면 원래 아동기부터 문제가 있었던 거라 생각했다.

당시 우리는 종이 차트와 호출기를 사용했다. 그러나 요즘은 어떤 의사의 진료실이나 병원에 가봐도 나와 의사 사이에 온갖 디지털 화면이 버티고 있다. 스마트폰이 없었던 1990년대 말

내가 신경과 수련을 마친 뒤로 세상이 바뀌면서 직장과 학교에서 인터넷, 비디오 게임, 스마트폰 사용 및 화면 노출 시간이 늘어났다. 전자기기를 많이 활용하고 화면에 노출되는 시간이 길어지는 등의 변화에 발맞춘 연구가 이루어지면서 성인기발발 주의력결핍장애 진단도 완전히 달라졌다.

킹스 칼리지 런던(King's College London)의 정신의학, 심리학 및 신경과학 연구소(Institute of Psychiatry, Psychology and Neuroscience) 연구진은 주의력결핍 과잉행동장애를 지닌 청년 70%가 아동기 검사에서는 전혀 해당 장애의 기준에 해당되지 않았다는 사실을 밝혀냈다. 이처럼 '늦게 발발한' 주의력결핍 과잉행동장애는 심각한 증상, 장애, 여타 정신장애를 수반한다. 2017년 「미국의사협회 정신의학회지」에 실린 연구에서 연구진은 '성인 주의력결핍 과잉행동장애는 아동기의 장애가 지속되는 경우에 비해 더 복잡하다.'고 밝혔다.

성인에서 주의력결핍 과잉행동장애의 주된 특징은 아동기 주의력결핍 과잉행동장애의 특징과 다르다. 오늘날 연구는 주의력결핍 과잉행동장애를 겪는 성인 대부분이 아동기에는 주의력결핍 과잉행동장애가 없었다는 사실을 밝혀내고 있다. 과잉행동 및 충동성과 관련된 증상은 성인에서 잘 보이지 않는다. 성인이 충동성이 강할 경우, 아동의 신체적 분출보다는 언어와 관련될 확률이 높다. 여기에 단서가 있다. 성인의 경우 주의력장애 증상이 더 두드러진다. 주의를 기울이기 어려워할 뿐 아니라 기분장애(특히 불안)가 성인기발발 주의력결핍 과잉행동장애의 주된 특징이다. 인사과 정책을 거스르는 부적절한 이의 제기나 발언으로 회의를 계속 방해하는 팀원을 떠올려보자. 어디에나 그런 사람이 있고, 우리도 때로 그런 사람이 될 수 있다. 어쩌면 그런 성인기발발 주의력결핍 과잉행동장애도 바쁜 뇌 증후군으로 인한 것은 아닐까?

연구를 하고 바쁜 뇌 증후군에 시달리는 사람들을 치료하면서, 나는 더 이상 전자기기가 주의력에 미치는 영향을 무시할 수 없게 되었다. 성인의 주의력결핍 과잉행동장애의 특징은 기능 부전으로 이어지는 주의력 저하, 충동성, 초조감 등의 증상이 특징이다. 뇌의 집행기능, 즉 데이터를 분석하고 소화하는 능력이 무너지는 것이다. 감정조절장애(기분 또는 정신건강장애)는 성인기발발 주의력결핍 과잉행동장애와 공존할 확률이 매우 높다. 성인기발발 주의력결핍 과잉행동장애에 수반되는 가장 흔한 기분장애는 약물남용과 불안이다. 직장 내 성과 및 조직심리학 관련 자료를 살펴보면 성인기의 주의력결핍 과잉행동장애가 학습, 업무성과, 인간관계 문제와 연관되는 것도 당연하다는 사실을 알 수 있다.

프로젝트 에보 : 전 사원의 전자기기 거리두기

머프에게 내 연구 아이디어를 설명하고 한 달이 지난 뒤, 나는 에보 본사로 돌아와 〈프로젝트 에보〉 연구를 공식적으로 개시했다. 매달 에보의 직원들은 '연결 미팅'이라 불리는 월간회의에서 한데 모였다. 나는 5천 명이 넘는 에보의 임직원 중 약 5백 명을 초청해서 '사람과 가까워지기 위한 전자기기와 거리두기'를 권하며 프로젝트 에보에 대해 설명했다. 그중 427명이 참가 신청을 했다.

〈프로젝트 에보〉 웰빙 연구 프로그램을 진행하기 위해 우리는 본사 및 산하 호텔에서 근무하는 리더들에게 21일간의 전자기기 거리두기 챌린지에 참가해 달라고 청했다. 프로젝트에 참여한 사람들은 자기 전 30분에서 60분간 전자기기를 꺼두기로 했다. 추가로 카페인과 알코올 섭취량을 줄이는 것은 가능했지만 복용 중인 약이나 영양제는 그대로 유지하도록 했다.

프로토콜이 시작되기 전, 427명의 참여자는 모두 21개의 문항으로 이루어진 사전 검사를 시행했다. 스트레스와 활력도를 측정하는 기본 수준 평가였다. 전자기기 거리두기가 바쁜 뇌 증후군에 도움이 되는지 연구하려면 기본 수면문제, 불안지수, 뇌 내 스트레스 수치를 파악하는 것이 중요했다.

평가용 문항은 피츠버그 수면 척도(Pittsburgh Sleep Scale), 직장 내 스트레스 척도(Workplace Stress Scale), 상태불안 척도[51] 등 공인 의학 설문지에서 추출한 것이었다. 〈프로젝트 에보〉를 시작하기 전 프로토콜에 참여한 427명 중 337명이 평가를 완료했다.

결과는 놀라웠다. 에보의 경영진도 경각심을 갖게 되었다. 인간중심적 문화와 직장 내 행복도가 높다는 보고에도 불구하고 데이터에 따르면 에보의 직원들이 아침에 일어나면 기운이 없고, 직장에서는 스트레스를 받았으며, 수면장애를 겪고 있다는 사실이 드러났던 것이다. 21일간의 전자기기 거리두기 프로토콜을 시작하기 전 진행한 설문의 결과는 다음과 같았다.

- 참여자의 48%는 일주일의 절반 이상 스트레스를 받았다.
- 참여자의 70%는 밤에 쉽게 잠들지 못했다.
- 참여자의 42%는 한밤중에 잠에서 깨고 다시 잠을 이루지 못했다.
- 참여자의 75%는 아침에 일어나면 기운이 없고 피곤했다.

프로토콜을 진행하는 동안 참가자에게는 전자기기 거리두기

---

51 상태불안 척도(State-Trait Anxiety Inventory): 현재 느끼는 상태불안과 언제나 느끼는 특성불안의 수준을 측정하는 척도다.

의 중요성에 관한 동영상, 가이드 명상, 매주 열리는 온라인 미팅에 참여할 기회를 제공했다(나와 함께 진행한 주간 온라인 미팅에서는 자기돌봄 및 전자기기 거리두기를 어떻게 진행할 것인가에 대한 조언 및 이야기를 나눴다).

21일이 지난 뒤 참여자들은 처음과 같은 설문에 답했다. 21일간의 전자기기 거리두기를 완수한 사람은 188명이었다. 거리두기를 완수하지 못한 사람들은 '전자기기 거리두기 실패군'이라는 내부 통제군으로 분류했다. 그런 다음 챌린지를 완수한 188명과 실패군의 데이터를 바탕으로 전후 상태를 비교했다.

두 집단을 비교하면서 우리는 네 가지 주요 영역에서 통계적으로 유의미한 발전 양상을 관찰했다(의학 연구에서는 p값이 5% 이하일 경우 통계적으로 유의미하다고 본다). 연구에서 통계적으로 유의미한 값이 나왔다는 것은 연구 결과가 우연의 산물이 아니며 신뢰할 수 있다는 뜻이다. 통계적으로 유의미한 발전이 일어난 네 가지 주요 영역은 다음과 같다.

- 1번 문항: "잠자리에 들면 30분 안에 잠에 빠진다."
에보 직원 중 76%가 '네'라고 응답했고, 전자기기 거리두기를 시행한 집단은 98%가 '네'라고 응답했다.

- 2번 문항: "한밤중에 잠에서 깨고, 다시 잠들기 어렵다."

에보 직원 중 92%가 '네'라고 응답했고, 전자기기 거리두기를 시행한 집단은 43%가 '네'라고 응답했다.

- 3번 문항: "일주일의 절반 이상 긴장하거나 스트레스를 받는다."

놀랍게도 프로그램 시행 전에는 에보 직원의 96%가 '네'라고 응답했고, 전자기기 거리두기를 시행한 뒤 '네'라고 응답한 비율은 36%로 급감했다.

- 4번 문항: "아침에 일어나면 기운이 없거나 피곤하다."

에보 직원의 98%가 '네'라고 응답했고 전자기기 거리두기 실천 이후에는 44%로 줄어들었다.

짧게 말해, 21일 전자기기 거리두기 프로토콜을 완수한 직원은 바쁜 뇌 증후군의 네 가지 주요 증상과 관련하여 유의미한 발전을 보였다.

1. 쉽게 잠들었다.
2. 숙면을 취하고 한밤중에 깨지 않았다.
3. 아침 및 다음날 활력이 올라갔다.
4. 직장에서 받는 스트레스가 감소했다.

실험 데이터는 실로 놀라운 결과였다. 수치에는 나타나지 않지만 일부 참가자들은 21일간 생각지 못한 마법을 경험했다. 전자기기를 멀리한 커플 네 쌍은 애정에 다시 불이 붙었다. 어색하고 어려운 상황에 대해 내게 토로한 커플도 있었다. "자기 전에 아이패드나 텔레비전을 보지 못하면 대체 뭘 해야 하죠?" 3주간의 전자기기 거리두기는 참가자가 함께 침실에 있는 사람과 소통하도록 '강요'했던 것이다.

지금까지도 〈21일 전자기기 거리두기〉는 에보에서 가장 많이 회자되고 신청자가 많은 웰빙 프로그램이다. 다른 기업에서 진행하는 강연에서 이 데이터를 제시하면 사람들이 전자기기 사용, 특히 자기 전의 전자기기 사용을 재고하는 분위기가 이는 것을 볼 수 있다. 3부 12장에서 우리 직원 낸시와 가족의 변신 이야기를 소개할 텐데, 잠깐 귀띔하자면 낸시는 지금도 전자기기 거리두기를 실천하고 매일 밤 자매들에게 전화해서 애정을 전한다.

고작 3주의 짧은 전자기기 거리두기가 어떻게 개인 및 팀 전체에 이처럼 엄청난 결과를 가져다주었을까? 어떻게 온갖 영양제, 값비싼 침대, 유행하는 수면 도우미 기기보다 더 효과적으로 뇌의 리듬을 회복할 수 있었을까?

열일곱 번이나 같은 말을 하고도 내가 제대로 알아듣지 못했을까봐 또 한 번 반복하는 우리 이모들을 잠깐 닮아볼까 한다.

우리는 전자기기가 일주기리듬을 어떻게 무너뜨리는지 살펴보고 재평가해야 한다. 5장에서 바쁜 뇌 증후군을 치유하기 위해 일주기리듬을 재설정하는 것이 얼마나 중요한지 언급했었다. 이제 한 발 더 나아가 전자기기가 수면 및 낮 동안의 집중력과 관련된 24시간의 생체리듬에 어떻게 영향을 미치는지 설명하려 한다. 이상적으로는 자기 전 3시간가량 전자기기와 집안의 모든 조명을 줄이는 것이 바람직하다. 하지만 〈프로젝트 에보〉에서는 30분만 줄여도 효과가 있는 것으로 나타났다.

바쁜 뇌 증후군에 시달리는 성인은 수면장애뿐 아니라 우선순위를 정하거나 과제에 착수하거나 과제를 마무리하는 데에도 어려움을 겪는다. 정돈이 잘 안 되고 초조해하며 쉽게 산만해진다. 일부는 심지어 책을 읽을 때도 집중하지 못한다. 집중을 유지하고 과제를 마무리 짓지 못하면 커리어, 목표, 인간관계에 문제가 생긴다. 그래서 바쁜 뇌 증후군을 치유하면 개인의 웰빙뿐 아니라 사생활과 업무생활에서도 긍정적 효과를 볼 수 있다.

6장에서 갑상선과 관련된 호르몬 불균형과 비타민D3 부족이 바쁜 뇌 증후군, 특히 성인기발발 주의력결핍 과잉행동장애에 미치는 영향에 대해 다루었다. 전자기기와 화면에 시간을 쏟아붓는 행동을 바꾸지 않으면 호르몬 균형을 맞추더라도 바쁜 뇌 증후군을 회복할 수 없다.

3주간의 전자기기 거리두기를 시행하면서 회복성 수면, 낮 동안의 활기, 집중력은 눈에 띄는 향상을 기록했다. 에보의 임원진은 자기 전에 전자기기 거리두기를 실천하며 잠깐 쉬는 것이 얼마나 중요한지 알게 되었다. 이어지는 내용에서는 내가 어떻게 최고건강책임자가 되었는지, 또 직장 내 마음챙김에 바탕을 둔 건강증진 프로그램 〈멈춤의 힘〉을 비롯하여 우리가 만들어낸 프로그램은 어떤 것인지 설명할 예정이다. 〈멈춤의 힘〉과 여타 웰빙 프로그램은 사람들이 직장 내에서, 또 팀 차원에서 바쁜 뇌를 회복하는 데 도움이 되었다.

프로젝트 에보는 2017년 말 마무리되었다. 그리고 2018년 초, 머프는 사업승계 계획 및 자신의 업적에 대해 깊이 생각하기 시작했다. 그의 비전은 본사 및 에보 산하 호텔 어디서나 에볼루셔너리가 마음챙김과 웰빙을 우선하는 모습을 보는 것이었다. 이 장 첫머리에서 말했듯 나는 에보에서 최고건강책임자의 직무와 과제를 맡아 그 미션을 이어가는 영광을 얻었다. (의료계 외의) 미국 내 사기업에서 이런 직무를 맡은 최초의 전문의가 된 것이다.

이후 머프는 자신의 선구안적인 아이디어에 대해 설명했다. "무척 경쟁적인 이 업계(제3자 호텔관리)에서 성공하려면 최고의 사람들을 채용하고 업무집중도를 높게, 이직률을 낮게 유지해야 한다고 생각했죠. 우리가 하는 일은 구체적인 산물을 만들어내는 게 아니란 말입니다. 우리가 만드는 물건은 아무것도 없어요. 우리의 수준은 호텔에서 결과를 내는 우리 직원에 따라 좌우됩니다. 그래서 우리는 다른 고용주와 차별화된 모습을 보여줘야 했어요. 풋내기 인사과 직원이 붙이는 건강증진 포스터나, 운동의 중요성을 역설하는 월간 뉴스레터 이상의 무언가가 필요했습니다. 전문의 자격이 3개나 되는 신경과 전문의를 최고 건강책임자로 영입하고 우리 사람들과 밀접하게 소통하도록 하면 고용주로서 무언가 특별한 장점을 갖게 될 거라 생각했어요. 도박을 건 거죠. 그렇게 하면 최고의 인재를 모으고, 의욕을 높이고, 이직률을 낮출 수 있을 거라고……. 도박은 성공했습니다."

캄보디아에서 마음챙김 스승들과 명상을 하거나 통합의학 전문의 자격을 위해 공부하는 동안, 나는 이런 순간이 오리라 상상하지 못했다. 바쁜 뇌에서 벗어났을 때 우주가 과연 무엇을 준비해 두었다가 우리에게 내줄지 그 누가 알 수 있을까?

TIP **9장 · 요약 정리**

- ✓ 전자기기와 LED 등에서 방출되는 청광은 일주기리듬을 무너뜨릴 수 있다.
- ✓ 일주기리듬이 무너지는 것은 바쁜 뇌 증후군의 기저원인 중 하나이며, 그 증상 중에는 성인기발발 주의력결핍장애도 포함된다.
- ✓ 자기 전에 적어도 30분간 전자기기 거리두기를 실천하자. 60분이 이상적이다.
- ✓ 전자기기와 거리를 두면 사랑하는 사람들과 다시 가까워질 기회가 생긴다.
- ✓ 자기 전에 전자기기 거리두기를 실천하면 수면의 질과 낮 동안의 주의력이 모두 높아진다.

속성 뇌 회복 | 지금 행동을 개시하자

여러분의 바쁜 뇌가 중요한 프로젝트를 시작하기도 전에 포기해야 할 (겉보기에는) 논리적인 이유를 117가지나 제시하는가? 호흡 조절이나 가이드 명상을 시도했지만 바쁜 뇌를 진정시키지 못했는가? 그렇다면 12장에서 소개하는 3주차 뇌 회복 프로토콜, 즉 전자기기 거리두기에 관한 구체적 지침을 참고하길 바란다.

THE BUSY BRAIN CURE

The **BUSY BRAIN CURE**

3부

뇌 회복 8주 프로토콜

10
1주차 뇌 회복 프로토콜
: 자아 비판 대신 목표에 집중하자

그날 나는 댈러스 중심가에서 열린 리더십 만찬에서 소울푸드를 나눠 먹느라 잘 시간을 놓쳤다. 하지만 코로나19로 인한 락다운이 풀리고, 마침내 얼굴을 맞대고 사람들과 웃는 건 수면 시간 90분을 줄일 가치가 있었다. 딱 한 번만이니까. 만찬이 끝나고 호텔로 돌아오는데 심플한 베이지색 로비가 오감을 과도하게 자극하는 파티 인파로 가득한 광경으로 바뀌어 있었다. 나는 잠자리에 들 준비가 되어 있었지만 컨벤션에 참석한 사람들은 그렇지 않았다. 스틸레토 힐을 신고 살그머니 엘리베이터 쪽으로 가려는데 홀 저편에서 날 부르는 목소리가 들렸다.

"닥터 로미 이모, 로미 이모! 와서 한 잔 하세요!"

"로미 선생님, 셀카 한 장만 같이 찍어요!"

"로미 이모, 어떻게 아직도 그렇게 높은 힐을 신으시는 거예요?"

딱 걸렸다. 조금이라도 수면시간을 확보해 보려던 내 계획은 수포로 돌아갔다. 돌아서서 로비로 향하는데 파티광 하나가 끼어들어 자기소개를 하더니 술을 권했다.

'아니, 근데 저 남자가 방금 날 이모라고 부른 건가?'

우리 이모들이 그 남자한테 퍼붓는 잔소리가 내 목소리와 하나가 되어 들리는 듯했다. "아니, 이봐요, 청년. 윗사람한테 그런 식으로 소리치면 안 되지. 대체 내가 몇 살로 보이우? 난 남편이 프랑스에서 사다준 특별하고 비싼 크림을 바르라는 이모님 말씀을 따르고 있는데. 그 크림 값이면 내가 댁 누나로 보여야 할 거유."

하지만 나는 청년을 향해 그냥 미소지었다. '이모'라는 호칭은 이제 익숙했다. 우리 이모들의 말을 인용하고 미국 전역을 돌며 이모들의 지혜를 나누는 사이, 나 또한 그들 중 하나로 진화한 것이다. 애정을 담아 나를 '이모'라고 부르는 건 이 컨퍼런스에 참가한 사람들만의 일은 아니었다.

내 바쁜 뇌는 규칙을 깨고 수면시간을 줄이는 데 따르는 가성비를 잠시 계산했다. 그리고 마음이 시키는 대로 따르기로 했다. 지난 2년간 이 기업을 이끄는 사람들과 어울릴 유일한 방법은 화상미팅뿐이었으니, 시끌벅적한 공간에서 사람들과 맞대면하며 어울리는 것도 중요했다. 게다가 아직은 이모들의 세상으로 완전히 건너가고 싶지 않았다. 우리 이모들이라면 뷔페 테이블에서 바나나와 작은 치즈케이크를 챙겨 큼직한 핸드백에 넣고 이미 한참 전에 자러 가셨을 테니까.

"함께하게 되어 반가워요. 하지만 칵테일은 사양할게요. 내일 아침 기조연설을 해야 하니까요." 아칸소에서 온 어떤 남자(그의 자기소개는 출신지가 전부였다) 옆에 앉은 나는 칵테일로 가득한 테이블을 바라보았다. "혹시 탄산수 있나요? 오늘 밤 칵테일은 무리라서요."

테이블에 둘러앉은 사람들이 현란한 연두색 알루미늄 캔의 내용물을 하이볼 잔에 따랐다. "바틀릿 배[1]와 아시아 생강 맛이에요." 사람들과 어울리며 마시기에 딱 좋은 홀리스틱하고 힙한 마실거리였다. 하지만 잠깐 뒤, 바쁜 뇌가 흐릿해지고 주변이 두 개로 보이기 시작하더니 캔에 적힌 작은 글씨가 눈에 들어왔다. "요놈들아, 건배하자! 알코올 함량 8%."

그 사람들의 '탄산수'에는 보드카가 들어 있었던 것이다. 으악. 저녁의 수면 계획이 내 통제를 벗어났고 이제 엘리베이터까지 우아하게 걸어갈 수 있을지조차 장담할 수 없게 되었다. 다

---

1 바틀릿 배(Bartlett pear): 아시아를 제외한 지역에서 가장 많이 심는 배 품종으로 통조림이나 음료를 만드는 데 많이 쓴다.

음날 아침, 나는 목소리가 나오지 않았다.

운동, 건강식, 수면, 정신건강 목표를 모두 달성할 완벽한 하루를 계획했는데 '요놈들' 탓에 탈선해 버린 적이 얼마나 많는가? 사실 제대로 살겠다고 마음먹었다면 바쁜 뇌는 주적이 아니다. 바쁜 뇌는 실제로 매일 아침마다 뇌와 몸의 웰빙에 악영향을 미치는 행동을 하지 않겠다고 다짐하니까.

그러나 때로 '요놈들'이 따라붙는다. 이들은 만성 스트레스 위에 급성 스트레스를 겹쌓아서 이상적이지 못한 선택지로 우리를 이끈다. 창피를 주고, 바쁜 뇌의 낭떠러지로 우리를 밀어낸다. 바쁜 뇌가 그렇게 깊은 토끼굴 안으로 굴러떨어지면, 귓가에는 이모들의 나무라는 목소리가 울린다. "허이구, 기껏 숙녀로 키워놨더니만⋯⋯, 알루미늄 캔에 든 술이나 마시고 호텔 로비에서 파티나 하다니 이게 웬 말이냐? 그것도 금 귀걸이를 하고서 말이다."

웰빙 프로그램을 시작할 때마다 자아비판의 목소리에 시달리지 않았는가? 내 안에 뿌리박힌 잔소리쟁이 이모들의 목소리든 머릿속에 있는 못된 녀석의 목소리든 간에, 여러분만 그런 말을 듣는 것은 아니다. 그러나 바쁜 뇌에서 회복되면 그런 자아비판, 비난, 부정적 목소리는 지혜로운 목소리로 바뀐다.

여기서 말하는 '요놈들'이 누구냐고? 사람, 사건, 먹을거리, 마실거리, 소화되지 않은 감정 등 바른 삶의 반대쪽으로 나를 유혹하는 것은 뭐든 해당된다.

건강을 생각해서 세운 목표를 달성하지 못했다고 나를 실패 작 취급한 적은 또 얼마나 많았는지. 그러면 '그래야 했는데, 그럴 수 있었는데, 그럴 거였는데.'라는 백해무익한 말들이 머릿속에서 반복재생 된다.

"다시 처음부터 시작할 수 있다면 무엇을 해야 할까……."

"시간, 돈, 명성이 더 있었다면 뭘 할 수 있었을까……."

"우주의 기운이 나를 도와주었다면 무얼 했을까……."

위의 상황에서라면, 양해를 구하고 만찬이 늦게까지 이어지기 전 호텔로 돌아왔어야 했다. 캔에 붙은 라벨을 눈여겨보고, '요놈들아'라는 글씨가 적힌 캔에 든 건 정중히 사양했어야 했다. 더 준비성을 갖췄다면 아예 물통을 들고 다녔을 수도 있다.

『바쁜 뇌를 회복하라』의 3부에 들어선 것을 환영한다. 이제 뇌 회복 프로토콜을 활용해 행동을 개시할 시간이다. 나는 나처럼 바쁜 뇌를 가진 사람들이 어떤지 잘 안다. 1, 2부와 과학적 설명, 이모들의 지혜를 읽은 (또는 훑어봤을) 독자도 있겠지만, 많은 독자들은 '로미 이모, 얼른 본론이나 얘기해봐요.'라고 생각했을 것이다. 앞부분을 건너뛰고 3부로 직행했다고 나무라는 것은 아니다. 바쁜 뇌는 통제권을 되찾기 위해 당장 뭐라도 해야 할 것 같은 불안하고 조급한 마음을 불러일으키니까.

뇌 회복 꼬마습관 : 작은 것에서 출발하라

뇌 회복을 할 때는 아쉬움, 후회, 상상에 연연하지 말고 꼬마습관에 집중해야 한다. 한 번에 하나씩 하면 된다. 꼬마습관 하나를 마스터한 뒤, 다음 꼬마습관을 쌓아올리자.

꼬마습관을 실천하는 과정은 자연스럽고 즐겁다. 하나씩 실천하다 보면 꼬마습관이 자연스러운 순서로 켜켜이 쌓일 것이다.

뇌 회복 꼬마습관은 바쁜 뇌 증후군을 치유하는 데 가장 큰 효과를 발휘하는 습관이다. 내 프로토콜이 운동, 마사지 요법, 여타 건강 및 치유법에 대한 논의를 건너뛰었다는 말을 종종 듣는다. 물론 운동과 자기돌봄 의식은 뇌건강과 신체건강에 필수적인 요소다.

그러나 뇌 회복 프로토콜의 목표는 단기간에 최대한 넓은 치유의 기반을 다질 방법을 일러주는 것이다. 일단 치유의 기반이 완성되면 각자의 취향에 맞는 건강한 루틴을 실천하면 된다. 더불어 나는 인터넷에서 영양제를 충동구매 하거나 매끼마다 아보카도를 먹는 것은 바쁜 뇌 증후군을 영속적으로 회복시키는 방법이 못 된다는 것을 알려주려 한다. 이런 방법은 결국 후회, 아쉬움, 상상의 한 조각으로 전락해서 목표들의 묘지에 묻히고 만다.

이모들의 이야기와 지식을 전하며 이모들의 지혜를 따르는 데는 이유가 있다. 애초에 왜, 어떻게 바쁜 뇌 증후군을 갖게 되었는지 파악하면 더 지속가능한 뇌 회복을 이룰 수 있기 때문이다. 뇌 회복 프로토콜은 단순히 유행하는 다이어트나 새해 첫날 다운받았다가 불안 대 수면의 전투에서 바쁜 뇌가 이기는 순간 잊혀지는 웰빙 앱과는 다르다.

내 데이터와 과학적 사실관계를 분석하고, 내 감정과 욕구를 검토해 보자. 변하고 싶은 이유는 무엇인가? 그런 다음 행동을 개시하자. 생각하고, 느끼고, 그 다음에 행동하면 영속적인 뇌 회복을 이룰 수 있다. 여러분도 잠깐 뇌 끄기를 실천하면서 생각하고, 느끼고, 행동하길 바란다.

이어질 내용에는 행동을 개시한 사람들의 이야기가 담겨 있다. 각각의 뇌 회복 과정이 왜 순서대로 진행되는지 이해를 돕기 위한 의학적 배경지식도 간략하게 소개했다. 바쁜 뇌 증후군의 근본 원인을 알아내기 위해 관련 자료를 읽고 자세한 사항을 파악할 수 있도록 1, 2부의 내용을 돌아보기도 했다.

이어질 8개 장에서는 매주 실천할 뇌 회복 꼬마습관을 제시한다. 8개 장의 내용을 먼저 훑어봐도 되지만, 제일 마음에 드는 습관부터 시도하는 것은 금물이다. 이 프로토콜은 바쁜 뇌 증후군을 치유하기 위해 정해진 순서대로 실행하도록 되어 있다. 솔직히 말해서 때로는 바쁜 뇌에 맞서 싸우는 듯한 기분이

들 때도 있을 것이다. 그럴 때면 나와 이모들이 곁에 있다는 사실을 잊지 말기 바란다.

'바쁜 뇌'를 가지고 있나요?

우선 앞에서 다룬 '바쁜 뇌 증후군'의 증상을 돌아보자. 아래에 지난 2주 사이 주기적으로 경험한 문제가 하나라도 있는가?

- 아침에 기운을 내려면 카페인, 에너지 음료, 처방 각성제가 필요한가?
- 출근했는데도 여전히 집중하기 힘든가?
- 커피 한 잔을 더 마시거나 무언가를 더 먹어야 겨우 기운이 나는가?
- 할 일 목록을 지워나가는 속도보다 할 일이 쌓이는 속도가 더 빠른가?
- 각종 전자기기에 창이 여러 개 띄워져 있고, 집중하기가 어려운가?
- 일과를 겨우 소화하기는 하지만 역량을 제대로 발휘하지 못하는가?
- 하루가 끝날 즈음의 할 일 목록이 아침보다 오히려 길어

졌는가?

- 퇴근했을 때(재택근무 중이라면 집 책상에서 일어났을 때) 와인이나 수제 맥주 딱 한 잔 또는 인플루언서의 꼬임에 빠져 산 값비싼 영양제 등을 먹고 긴장을 풀어야 하는가?

- 마음을 가라앉히려 하지만 신경이 예민하고 피곤한가? 잠을 자야 하는데 머리가 베개에 닿으면 급류처럼 흐르는 걱정을 멈출 수 없고 잡생각이 머릿속에서 휘몰아치는가?

아침에 기운이 떨어지고 집중하지 못하는 것은 성인 주의력결핍장애의 증상이다. 약한 불안감이 쌓이면 불안 반추로 악화되어 주의력결핍장애와 함께 생산성을 좀먹는다. 이 증상은 저녁까지 남아 수면장애를 야기한다.

이 모든 증상은 당신이 '바쁜 뇌 증후군'에 시달리고 있는지도 모른다는 신호다. 하지만 지금쯤 여러분은 '바쁜 뇌 지수'를 이미 확인했을 테니, 그 사실을 잘 알고 있을 것이다(아직 '바쁜 뇌 증후군 자가진단'을 하지 않았다면 www.BusyBrainCure.com에 무료 테스트 및 각종 자료가 공개되어 있으니 참고하기 바란다).

문제는 바쁜 일정이 아니라 뇌가 과제, 감정, 기억, 입력되는 자료를 매순간 처리하는 방식에 있다. 나는 여러분이 '바쁜 뇌 증후군'에서 회복되어 스트레스-성공 사이클에서 벗어나는 것을 돕기 위해 연구를 거쳐 뇌 회복 프로토콜을 완성했다.

뇌 회복 프로토콜은 세 가지 주요 단계를 통해 뇌를 최적화하는 8주 과정이다.

1단계 : 회복

1~4주차에는 뇌 회복 꼬마습관이 쌓여 쉽게 잠을 이루고 숙면을 유지하도록 돕는다. 일단 수면의 질이 좋아지면 불안 반추가 진정되는 것을 느낄 수 있다.

2단계 : 에너지와 집중력 향상

복구의 기반을 닦았으니 몸과 뇌가 에너지 체계를 최적화할 준비를 갖춘 셈이다. 5~8주차에는 머리와 몸에 에너지를 공급할 간단한 영양 바이오해킹을 실천에 옮길 것이다. 다시 말하지만 다이어트나 클렌즈는 하지 않는다. 소울푸드를 먹어도 된다. 이 단계에 이르면 스트레스성 섭식이 많이 줄어들었을 것이다.

🧠 3단계 : 소속과 공동체

내가 통합의학 클리닉에서 진료한 환자나 1대 1 상담에서 만난 고객처럼, 혼자서도 8주 프로토콜을 쉽게 완주할 수 있다. 하지만 (친구, 가족, 직장 동료 등) 아는 사람들과 함께 프로토콜을 실천하면 외로움을 치유하는 데 도움이 된다. 대학과 인턴 생활을 통해 독학의 기술을 마스터해야 하는 직종에 종사하는 사람들도 많을 것이다. 그러나 사람들과 더불어 따뜻한 응원을 받으면서 프로토콜을 완수하면 바람직한 행동패턴과 건강이 깊게 뿌리내릴 가능성이 높아진다. 소속감을 갖고 함께 같은 여정을 걷고 나면 공동의 목표와 서로에 대한 결속감이 생기고 팀의 사기도 올라가게 된다.

🧠 3대 적수 : 저항, 부정, 투사

'바쁜 뇌 증후군'의 든든한 같은 편이자 내면을 깊이 파헤치고, 할 일을 하고, 두려움을 직시하지 못하도록 막는 세 가지 방어기제가 있다. 바로 저항, 부정, 투사다.

| - 저항이란 무언가, 또는 누군가에 반대, 거부, 저항하는

모든 행동을 가리킨다.

- 부정은 고통스러운 사실을 인정하는 것을 의식적으로 거부하는 자연스러운 방어기제다.
- 투사는 불편하거나 인정하기 어려운 충동, 스트레스 요인, 아이디어, 영향, 책임을 남에게 전가하는 방어기제를 말한다.

부정적 생각의 반추, 긴장, 불안 때문에 남들보다 내가 못하다고 느낀 적이 있는가? 3대 적수는 살면서 상황에 대처하고, 행동하고, 실천하는 방식을 바꾸겠다고 마음먹는 순간 우리 모두의 뇌 안에서 모습을 드러낸다.

- 저항: '바쁜 뇌'가 뇌 회복을 시작하거나 의사를 찾는 것을 거부한다.
- 부정: '바쁜 뇌'는 내가 리더의 자질이 부족하기 때문에 불안과 각종 증상을 겪는다고 믿는다.
- 투사: '바쁜 뇌'는 회사 차원에서 웰빙 강사를 초빙하여 불안과 정신건강에 대한 강연을 듣는 게 모두 헛짓이라고 여긴다. 또는 온라인 알고리즘이 이 책을 추천하면 AI가 잘못 짚은 거라 생각한다.

저항, 부정, 투사는 우리 이모들의 이름이라 해도 될 것이다. '바쁜 뇌 증후군'에 시달릴 때 내 머릿속(아마 여러분의 머릿속도 마찬가지일 것이다)에서 울리는 비판적인 목소리 말이다. 바쁜 뇌 증후군을 치유하겠다고 결심하고 뇌 회복 프로토콜을 밟으면 이들 목소리는 마법처럼 희망과 지혜의 목소리로 바뀐다. 여러분의 바쁜 뇌 안에서도 비판적인 목소리가 들리는가? 여러분만 그런 것이 아니다. 3부에서는 '바쁜 뇌 증후군'에 시달리고 뇌 회복 프로토콜을 시작하기 전까지 수면, 불안, 스트레스 관리 문제를 해결하기 위해 온갖 방법을 시도해 본 사람들의 이야기를 소개할 예정이다.

목적의식과 즐거움으로 가득한 생활을 하던 개발 편집자 멜라니의 이야기가 그중 하나다. 온갖 지침과 유행하는 건강법을 따랐는데도 멜라니는 어느 날 까닭 모를 불안에 휩싸였다. 한편 회사 팀원들을 따라 프로토콜에 합류했다가 7주차에 뇌 회복 프로토콜 덕분에 건강을 찾은 켈리의 이야기도 소개했다. 후회, 아쉬움, 상상을 뒤로 하고 뇌 회복을 시작하겠다는 여러분의 결정을 축하해 주고 앞장서 이끌 의사 이모가 될 수 있어서 영광이다.

뇌 활동 실천

뇌 활동은 매주 실천할 과제다. 여러분의 바쁜 뇌는 이어지는 과제들을 훑어보고 쉬워 보이는 것부터 하고 싶어질지도 모른다. 하지만 바쁜 뇌의 꾐에 빠져 대충 넘어가지 말자. 하루아침에 일에서 성공을 이룬 것이 아니듯, 바쁜 뇌 증후군에도 빠른 해결책은 없다. 할 일도 많은데 8주나 투자해야 하다니, 긴 싸움처럼 느껴질지도 모른다. 하지만 낮에 3분, 밤에 30분만 시간을 내자.

TIP　　　　　　　　　　　　1주차 • 뇌 활동 요약

첫 주에는 두 단계에 걸쳐 뇌 회복을 시작할 것이다.

✅ 1단계: '바쁜 뇌 증후군' 자가진단

책 첫머리에 바쁜 뇌 증후군 자가진단이 실려 있다. 강연을 듣고 '바쁜 뇌 지수'를 측정한 독자도 있을 것이다. 바쁜 뇌 지수가 30점 이상이라면 바쁜 뇌 증후군이 있다고 봐야 한다. 바쁜 뇌는 뇌기능, 정신건강, 신체적 웰빙에 어떤 영향을 미치고 있을까? 증상은 사람마다 각기 다르다. 내 경우 바쁜 뇌 증후군 때문에 건강을 잃고 결국 수술을 받아야 했다. 그런가 하면 체중이 증가하거나, 술에 의존하거나, 불안 때문에 일상을 영위하지 못하는 사람들도 있다.

'바쁜 뇌 증후군 자가진단'을 다시 해야 한다면 www.BusyBrainCure.com에서 무료 진단을 실시하고 있으니 참고하기 바란다.

'바쁜 뇌 증후군 자가진단'은 미국의 개인 건강정보 보호법을 준수하는 서버에서 호스팅하고 있어서 철저한 보안이 유지된다. 20개 문항에 답변하면 결과를 즉시 메일로 받아볼 수 있다.

8주가 지난 뒤 다시 테스트를 진행해 얼마나 발전했는지 확인해보자.

✔ 2단계: 목적이나 목표는 무엇인가?
잠깐 뇌 끄기를 하고 생각해 보자.

- 8주가 지난 뒤, 어떤 구체적인 건강상 목표 또는 성과를 달성하고 싶은가?
  '복부팽만을 줄이고 소화력을 키우며 2킬로그램을 감량하고 싶다' 등 현실적, 긍정적, 구체적인 목표를 세우자.
  함께 뇌 회복 프로토콜을 실천할 사람들이 모인 공동체에 가입하고 내 목표에 대해 이야기하자. 가까운 사람과 목표를 공유하고 함께 뇌 회복 프로토콜을 실천해도 좋다.

- 뇌 회복을 실천하면 나는 어떤 리더가 될 수 있을까?
  사람들이 이직하지 않고 오랫동안 일하는 회사를 만들 것인가? 친절하고 감사하는 사내 문화를 일굴 것인가? (부모라면) 전과 달리 차분하게 상황을 파악하고 유쾌한 태도로 아이를 대할 것인가?

11

2주차 뇌 회복 프로토콜
: 7일간 규칙적인 수면에 도전하자

(58세의) 찰스를 처음 만났을 당시, 그의 곁에 남아 있던 유일한 친구는 750ml 용량의 진(Gin) 병이었다. 평생의 사랑과 함께했던 20년간의 결혼생활은 파탄 직전이었고 잠은 부족하다는 말로는 채 설명이 되지 않을 지경이었다.

나와 학생들이 함께 진행하는 온라인 커뮤니티 강연에 찰스가 나타난 것은 2021년 7월의 일이었다. 나는 분기마다 전 세계 뇌 회복 커뮤니티 회원을 위해 연구 결과를 업데이트하고 프로토콜에서 새로이 발견한 부분을 공유하는 무료 온라인 라이브 강연을 한다. 그날 찰스가 자기소개를 하자 채팅창이 갑자기 조용해졌다. "선생님, 저는 지난 30년간 하루도 잘 잔 적이 없고 바쁜 뇌 증후군 지수는 93점입니다. 한밤중 불면증에 대한 선생님의 유튜브 영상을 봤는데, 지금은 라이브로 뵙게 되어 반갑습니다. 저 좀 도와주시겠습니까?"

찰스의 건강 목표는 감정적 웰빙 및 아내와의 관계와 관련되어 있었다. 유료로 진행되는 온라인 8주 뇌 회복 프로토콜을 함께하기로 마음먹은 찰스의 첫 목표는 아내와 결혼했던 20년 전의 자신으로 돌아가는 것이었다. 찰스와 아내는 혁신적이고 성공적인 사업가였고 힘을 모아 진단 전문 기업을 쌓아올렸다. 회사는 부부의 삶에서 열정과 목표의 원천이었다. 2020년 초 회사를 상장하자 인수를 원하는 상대가 나타났다. 회사를 매각한 부부는 꿈꾸던 세계여행과 호화로운 생활을 하기에 충분한 은퇴자금을 손에 쥘 수 있었다. 그런데 팬데믹이 그들의 꿈에 찬물을 끼얹었다. 아무런 목표도 없이 지루하게 집에 묶여 있는 악몽 같은 생활이 시작되었다.

찰스는 온라인 모임에서 좌절감과 눈물을 고스란히 드러냈다. "지난 50년간 절대 오지 않는 결승선을 향해 달리는 과잉성취자로 살아 왔습니다. 이게 결승선이라면 경주를 끝낸 게 후회스럽습니다. 집에 우두커니 앉아 있으니 뭘 해야 할지 모르겠더군요."

찰스는 하루 16시간씩 인터넷에서 우울한 소식을 찾아 읽었다. 자신과 같은 정치적 시각을 가진 온라인 커뮤니티 사람들과 함께 일간뉴스 헤드라인을 섭렵했다. 매 시간 바뀌는 헤드라인, 정치평론, 최근 페이스북에 올린 글에 반론을 제기하는 사람들의 수에 따라 기분이 널을 뛰었다. 찰스는 현실에서는 일면식도 없는 타인이지만 서로의 바쁜 뇌 증후군에 불을 지피고 최신 뉴스에 대해 논란을 벌이며 항상 수면부족에 시달린다는 공통점으로 묶인 온라인 커뮤니티를 찾아냈다. 하루 14~16시간 동안 집에서 책상 앞에 앉아 컴퓨터를 들여다보는 것으로 모자라 방 안의 텔레비전에도 뉴스를 틀어 두었다. 마침내 잠이 들었다가도 지난밤 부정적 뉴스에 대해 쓴 페이스북 포스트에 댓글이 몇 개나 달렸는지 확인하려고 한밤중에 일어났다. 그러고 나면 소파에 쓰러지듯 잠들었다. 다음날 아침에는 숙취, 아직 남은 술기운, 수면부족이 어우러져 몸이 천근만근이었다.

8주 프로토콜의 2주차에 들어서면서 찰스는 뇌 회복 꼬마습관을 하나 시작했다. 뉴스를 보고, 듣고, 읽고, 논쟁을 벌이는 것을 모두 멈출 시간을 정해 두는 것이었다(이번 주의 뇌 활동이기도 하다). 취침은 오후 10시 30분, 기상시간은 오전 6시로 정했다. 한밤중에 잠에서 깨면 침대에 그대로 누워 있거나 뉴스를 켜는 대신 할 만한 다른 일들을 찾아 보았다. 나는 5-하이드록시트립토판과 글리신산 마그네슘을 추가로 복용해 볼 것을 조언했다. 곧 효과가 나타나 그는 3~4시간가량 깨지 않고 잘 수 있었다. 결혼한 뒤로 한 번도 없었던 일이었다. 찰스는 프로토콜이 성공하리라는 것을 직감했다.

2주차가 되자 찰스는 평소 자신이 진을 얼마나 많이 마시는지 솔직하게 털어놓고 양을 절반으로 줄였다. 4주차가 끝나갈 무렵에는 저녁에 진 한두 잔만 마시고 매일 6시간씩 푹 잤다. 전에도 술을 줄인 적은 있었다. 하지만 자신의 진실을 마주하도록 등 떠밀린 것은 그때가 처음이었다. 찰스는 뇌 안에 50여 년 치 감정을 표현하지 않고 쌓아두고 있었다. 바쁜 업무나 목적이 사라진 지금, 그는 모든 감정을 하나하나 마주해야 했다. 2주차의 수면 챌린지를 완수한 찰스는 3주차에 들어서기 전 오랫동안 무시해온 감정을 소화하기 위해 추가 단계를 밟았다.

솔직히 말하자면 찰스가 처음 합류했을 때 나는 찰스의 소울 푸드가 밤마다 병째 들이키는 진이라는 것을 알아채지 못했다. 내 바쁜 뇌는 패닉과 걱정에 빠졌다. "이 모임은 무언가를 배우는 것이지 진료를 하는 자리가 아닌데. 어떻게 하면 다른 참가자 330명을 챙기면서도 찰스가 필요한 도움을 받도록 도울 수 있을까?" 다행히 예전에 간간이 만나던 상담사에게 연락했다는 그의 말에 나는 안심할 수 있었다.

찰스가 여러모로 나아지고 모임의 모두가 그의 응원단으로 거듭났던 4주차, 그는 20년간 함께했던 아내와 별거하게 됐다. 그는 슬픔으로 어쩔 줄 몰랐지만 오랜 친구 진에 기대지 않기로 결심하고 모두와 함께하는 여정을 계속해 나갔다. 매주 뇌 활동을 완수했고 새 배지를 기대하는 보이스카우트처럼 모임에 참석했다. 찰스는 매주 느끼는 성취감 덕분에 목적의식을 갖게 되었고, 온라인에서 바쁜 뇌 증후군을 겪는 사람들의 응원을 받으면서 무거운 현실에도 불구하고 힘을 얻었다.

8주 뇌 회복 프로토콜을 마무리할 즈음 찰스는 30년 만에 처음으로 술의 도움 없이도 깨지 않고 푹 잘 수 있었다. 몇 달 뒤 안부를 물었더니 아래와 같은 답이 돌아왔다. "밤에는 깨지 않고 잘 자고, 매주 금요일 저녁에 올리브 가든[2]에서 칵테일 한 잔만 마시고 있습니다. 아내와 저는 별거를 받아들이고, 서로 얼굴 붉힐 일 없이 각자의 길을 가기로 했어요. 아내가 팜 비치[3]의 집에 잘 정착할 수 있도록 도와줬습니다. 소원했던 형이랑 조카와도 다시 연락했어요. 제가 있는 플로리다주로 이사오겠다고 하더군요. 체중도 108kg에서 88kg으로 줄었고, 매일 밤 7~8시간 동안 푹 잡니다."

찰스는 뇌 회복 프로토콜 덕분에 수면의 질과 건강뿐 아니라 가족과의 유대도 회복했다. 찰스는 이제 의료기술 분야의 스타트업 창업인에게 멘토링을 해줄 방법을 찾는 한편 주기적으로 상담도 받고 있다. 2부 5장에서 바쁜 뇌 증후군에 따르는 세 가지 유형의 수면장애에 관해 언급한 바 있다. 찰스는 세 가지 유

---

2 올리브 가든(Olive Garden): 미국의 이탈리아 식당 체인.
3 팜 비치(Palm Beach): 미국 플로리다주 남동부의 도시.

형을 모두 겪고 있었다.

1. 밤에 잠을 이루기 어렵다.
2. 한밤중에 깨고 다시 잠들지 못한다.
3. 일어날 때 기운이 없고 피곤하다.

찰스는 뇌 회복 꼬마습관을 매주 하나씩 시도하리라 결심하고 수요일마다 모임에 참여했다. 그리고 내가 설명한 단계를 순서대로 따랐다. 모든 변화는 뇌 회복 프로토콜 2주차에 실천하는 수면 회복에서 시작된다.

뇌 회복 꼬마습관 : 적절한 수면 영양제를 찾아라

5장에서 바쁜 뇌 증후군의 주요 원인이 무너진 일주기리듬이라고 설명했다. 일주기리듬은 수면-각성 사이클을 조율하는 열쇠다. 이번 장에서는 수면위생과 불면증을 위한 인지행동 요법 원칙에 바탕을 둔 7일 수면 챌린지를 완수할 것이다.

앱이나 인터넷을 통해 실시간으로 8주 프로토콜에 대한 코칭을 받는 일부 고객에게는 영양제를 추천하기도 한다. 불면을 자주 경험한 독자라면 멜라토닌을 포함, 흔한 비처방약은 이미 시도해 봤을 가능성이 높다.[4] 하지만 멜라토닌 약병을 다시 꺼내들기 전에 아래 내용을 꼼꼼히 읽어보도록 하자.

내가 멜라토닌 영양제를 그다지 추천하지 않는다는 것을 알면 사람들은 놀라곤 한다. 체내에서 합성되는 호르몬인 멜라토닌은 양질의 수면 패턴을 확립하는 데 필수적이지만, 수면 유도제로 멜라토닌을 활용하는 것은 많은 이들의 생각과 달리 만병통치의 효과는 없다. 간단히 말하자면 나는 뇌 회복 프로토콜에서 멜라토닌을 활용하지 않는다. 불면의 근본 원인을 해결해 주지 않기 때문이다.

근처 슈퍼마켓에서 마사지숍에 이르기까지 온갖 장소에서 실로 다양한 수면유도제를 접할 수 있다. 이제 일주기리듬을 회복하고 수면의 질을 빨리 개선하는 데 가장 효과적이라는 사실이 밝혀진 수면 영양제의 원료와 사용법을 연구 결과에 입각해 설명하고자 한다.

멜라토닌, 근본 원인을 없애긴 무리다

우선 멜라토닌 이야기부터 하자. 내 시각과 연구 결과에 놀

---

[4] 한국에서는 멜라토닌이 전문의약품으로 등록되어 있기에 처방전이 있어야만 구매가 가능하다.

랄지도 모르겠다. 멜라토닌은 체내에서 자연 합성되는 호르몬으로 수면에 관여한다. 멜라토닌의 생산과 분비는 시각과 연관되어 있다. 어두워지면 생산량이 늘고 밝아질수록 줄어드는 것이다. 그리고 멜라토닌 생산량은 나이가 들수록 감소한다. 멜라토닌은 영양제로도 섭취할 수 있는데, 뇌 회복 프로토콜을 실천하는 동안은 가급적 멜라토닌 복용을 추천하지 않는다.

수면장애와 불면증의 원인을 늘 쉽게 파악할 수 있는 것은 아니지만, 원인 파악은 장기적으로 문제를 해결하는 데 중요하다. 불면증의 가장 큰 원인은 일주기리듬이 무너지는 것이다. 일상에서 일주기리듬을 무너뜨리는 요인은 무엇일까? 가장 흔한 원인은 다음과 같다.

- 시간대를 건너뛰는 여행
- 불규칙적인 교대 근무
- 호르몬 불균형, 알코올 섭취, 혈당치
- 높은 스트레스 또는 번아웃

불면증을 개선하려면 이들 원인을 파악하고 대처해야 한다. 멜라토닌만으로 문제가 해결되지는 않는다.

내가 멜라토닌을 추천하지 않는 주된 이유 세 가지는 다음과 같다.

1. 멜라토닌을 정기적으로 복용하면 수면 문제의 근본 원인을 감추고 간과하는 동시에 특히 에스트로겐과 성장호르몬 등의 호르몬 수치에 부정적 영향을 미칠 수 있다.
2. 멜라토닌은 한밤중에 잠에서 깼다가 다시 잠드는 데 도움이 되지 않는다. 이 문제를 해결하려면 전인적 접근이 필요하다.
3. 멜라토닌을 정기적으로 복용하면 체내에서 멜라토닌을 생산하는 능력을 떨어뜨릴 수 있다.

멜라토닌이 수면 문제를 악화시키고 더 큰 문제를 가릴 수도 있다는 사실을 염두에 두고, 복용하기 전 시간을 두고 숙고하길 바란다.

멜라토닌 복용에 전적으로 반대하는 것은 아니다. 사실 특정 사례의 경우 멜라토닌은 바람직한 수면 패턴을 세우는 데 중요한 역할을 한다. 하지만 모든 요인을 고려하기 전까지는 멜라토닌을 권장하지 않는다. 신경과 전문의로서 나는 해결책을 제시하기 전에 수면 검사 결과를 참고한다. 렘수면 주기 장애가 있다면 멜라토닌이 효과가 있을지 시도해 볼 수도 있다.

여러 시간대를 건너뛰어 여행할 경우에도 멜라토닌은 도움이 될 수 있다. 강연을 위한 여행을 떠날 때면 숙면을 취하고 시차적응을 위해 멜라토닌 복용을 고려할 수도 있다. 교대로 일하는 근로자도 마찬가지다. 교대 일정이 바뀌어 일주기리듬이 무너지면 변화에 적응하기 위해 멜라토닌의 도움을 받을 수 있다.

몸에서 분비되는 멜라토닌은 자기 전 마음을 가라앉히고 쉽게 잠에 빠지도록 돕는다. 요는 뇌가 건강한 일주기리듬을 확립하는 데 도움이 되는 일을 하는 것이다. 이번 주에는 7일 수면 챌린지의 일환으로 일주기리듬을 재설정하는 수면위생 루틴을 실천할 것이다.

일부 바쁜 뇌 증후군 사례의 경우 멜라토닌이 도움이 되기도 한다. 놀랍게도 복용량을 3mg부터 시작할 때 가장 효과적이다. 대부분의 비처방 멜라토닌은 3mg보다 훨씬 적기 때문에 그 점을 미리 밝혀 둔다. 인터넷 또는 건강기능식품 매장에서 멜라토닌을 구매하려면 성인의 경우 최저 3mg 이상의 제품을 구입하도록 하자.

멜라토닌은 아래 상황에서 효과적이라는 연구 결과가 나와 있다.

- 저녁 일찍 잠들도록 생체시계를 재설정한다.
- 시차 피로의 증상을 예방한다.
- 한밤중 잠에서 깨는 상황에 도움이 된다.

멜라토닌은 안정제처럼 수면을 유도하는 약물로 사용할 때는 대부분 도움이 되지 않는다. 부수적인 안정 효과에서 도움을 받는 사람들도 있지만 멜라토닌의 일반적인 용도와는 거리가 멀다.

마그네슘, 불면증과 뇌기능 향상에 도움

연구에 따르면 미국 인구의 약 50%는 마그네슘 결핍을 겪고 있다. 그리고 마그네슘은 식단으로 쉽게 보충할 수 없다. 뇌 내 마그네슘 수치가 올라가면 뇌기능이 올라가 다양한 학습 및 기억능력이 향상된다는 연구 결과가 있다. 글리신산 마그네슘은 불안과 불면 치료에도 효과가 있다.

마그네슘 결핍은 뇌가 수면을 취하고 기능을 발휘하는 데 필수적인 화학작용에 부정적 영향을 미친다. 마그네슘 수치가 낮으면 세로토닌과 멜라토닌 수치가 낮아진다.

내가 추천하는 마그네슘의 형태는 다음과 같다.

- 글리신산 마그네슘: 위장장애가 적은 가장 순한 형태의 마그네슘이다. 진정과 이완 효과가 있으므로 자기 전, 저녁에 복용하도록 하자. 밤에 125mg을 복용하는 데서부터 시작하면 된다.

- 구연산염 마그네슘: 변비, 장내가스, 복부팽만에 추천한다. 수면 및 규칙적 소화 패턴에 모두 도움이 된다.

마그네슘 결핍이 있을 때 쓰는 영양제는 글리신산 마그네슘이다. 대개 부작용이 적고 체내에 쉽게 흡수되기 때문이다. 글리신산 마그네슘은 마그네슘의 이상적인 형태로서, 글리신은 뇌에서 중요한 신경전달 기능을 발휘하는 필수아미노산이다. 글리신 영양제는 수면의 질을 높이므로 글리신산 마그네슘은 특히 불면을 겪을 때 좋은 선택지가 된다.

5-하이드록시트립토판(5-HTP), 소량만 섭취

5-HTP[5]는 단백질의 구성요소인 L-트립토판의 화학적 부산물로서, 그리포니아 심플리시폴리아(Griffonia simplicifolia)라 알려진 아프리카에 자생하는 식물의 씨앗에서 상용 생산되고 있다. 5-하이드록시트립토판은 뇌와 중추신경계의 세로토닌 생산을 촉진한다. 세로토닌은 수면, 식욕, 체온, 성적 행위, 통증에

---

5 5-HTP는 한국에서 구입이 불가능하며, 해외 직구 사이트를 통해 구매가 가능하다.

영향을 미친다.

나는 종종 밤에 생각을 멈출 수 없다거나 숙면을 취하지 못하는 등 바쁜 뇌 증후군의 증상을 보이는 고객에게 소량의 5-하이드록시트립토판을 처방한다. 5-하이드록시트립토판은 뇌에서 '행복 호르몬'으로도 알려진 세로토닌의 천연 전구물질이다. 대개 저녁에 50mg을 복용하는 것을 권장하는데, 그런 다음 100mg까지 복용량을 늘려도 된다. 5-하이드록시트립토판은 잠에 들고 숙면을 유지하는 데 도움을 준다. 단, 선택적 세로토닌 재흡수억제제 또는 세로토닌 노르에피네프린 재흡수억제제 성분의 항우울제를 복용 중이라면 함께 복용하지 말아야 한다.

5-하이드록시트립토판의 흔한 부작용은 복통, 속쓰림, 메스꺼움, 구토, 설사 등이다. 드물게는 두통, 불면, 근육 문제, 심계항진 또는 부정맥 등이 부작용을 낳을 수 있다. 5-하이드록시트립토판을 고용량(매일 600mg 이상) 복용하면 심한 근육경련 및 소화기 문제를 야기할 수 있다.

TIP　　　　　　　　　　　　　　2주차 · 뇌 활동 요약

이번 주 뇌 회복 꼬마습관의 목표는 일주기리듬, 특히 수면-각성 사이클을 재설정하는 것이다. 뇌 회복 프로토콜 중에는 너무 기본적인 것처럼 여겨지거나 이미 시도해 본 단계도 있을 것이다. 하지만 내면의 부정적인 목소리 때문에 우리 이모들처럼 굴지는 말자. '에휴, 지금껏 푹 자려고 안 해 본 일이 없어. 하지만 우리 로미가 얼른 좋은 신랑감을 찾아서 재혼을 하면 그땐 편히 발 뻗고 자겠지.' 발목을 잡는 바쁜 뇌의 목소리다. 그러나 걱정거리 하나가 해결되면 다른 걱정거리가 나타나 한밤중에 머릿속을 점령할 것이다. 뇌 회복을 하겠다고 마음먹었다면 이제 본격적으로 시작해보자.

✅ 1단계

- 매일 밤 일정한 취침시간을 정하자.
- 매일 아침 일정한 기상시간을 정하자.
- 다음날이 평일이든 휴일이든 항상 취침, 기상 스케줄을 지키자.
- 매일 밤 몇 시간이나 잘 수 있을지 미리 걱정하지 말자. 뇌가 지킬 규칙적인 일정을 세우는 데 집중하자.

✅ **2단계**

- 혼자서, 또는 가까운 사람들과 함께 7일 수면 챌린지를 시작하자. 직장에서 팀워크를 진작시키는 데에도 큰 도움이 되는 훈련이다.
- 수면 챌린지에는 아래 지침도 포함된다.

☑ 침대 아래 공간을 싹 비운다. 침대 아래에는 아무것도 넣어두지 말자. 서랍형 침대라 해도 마찬가지다. 이제 서랍의 허섭스레기를 치우고 정리할 때다.
☑ 침실에 작업용 책상이 있다면 다른 곳으로 옮기자.
☑ 침실에 텔레비전이 있다면 다른 곳으로 옮기자.
☑ 매일 아침 이부자리를 정돈하자.
☑ 침구를 세탁하고 깨끗한 잠자리를 만들자.
☑ 스마트폰을 대신할 침실용 알람시계를 사자.
☑ 침실 벽장의 잡동사니를 비우고 정리하자.

✅ **3단계**

바쁜 뇌 증후군에 따르는 수면 교란 유형을 파악하자.

- 유형 1: 머릿속에 온갖 생각이 떠올라서 잠을 이룰 수 없다.
- 유형 2: 한밤중에 깨서 다시 잠들지 못한다.

- 유형 3: 아무리 잘 자도, 아침에 일어나면 기운이 하나도 없고 피곤하다.

바쁜 뇌 증후군 지수가 30점 이상이라면 위 유형 중 한 가지 이상에 해당될 수도 있다. 동시에 여러 유형의 수면 교란 문제를 겪을 경우, 유형 1부터 차례로 시작하면 된다. 가령 1번 유형과 3번 유형에 해당된다면 1번 유형부터 해결하자.

7일 수면 챌린지를 위한 추가 뇌 활동

아래 체크리스트를 바탕으로 매주 점수를 매겨 보자.

25점 항목

- ☐ 매일 저녁 정해진 시간에 잠자리에 들었다.
- ☐ 매일 아침 정해진 시간에 일어났다.
- ☐ 취침 30분 전에는 일 또는 학교와 관련된 일을 하지 않았다.
- ☐ 깨끗한 이부자리를 준비했다.
- ☐ 매일 아침 이부자리를 정돈했다.

50점 항목

- ☐ 스마트폰을 대신할 아날로그식 자명종을 샀다.
- ☐ 침대 아래 쑤셔넣은 짐을 모두 비웠다.

100점 항목

- ☐ 침실에서 컴퓨터와 책상을 포함, 일이나 학업과 관련된 모든 물건을 치웠다.
- ☐ 침실에서 텔레비전을 치웠다.
- ☐ 침실 옷장의 쓸모없는 물건을 비우고 정돈했다.

🧠 수면 교란 유형 1, 2, 3을 위한 추가 뇌 활동

▸ 수면 교란 유형 1을 위한 뇌 활동

줄달음치는 생각을 최소화하거나 끄고 싶다면 뇌 비움을 시도해 보자.

1. 종이를 아무거나 한 장 꺼낸다(그럴듯한 일기장은 필요 없다).
2. 연필이나 펜으로 해야 할 업무 목록을 갈겨쓴다.
3. 해야 할 집안일 목록을 추가로 쓴다.
4. 전화를 하거나 메일 또는 문자를 보내야 하는 사람이 있다면 그것도 쓴다.
5. 뭔가를 인터넷에서 검색할 생각이었다면 그 내용을 적어 둔다. 이런 식으로 머릿속의 생각을 쭉 나열하자. 문장으로 길게 쓸 필요는 없다. 바쁜 뇌 증후군은 대개 규칙적으로 일기를 쓸 시간이나 인내력이 없다.
6. 이제 내일 우선적으로 할 일을 하나 골라 동그라미를 친다.

아래 영양제를 추천하지만, 먼저 의사와 상의하도록 한다.

- 5-하이드록시트립토판: 저녁에 50mg을 복용하는 데서

부터 시작한 다음 필요하면 7일 후에 100mg으로 복용량을 늘린다.

- 글리신산 마그네슘: 저녁에 125~200mg을 복용한다.

▶ 수면 교란 유형 2를 위한 뇌 활동

밤에 깨서 다시 잠을 이루지 못하는 일을 방지하려면

- 정오 이후에 카페인을 섭취하지 않는다.
- 7일 동안만 알코올 섭취량을 절반으로 줄이거나 금주한다.

아래 영양제를 추천하지만, 먼저 주치의와 상의하도록 한다.

- 5-하이드록시트립토판: 저녁에 100mg을 복용한다.
- 글리신산 마그네슘: 125~200mg을 저녁에 추가로 복용한다.

▶ 수면 교란 유형 3을 위한 뇌 활동

밤에 아무리 오래 자도 아침에 몸이 무겁다면 취침 및 기상시간을 정해 두고, 필요할 경우 두세 시간가량 잠을 보충하자. 이 경우 신경염증의 기저원인이 무엇이든 바쁜 뇌의 일주기리듬이 회복될 시간이 더 필요한 것이다. 몸과 머리가 번아웃 증상을 겪고 추가 휴식이 필요하다면 잠을 더 많이 자야 할 수도 있다.

이어지는 장에서 영양제에 관한 내용을 다룰 것이다. 앞서 말했듯이 영양제를 복용하기 전에 먼저 의사와 상의하자.

기운을 북돋는 방법에 대해서는 5주차에 다룰 예정이다. 여기서는 일단 매일 아침 액상 복합비타민B를 복용하는 데서부터 시작하자.

동시다발적 수면 교란을 위한 뇌 활동

여러 수면 교란 유형을 동시에 겪는다면 1번 유형부터 차례로 해결하면 된다. 예컨대 유형 1과 2에 모두 해당된다면 1번 유형을 위한 지침을 먼저 따르자.

| 속성 뇌 회복 | 지금 행동을 개시하자 |

다시 말하지만 이번 주의 목표는 잠자리에 드는 시간과 아침에 일어날 시간을 정하는 것이다.

2020년과 2021년을 가장 생산적으로 보낸 사람들이 공통적으로 실천한 꼬마습관이 하나 있었다. 바로 매일 아침 같은 시간에 일어났다는 것이다.

추가로 조언하자면 침대 아래를 들쳐보고 짐이 있다면 모두 치우자.

12

3주차 뇌 회복 프로토콜
: 전자기기 거리두기를 시작하자

하와이 오아후 섬 출신인 낸시는 게임을 하다가 알로하 정신[6]을 잃어버렸다. 〈프로젝트 에보〉를 시작했을 때, 낸시는 종일 호텔에서 일하며 쉴새없이 사람들을 만난다고 말했다. 즐거운 만남도 있지만 대부분은 그렇지 못했다. 그래서 퇴근하면 머리를 식히려고 게임을 했다.

새벽 4시 30분에 일어나 커피를 마신 뒤 게임을 하고, 퇴근하고 나면 노모가 잠들 때까지 초조하게 기다렸다가 온라인에서 모르는 사람들과 게임 삼매경에 빠졌다.

---

6 알로하 정신(Aloha Spirit): 사랑, 애정, 평화, 연민, 자비를 뜻하는 하와이어.

프로토콜에 합류했을 때 낸시는 말했다. "전자기기 거리두기 프로토콜을 시작하면서 세상이 뒤바뀐 느낌이 들었어요. 제 유일한 즐거움을 포기하라니, 정말 힘들었죠. 하지만 나흘째가 되자 밤에 푹 잤고 회사 사람들이 제가 드디어 푹 쉰 것처럼 보인다고 하더라구요. 그래서 21일간 프로젝트를 완수하기로 마음먹었어요. 전자기기 거리두기를 하든 수면주름[7] 때문에 보톡스를 맞든 이판사판이었거든요."

그로부터 일주일도 지나기 전 가족들이 당황스러워하며 말했다. "낸시, 너 혹시 어디 아픈 거야? 매일 사랑한다는 말을 하다니." 낸시는 팔순을 넘긴 어머니뿐 아니라 열두 살짜리 조카도 돌보고 있었다. 게임, 인터넷 쇼핑, 아이패드, 텔레비전, 노트북 2개를 포기하고 나니 남은 것은 하나뿐이었다. 바로 사랑이었다. 낸시는 구조견 세 마리(도티, 냘라, 맥스)를 포함, 일상을 함께하는 모두에게 매일 애정어린 말을 건넸다. 그리고 시애틀에 사는 언니에게 전화를 걸어 따뜻한 말을 하고 매주 가족 식사를 하기로 했다. 아이패드는 어머니에게 드리고 노트북은 언니에게 부쳤으며 엑스박스와 닌텐도는 조카에게 건네면서 게임을 끊었다.

"처음에는 선생님이 책에 쓸 데이터를 수집하는 데 도움이

---

[7] 수면주름: 옆으로 눕거나 엎드려 자는 동안 피부가 눌려 생기는 주름으로 지속되면 영구적인 주름이 된다.

되도록 한 달만 해볼 생각이었어요." 하지만 3주가 지나자 낸시는 가족들에게 온갖 전자기기를 나눠주고 술과 커피도 끊었다. "제 자신에게 주는 선물로 고급 종이와 새 몽블랑 펜을 샀어요. 그리고 10년 전에 접었던 시를 다시 쓰기 시작했답니다."

낸시는 자신의 내면에 있는(우리 모두에게도 있다) 알로하 정신을 되찾았고, 프로토콜을 시작할까 말까 고민 중인 사람들에게 자신의 이야기를 전해 달라고 부탁했다. "저는 매일 내가 하는 일이 의미가 있는 걸까, 어떤 영향을 미칠까 자문하며 살아왔어요. 좋든 나쁘든 간에 제 행동이 어떤 영향을 미치는지 항상 파악하고 있어야 직성이 풀렸죠. 선생님의 프로토콜이 미친 영향은 제 인생을 바꿨고, 그 점에서 정말 감사드려요. 이 프로토콜은 시도할 의지가 있는 사람들의 삶을 바꿔놓을 수 있다는 걸 다들 꼭 알아주었으면 좋겠어요."

낸시 및 가족들을 대신해 여러분에게 알로하 인사를 전하면서 뇌 회복 프로토콜 3주차를 시작하려 한다. 짐작했겠지만 이번 주에는 수면의 질을 높이고 주간의 활기를 북돋울 '뇌를 위한 전자기기 거리두기'를 시작할 것이다. 일명 '디지털 디톡스'인 셈이다. 디톡스라는 말에 주스 전문점으로 달려가거나 텁텁한 단백질셰이크를 사려고 허둥댈 필요는 없다. 뇌 회복 프로토콜에는 다이어트가 없다. 기억해 두자. 뇌 회복 프로토콜을 진행하는 동안에 소울푸드를 먹어도 무방하다. 우리의 목표는 스트레스 수치를 낮추어 스트레스성 섭식을 멈추는 것이다.

요즘 사람들은 터치스크린과 모바일 기기에 둘러싸여 산다. 데스크탑 컴퓨터에 창을 수십 개씩 띄워 놓고 거실에도 여러 개의 화면이 켜져 있는 건 이제 당연한 광경이다. 조사 결과 요즘 사람들은 하루 평균 74번 이메일을 확인한다고 한다.

잠깐 멈추고 내가 일하는 공간에 대해 생각해 보자. 동시에 켜둔 화면은 모두 몇 개인가(정신을 흐트러뜨리는 요소에 스마트폰은 기본으로 추가해야 한다)? 텔레비전을 보는 동시에 소셜미디어를 훑어보고, 바쁜 뇌 때문에 궁금해진 온갖 이슈를 검색하고 있지는 않은가?

이 책의 초고를 쓸 때 내 모습이 딱 그랬다. 갑자기 뇌에 관한 옛날 광고가 궁금해져서 '조사'라는 미명 아래 위키피디아와 유튜브에 42분이나 낭비한 것이다 (웃음이 터진 영상도 하나 봤지만) 말 그대로 집중력을 흐트러뜨리는 행동이었다.

뇌 회복 꼬마습관 : 디지털 디톡스

우리의 뇌는 전자기기라는 마약에 중독되어 있다. 바쁜 뇌 증후군 자가진단에서 높은 점수를 받았다면 (종일 뉴스를 들여다보는 등) 스트레스로 인한 나쁜 습관에 시달리고 있을 것이다. 불안 반추와 주의력 결핍이 수면부족과 만나면 뇌는 모든 뉴스 헤드라인을 직접적인 위협으로 느낀다. 둠스크롤링[8]이나 둠서핑은 뇌에 코카인을 하거나 테킬라를 마시는 것과 같은 영향을 미친다.

이제 메리엄 웹스터 사전에도 등재된 둠스크롤링과 둠서핑은 텔레비전이나 인터넷에서 암울한 뉴스만 찾아서 보는 경향을 가리키는 신조어다. 슬픔, 절망, 우울감을 부채질하는데도 불구하고 세계에서 일어나는 온갖 나쁜 일에 대한 뉴스를 계속 보는 사람들이 많다.

여러분뿐 아니라 나도 공감하는 부분이다. 전에 내 강연을 들은 적이 있다면 여러분의 바쁜 뇌는 무슨 말이 이어질지 이미 알고 있을 테니 이번 장을 건너뛰고 다음 장으로 넘어가고 싶어 안달이 날 것이다. 하지만 이번 장에 전자기기와 거리두기를 한 다음(바쁜 뇌는 생각보다 빨리 적응할 것이다) 쉽게 실천할 수 있는 속성 뇌 회복 아이디어도 몇 가지 추가해 두었으니 꼭 참고하기 바란다.

지금까지 다룬 내용을 대충 훑어보고 쉬울 성싶은 부분 몇 꼭지만 골라 시도해 보려고 했다면, 그것이 바로 바쁜 뇌의 소행이라는 것을 알아야 한다. "이건 다 아는 얘기잖아. 뭣하러

---

8 파멸(Doom)과 스크롤링(Scrolling)의 합성 신조어로, 부정적인 뉴스나 콘텐츠를 쉬지 않고 강박적으로 소비하는 행위를 일컫는다.

뇌 회복을 해야 하지?" 여러분의 주장을 정당화하기 위해 8가지 뇌 회복 원칙 중에서 이미 실천하고 있는 부분을 하나 찾아낸 다음 책을 덮고 내게 트윗을 날리고 싶을지도 모른다. "이봐요, 로미 선생님, 전 이미 뇌 회복을 완수했는데 바쁜 뇌 증후군이 가시지 않아요. 이제 어떻게 하죠?" 그런 독자가 있다면 나는 이렇게 권한다. "10장으로 다시 돌아가세요. 각각의 뇌 회복 단계를 1주일씩 차근차근 실천하세요. 어려운 부분을 무시하지 마세요. 바쁜 뇌가 회피하려는 것뿐이니까요."

직설적으로 말하건대, 아직 수면 조율을 시작하지 않은 독자라면 이전 장으로 다시 돌아가 7일 수면 챌린지를 시작하길 바란다. 7일 수면 챌린지는 수면을 회복해서 바쁜 뇌를 예전으로 되돌리는 핵심 원칙이다. 수면을 회복하려고 할 때 누구나 겪는 문제가 하나 있다. 일이 사생활을 침해하는 것이다. 요즘은 집에서도 스마트폰으로 회사 이메일을 확인하는 것이 당연시되고 있다. 퇴근해서 가족과 함께 시간을 보내려다가도 종일 바쁜 뇌 탓에 끝내지 못한 일을 혼자만의 시간에 처리하고 싶어서 가족들이 잠들기만을 기다리기도 한다. 이게 성공지향적인 사람들이 처한 현실이라는 것은 이해한다. 하지만 여러분이 이 책을 손에 든 것은 마음 한켠에서 이제 바뀌어야 한다고 생각했기 때문일 것이다. 여러분에게 필요한 것은 이런저런 건강 조언이 아니다. 여러분은 행동을 취할 준비가 되었다.

나와 함께 나아가자. 같이 단계를 밟아나가면 된다. 내가 여러분에게 응원의 말을 전할 수 있도록, 인스타그램이나 링크드인을 통해 3주차 뇌 회복 꼬마습관을 열심히 실천하고 있다는 메시지를 내게 보내주길 바란다.

스마트폰을 꺼내들고 여러분이 즐겨찾는 소셜미디어에서 내 계정을 검색하는 사이, 알림 끄기 설정을 해두자. 잠들기 30~60분 전에는 알림 기능이 꺼져 있어야 한다.

우스운 일이지만 요즘은 전자기기와 거리를 두라고 알려줄 전자기기가 필요한 세상이다. 우리 이모들처럼 여러분(또는 나)의 집에 번쩍이는 금색 다이얼식 전화기를 다시 들여놓으라고 말할 생각은 추호도 없다. 물론 박수로 키는 센서등도 마찬가지다.

전자기기와 도파민 보상 체계

2부 9장에서 에보가 직원의 웰빙에 얼마나 힘썼는지 보여주는 인상적인 일화와 함께 〈프로젝트 에보〉 이후 (낸시를 포함한) 에보의 임직원이 취침 전 전자기기 사용에 대해 어떻게 생각이 바뀌었는지 설명했다.

더불어 전자기기가 주의력을 떨어뜨려 바쁜 뇌 증후군의 증상 중 하나인 성인기발발 주의력결핍장애를 야기한다는 내용도 다뤘다. 뇌 회복 4~5주차에 이르면 주의력이 좋아져서 다시 집중할 수 있게 될 것이다. 종일 전자기기를 사용하면 도파민과 코티솔 수치가 높아져서 주의력 문제를 일으킨다. 전자기기를 사용하고 저녁나절까지 청광에 노출되면 뇌의 일주기리듬이 흐트러진다. 밤에 더 이상 회복성 수면을 취할 수 없고, 낮에도 충분한 기운이 나지 않는다.

스마트폰, 태블릿, 노트북, 게임기, 스마트TV 등 모든 전자기기는 청광을 방출한다. 청광은 눈 뒤쪽의 망막으로 전달되어 곧장 뇌의 관제탑에 가서 소리친다. "이봐, 일어나! 스트레스를 받고 집착할 시간이라고!" 이번주 뇌 회복 꼬마습관은 일주기리듬과 (가능하면) 가족에 대한 사랑을 회복하는 것이다.

이번 주 뇌 회복 꼬마습관을 본격적으로 설명하기 전, 매 강의에서 빼놓지 않고 듣는 질문에 대한 답을 해야 할 것 같다. "청광차단 안경을 쓰거나 전자기기에 필터를 붙이면 어떤가요? 그러면 청광이 뇌의 일주기리듬을 흐트러뜨리는 문제를 완화할 수 있지 않나요?"

의학적 연구 결과, 답은 '아니오'이다. 청광 차단 안경은 눈의 피로를 줄일 수는 있지만 화면에 노출되면 스트레스 호르몬은 여전히 상승한다. 이방 튀투(Yvan Touitou) 박사가 2017년 내놓은 연구 결과, 자기 전에 30~60분간 청광에 노출될 경우 스트레스 호르몬인 코티솔과 도파민 수치가 올라간다.

그뿐 아니라 여러 의학연구 논문에 따르면 자기 전에 전자기기를 사용하면 기분이 좋아지고 잘 자도록 유도하는 호르몬인 세로토닌과 멜라토닌이 급격히 감소한다. 그래서 극히 흥분하고 스트레스를 받은 상태가 되고, 마음을 가라앉히고 숙면을 취하고 행복한 기분을 느끼는 데 필요한 호르몬은 사라진다. 이 모든 문제는 바쁜 뇌가 둠스크롤링이라는 해로운 습관을 들이도록 유도하기 때문에 발생한다. "잠깐 쉬면서 인스타그램이나 볼까? 아님 자기 전에 업무상 이메일에 답장을 몇 개 보내두면 내일 마음이 편할 테지." 원래대로라면 진정 상태에 들어가야 하는 저녁시간에 이렇게 청광에 노출되면 스트레스 호르몬 수치가 올라간다. 바쁜 뇌가 켜지고 생각이 소용돌이쳐서 도무지 잠재울 수가 없다.

이번 주에는 전자기기 거리두기를 시작할 것이다. 자기 직전에 전자기기를 끄겠다는 여러분의 결정을 환영한다. 7일이면 되는데, 쉽지 않은가? 평생 전자기기를 끊으라는 것도, 아예 내다 버리라는 것도 아니다. 우리 모두가 초연결된 사회에서 살고 있으며 집에서도 업무를 보고 이메일에 답하고 소셜미디어를 해야 한다는 압박감에 시달린다는 것은 잘 안다. 하지만 내가 권하는 건 자기 전 30~60분 동안만 집의 모든 전자기기를 끄라는 것이다. 나부터 가볍게 시작하되, 텔레비전을 좋아하는 배우자와 함께 시도해 보자고 권하거나 다른 방에서 자도록 하자

(이번 수면 챌린지를 마칠 때까지만 그렇게 하면 된다. 물론 가족들도 여러분과 함께한다면 금상첨화다).

프로토콜에 참여하는 분들은 대개 자녀들이 곧장 전자기기 거리두기에 합류하길 바란다. 하지만 나는 우선 여러분이 직접 거리두기를 실천해서 원하는 변화를 불러일으켰으면 한다. 방법은 아래와 같다.

취침 전 전자기기 거리두기 3단계

▸ 1단계

7일 수면 챌린지를 할 때처럼 취침·기상시간을 정하자. 그런 다음 종이에 그 내용을 적어 두자. 여러분 자신과 7일 수면 챌린지를 시작하겠다는 계약을 맺는 것이다.

▸ 2단계

전자기기 거리두기가 어렵게 느껴진다면 우선 30분만 실천해보자. "전에 회사에서 선생님 강연을 들었을 때부터 이 단계를 실천하고 있다고요."라고 생각하는 성공지향적인 독자라면 거리두기 시간을 60분까지 늘리길 권한다. 스마트폰, 태블릿, 전자책 리더기, 노트북, 텔레비전 등 모든 전자기기와 거리두기를 하자.

▸ **3단계**

전자기기를 쓰지 않고도 할 수 있는 다른 활동을 찾아보자. 개인적으로는 설거지를 하거나 강아지와 함께 산책을 한 번 더 나가는 것을 추천한다. 나는 종종 주물 프라이팬에서 탄 달걀을 긁어내기도 한다. 다음날 식사를 준비하는 등 소소한 집안일을 해도 좋다. 뜨개질, 일기 쓰기, 어른용 색칠공부처럼 다시 폰을 집어들고 싶은 유혹에 빠지지 않게끔 손을 바쁘게 놀릴 수 있는 일은 뭐든 좋다.

▸ **4단계**

종이와 펜을 집어들고 뇌 비움을 하자. 뇌 비움은 일기 쓰기와는 다르다. 뇌 비움이란 목록을 작성하는 것으로, 단어 하나만 써도 좋고 마음내키는 대로 구절 한 줄만 써도 된다. 정확한 구두점과 문법을 갖춘 완성된 문장으로 쓸 필요는 없다. 종이와 펜을 집어들고 아래 문항에 답해 보자. 하나만 해도 되고 모두 답해도 좋다. 1~3번 문항은 바쁜 뇌 증후군을 맴도는 불안 반추를 머리에서 종이로 옮기고, 4~7번 문항은 내가 지닌 리더의 자질을 분석하기 위한 것이다.

1. 사생활을 위해 할 일은 무엇인가?

2. 내일 업무를 위해 할 일은 무엇인가?

3. 지금 기분은 어떤가? 왜 그런 기분이 드는가?

4. 오늘 누군가에게 감사하는 순간이 있었는가? 그 사람에게 감사를 표했는가?

5. 오늘 잘 풀린 일은 무엇인가?

6. 오늘 다른 식으로 할 수도 있었던 일은 무엇인가?

7. 내일 할 일을 한 가지 꼽는다면 무엇인가?

TIP 3주차 • 뇌 활동 요약

- ✓ 2주차의 수면 챌린지를 이어가자. 취침 및 기상시간을 정해두고 지키자.
- ✓ 잠자리에 들기 전 60분간 전자기기 거리두기를 하자. 너무 어렵다면 30분부터 시작하자.
- ✓ 자기 전에 규칙적으로 실천할 수 있고 마음을 편안히 갖는 데 도움이 될 만한 일들을 찾아보자.
- ✓ 자기 전에 생각이 꼬리에 꼬리를 문다면 뇌 비움을 실천하자.

속성 뇌 회복 | 전자기기 거리두기

- 스마트폰을 알람시계로 쓰지 않는다. 아침에 손닿는 곳에 폰을 두면 일어나자마자 소셜미디어나 일정을 확인하고 싶은 충동이 들 것이다. 잠에서 깨어 몸을 일으키기도 전에 스트레스 호르몬 수치를 높이는 짓은 하지 말자.
- 강박에 시달려 폰을 확인하지 말고 필요에 따라 활용하자. 일할 때는 자리에서 일어나야 폰을 확인할 수 있게끔 폰을

책상에서 2~3미터 떨어진 곳에 두자.
- 스마트폰의 알림, 특히 뉴스 알림을 꺼두자. 소셜미디어 자동 로그인도 끄자. 이렇게까지 해야 하나 싶겠지만 로그인하는 데 시간이 걸리면 무심코 소셜미디어를 켰다가 헤어나오지 못하는 일이 줄어든다.
- 책상이나 침대 협탁 옆의 폰을 두던 자리에 촉각, 후각, 시각을 자극하는 물건을 놓아두자. 에센셜 오일, 액자에 넣은 사진, 꽃병, 스트레스를 풀어주는 촉각인형 등이 한 예다. 디지털 화면을 보며 도파민 수치를 높이고픈 충동이 들 때는 주변에 놓아둔 물건에 집중하자.

13

4주차 뇌 회복 프로토콜
: 뇌 끄기를 실천하자

처음 호텔 로비에서 로레인을 만났을 당시 그녀는 미용실에서 손질한 갈색머리에 멀리서도 빛나는 따뜻하고 진심어린 미소를 띠고 있었다. 이렇게 진심어린 환대는 배워서 할 수 있는 게 아니라 DNA에 새겨진 것이다. 업무와 출장으로 피곤한 하루 끝에 그녀를 만나면 마치 좋아하는 이모네 집 소파에 몸을 기대고 핫 초콜릿 한 잔을 받아 마시는 것 같은 느낌이 들었다. 로레인은 지난 14년간 에보에서 근무했고, 캘리포니아 남부 지역에서 수십 년간 업무상 인맥과 개인적 인간관계를 이어 왔다. 포상을 여러 번 받은 영업부장으로서 여러 업적을 쌓았지만, 뭐니뭐니해도 그녀의 장점은 모든 부하직원이 걱정과 희망을 털어놓는 멘토 겸 친구 노릇을 한다는 것이었다. 정작 로레인 자신은 남의 도움이나 조언을 청하지 않았지만, 주변 사람들에게는 기꺼이 바위처럼 든든한 존재가 되어 주었다.

2015년 에보의 리더십 컨퍼런스에서 로레인을 마주한 뒤 최고건강책임자로서 조직에서 내 역할이 커지면서, 나는 그녀를 동료일 뿐 아니라 친구이자 존경스러운 여성 리더로 여기게 되었다. 2020년 팬데믹이 번지면서 호텔은 투숙률이 급감하거나 문을 닫았다. 에보의 영업팀 전체가 일시 해고의 험난한 시기를 견뎌냈고, 영업사원은 70% 이상 축소되었다. 회사에 남은 로레인을 포함한 직원들은 가족 같던 유능한 동료들과 헤어져야 했을 뿐 아니라 객실 영업을 유지하느라 고군분투해야 했다. 캘리포니아 남부 지역은 컨벤션에 참여하는 직장인과 관광객이 넘쳐났으므로 이런 상황은 흔치 않았다. 직원 모두가 그랬듯 그녀 또한 월급이 깎이고 업무와 역할은 늘어났다. 하지만 시대의 풍파에도 불구하고 로레인은 미소에 담긴 친절한 분위기를 지켜냈다.

팬데믹에서 천천히 벗어나던 2021년, 우리는 에보의 임직원이 바쁜 뇌 증후군과 번아웃에서 회복하는 것을 돕기 위해 8주 뇌 회복 프로토콜을 개시했다. 로레인은 가장 먼저 프로토콜에 등록했을 뿐 아니라 바쁜 뇌 증후군에 시달리는 다른 영업사원들에게도 열띤 홍보를 해주었다.

프로토콜 3주차, 로레인의 이름이 내 받은메일함에 떴다. 그 순간 본능적으로 뭔가 문제가 생겼다는 생각이 들었다. 메일은 감사와 사과의 말로 시작되었고, 이어 바쁘신 와중에 죄송하지만 좀 도와 달라는 정중한 부탁이 이어졌다. 그녀가 도움을 청하다니 뭔가가 단단히 잘못된 것이 분명했다.

통화가 연결될 즈음, 그녀의 마음은 두서없이 반복되는 생각으로 가득했다. 이런 모습은 처음이었다. 전화기 너머에서 긴장된 목소리가 두려움, 불안, 문제에 대한 이야기를 반복하자 걱정이 들었다. 로레인은 잠깐 반추를 멈추고 말도 안 되는 해결책을 내놨다가 다시 두려움, 걱정, 문제에 대한 이야기를 되풀이했다.

"로미 선생님, 제 나이에 어떻게 또 일자리를 구하죠? 지금 상태로는 아무 데서도 절 써줄 것 같지 않아요."

"호텔 산업은 이제 죽었는데 다른 데 취직할 도리가 없어요."

"아직 퇴직하기에는 일러요. 코스트코에서 시간제 직원으로 일해야겠어요. 최소한 장볼 때 직원 할인은 받을 수 있잖아요."

온갖 걱정을 들으면서 나는 한 가지 사실을 도출할 수 있었다. 관할 지역에서 호텔 몇 곳이 매각되어 에보 산하에서 벗어난 탓에, 로레인은 자기 자리가 없어질 테고 회사에서 쫓겨날 거라 믿었다. 나는 걱정에 가득한 그녀의 목소리가 여러 시나리

오를 짜는 것을 찬찬히 들었다.

로레인의 마음속에서는 부정적이고 걱정 가득한 생각이 무한반복 되고 있었다. 이를 다른 말로는 불안 반추라 한다. 불안 반추는 바쁜 뇌 증후군의 주요 증상이다. 바쁜 뇌는 걱정거리에 대한 해결책이나 긍정적 결말이 보이지 않는 길로 그녀를 이끌었다. 수십 년간 최고의 영업 실적을 갱신해 왔는데도 곧 강제 퇴직을 당하거나 아예 업계를 떠나야 할 거라 확신하고 있었다. 바쁜 뇌는 아무 데에도 취직할 수 없고, 아무도 그녀를 원하지 않고, 퇴직도 할 수 없는 미래를 그려보였다. 바쁜 뇌가 상상한 미래는 그녀를 집, 친구, 35년간의 결혼생활을 몽땅 잃어버릴지도 모른다는 두려움으로 몰아넣었다. 로레인은 이어 어떤 지침이 필요한가에 대한 지침을 내게 제시했다. "로미 선생님, 잠깐 멈추고 심호흡을 하라거나 명상을 추천하지는 말아 주세요. 이미 여러 번 해 봤는데 감정이 악화될 뿐이었거든요. 걱정을 멈출 수가 없어요. 제가 상황을 주도하는 게 낫겠어요. 그래서 그냥 마음 먹었어요. 위에서 연락이 오면 그냥 사직서를 내고 준비해 둔 말을 하겠다고요."

그 말을 끝으로 로레인은 더 이상 말할 힘이 남지 않았다. 잠시 멈추고 두 사람분의 심호흡을 하고 나자, 우선 그녀가 자발적으로 사직서를 내고 코스트코에 취직하는 것을 막아야겠다는 판단이 섰다. 상사에게 하겠다던 사직의 말을 해보라고 했다.

그리고 잘 들었다.

그녀의 말이 끝나자 나는 몸 상태가 어떤지 물었다. "몸이 온통 굳었어요. 뭔가 이상해요."

그런 다음 아래의 말을 반복해 보도록 권했다. "오늘은 사직하지 않아. 나는 하루 더 근무할 거야." 그 말을 들은 로레인은 잔뜩 굳어 치켜올라간 어깨에 긴장이 풀렸다고 했다.

나는 로레인에게 매일 아침 일어나서 거울을 보고 같은 말을 반복하도록 권했다. 우리는 아직 프로토콜 3주차를 실천하던 중이었다. 내 목표는 로레인이 8주 뇌 회복 프로토콜을 완수하도록 이끄는 것이었다. 나는 바로 불안 반추를 떨치기 위해 뇌 끄기를 하는 방법을 가르쳐주었다.

이후 매주 로레인과 연락을 취했고, 다행히도 그녀는 사직하지 않았다. 뇌 회복 프로토콜이 끝날 즈음 로레인은 내게 말해주었다. "뇌 회복을 끝냈더니 기분이 얼마나 달라지는지 놀라울 정도예요. 다시 삶의 운전대를 잡은 것 같고, '전인 360도 진단' 점수도 절반으로 줄었지 뭐예요!"

전인 360도 진단은 8주 뇌 회복 프로토콜 과정에서 기업과 개인에게 제공하는 온라인 자가진단이다. 반추와 걱정은 각기 다른 증상이지만 양쪽 모두 부정적인 생각을 반복할 때 나타나며 불안과 관련되어 있다. 로레인의 부정적 생각의 사이클을 반추라 한다. 그녀는 반추하고 있었고, 이어진 일대일 진단에서도 그녀가 불안 반추의 기준을 충족한다는 것이 뚜렷이 드러났다. 반추에는 부정적 사고 및 걱정의 원인과 결과에 대한 반복적인 생각 등의 증상이 수반된다.

반추의 반복적, 부정적 측면은 우울증과 범불안장애 발생의 원인이 된다. 반추는 기존의 정신건강 문제를 악화시키기도 한다. 반추는 상실감, 절망감, 실패감과 연관되므로 걱정과 약간 다르다. 로레인은 인정받는 전문가였는데도 자신이 실패작이라고 확신했다. 직업 전망에 대해서도 절망했고 당연히 상실감에 빠졌다.

걱정이란 곧 일어날 예정이거나 예상되는 사건, 위협, 위험에 대해 생각하면서 정신적 고민이나 동요가 일어나는 상태다. 걱정할 때는 해결책을 떠올리면 마음이 진정된다. 그러나 끈질기고 반복적인 걱정은 불안으로 이어질 수 있다. 불안 반추는 범불안장애의 증상으로 이어지는 반추다.

뇌 회복 꼬마습관 : 뇌 끄기

열정적이고 성공적이며 목표지향적인 직장인이 갑자기 주도권을 완전히 놓친 것처럼 느끼고 사직하거나, 결혼생활을 포기하거나, 평생지기에게 싫은 소리를 하는 이유가 무엇일까? 로레인의 사례를 보자. 그녀는 1년이 넘도록 만성 스트레스에 시달렸고 설상가상으로 추가 스트레스 요인이 발생했다. 그녀가 이끌던 호텔 여러 곳이 외부에 매각되었던 것이다. 평소의 스트레스 관리 테크닉은 효과가 없었고, 반복되는 부정적 생각이 불안 반추를 부채질했다. 불안 반추는 그녀가 해고되고 아무데도 재취직할 수 없을 거라고 믿게 했다. 로레인의 바쁜 뇌 속에서 불안 반추는 현실로 변모했다. 로레인과 대화하던 당시, 그녀는 이미 코스트코 직원이 되어 시식을 권하는 모습을 머릿속에 그리고 있었다.

여러분도 비슷한 상황에 처한 적이 있을까? 나는 책 초반에 언급했듯 클리닉에서 일하기 시작했던 시절을 떠올리며 그녀와 공감했다. 강연을 하고 상담을 하면서, 나는 요즘도 높은 성과를 올리는 임직원, 운동선수, 변호사, 의사로부터 비슷한 말을 듣는다. 불안 반추는 평소 업무에서 이론, 생각, 분석을 하는 데 익숙한 지적인 사람들 사이에서 더 흔히 나타난다. 그런데 바쁜 뇌 증후군을 겪으면 평소의 분석력은 사라지고 불안이 가득한 분석을 내놓거나, 정보 과다로 인해 아예 분석을 하지 못하거나, 불안 반추에 시달리게 된다. 불안 반추를 멈추지 못하면 낮에 집중해서 과제를 처리하고 밤에 숙면을 취하기가 어려워진다.

일상 스케줄에 추가 스트레스 요인이 쌓이면 상황을 제어하지 못할 것 같고, 불안이 심해지고, 잠을 이루지 못하고, 다시 바쁜 뇌 증후군의 사이클에 갇히게 된다. 지난 2주간 뇌 회복 단계를 쌓아 왔다면 이 사이클을 부술 바탕이 마련되었을 것이다.

여러분의 마음은 나도 안다. "베리류를 먹고 심호흡을 하세요. 다 괜찮아질 거예요."라는 말은 듣고 싶지 않을 것이다. 여러분은 이미 잠깐 다리를 뻗거나 1분간 마음챙김을 하라고 알려주는 스마트워치를 차고 있을지도 모른다. 스마트폰에 명상 앱이 네 개나 깔려 있는데도 불안한 생각에서 벗어나지 못하고, 어떤 앱을 켜고 수백 가지 명상 중에서 무엇을 고를지 모를 수도 있다(그리고 결국 앱이 자동으로 권해준 명상이 마음에 들지 않아 화가 날 수도 있다).

이번 주에는 뇌 끄기를 하는 법을 익혀 보자. 뇌 끄기란 바쁜 뇌 증후군을 겪고 있으며 걱정이 많고 불안에 시달리면서도 명상을 하거나 마음을 잠재우지 못하는 모든 성인에게 도움을 주기 위해 내가 고안한 용어다.

여러분은 혼자가 아니다. 걱정하고 반추한 끝에 불안 반추에 이른 사람에게 "진정해, 긴장을 풀어, 심호흡을 해봐."라고 말하면 증상이 악화된다는 것은 익히 검증된 과학적 사실이다.

뇌 끄기 1단계 : 현장에서 벗어나자

바쁜 뇌는 보고, 듣고, 만지고, 맛보고, 냄새가 나는 것에 반응한다. 우리의 오감은 스트레스를 받으면 더 민감해져서 뇌에 바쁜 뇌 모드를 지속하든지 아니면 진정하라는 신호를 보낸다. 업무 때문에 불안 반추에 시달릴 경우 현장은 책상, 사무실, 회사 건물이 된다. 범죄수사를 할 때 경찰이 둘러치는 노란 출입금지선을 상상하며 경계를 설정하자. 그런 다음 그곳에서 벗어나자. 말 그대로 화장실에 다녀오거나 잠깐 건물 밖으로 나가면 된다. 오랫동안 거리를 둘수록 더 쉽게 뇌를 회복할 수 있다. 스트레스 호르몬 수치를 조율하려면 야외의 자연으로 나가는 것이 가장 좋지만 현실은 업무 비상이 걸렸을 때 한가하게 숲길을 걸을 형편이 못 되니 적당한 선에서 타협하자.

뇌 끄기 2단계 : 감각을 재설정하자

현장을 떠났다면 오감을 최대한 재집중할 시간이다. 가장 쉬운 방법은 뭔가를 먹으면서 스트레스를 누그러뜨리는 것이다. 하지만 스트레스를 받을 때 입에 밀어넣는 음식은 대부분 혈당을 급격하게 올려 불안 반추를 악화시킨다. 불안 반추에 시달릴 때 효과적인 해결책은 사운드힐링[9] 형태의 음악을 듣거나 몸을 움직이며 신체적 감각을 느끼는 것이다.

▸ **선택 1: 소리 명상을 이용해서 뇌 끄기를 하자**

음악은 뇌와 몸이 느끼는 스트레스의 부정적 영향을 진정시키고 치유하는 것으로 알려져 있다. 음악요법은 불안 및 여타 질환을 치료하는 데 쓰는 검증된 수단이다. 최근 몇 년간 바이노럴 비트[10], 음파욕[11], 다양한 장르의 음악과 불안의 관계에 대한 연구가 진행되었다.

불안 반추 때문에 역량을 발휘하지 못한다는 것을 자각하고 현장에서 벗어나는 데 성공했다면 다음 단계는 사운드힐링을 활용하는 것이다. 특정 주파수의 음악을 통해 불안을 완화하고 숙면을 돕는 앱과 유튜브 영상이 여럿 나와 있다. 단 헤드폰을 쓰는 것이 중요하다. 양쪽 귀에 주파수가 미묘하게 다른 음악을 들려주기 때문이다. 연구에 따르면 20분만 들어도 증상이 완화되며, 2주간 규칙적으로 실천하면 불안 증상이 눈에 띄게 줄어든다고 한다.

---

9 사운드힐링(Sound Healing): 목소리나 소리를 이용한 명상의 일종으로 소리 명상이라고도 한다.
10 바이노럴 비트(Binaural Beats): 양쪽 귀에 주파수가 다른 음파를 동시에 들려주어 안정감을 느끼게 하는 것.
11 음파욕(Sound Bath): 다양한 소리의 진동을 느끼면서 안정을 찾는 명상.

▶ 선택 2 : 탈탈 털어내자

나는 이모들의 춤 실력을 물려받지는 못했다. 특히 펀자브 지방의 전통 춤인 방그라[12]에 젬병이다. 음악이 나오고 용기를 내어 무대에 올라도 엇박으로 몸을 흔드는 것처럼 보인다. 여러분도 나와 함께하면 어떨까? 무대를 휘어잡는 댄싱퀸이든 벽에 붙어선 구경꾼이든 간에, 모두 몸 흔들기 요법을 시도해 보길 바란다. 데이비드 버셀리(David Berceli) 박사는 이런 활동을 치유 전율 또는 신경적 전율이라고 이름지었다. 몸을 흔들어 긴장과 트라우마를 떨쳐내고 신경계를 조율하는 치유법이다.

어떻게 떨쳐내냐고? 이번에도 마찬가지로 현장과 거리를 둔다. 앉아서 털어도 좋고 서서 털어도 된다. 팔이나 다리 등 몸의 한 부위부터 시작하자. 그리고 털자. 10~30초 정도부터 시작하자. 몸 일부에 계속 집중해도 되고 몸 전체를 털어도 좋다. 바보 같은 몸짓을 하며 양쪽을 털자. 팔다리만 떨어도 되고 일어나서 전신을 떨어도 상관없다. 30초가 지나면 잠깐 멈추고 몸에 어떤 느낌이 드는지 보자.

---

[12] 방그라(Bhangra): 추수를 축하하기 위해 원을 그리며 추는 펀자브 지방의 민속춤.

🧠 뇌 끄기 3단계 : 영양제 복용을 고려하자

뇌 회복 2주차에서 5-하이드록시트립토판과 글리신산 마그네슘의 장점에 대해 다룬 바 있다. 이들 영양제는 밤에 먹어도 낮 동안의 불안 반추 증상을 완화해 준다. 수면을 회복하고 세로토닌 수치가 높아지면서 증상이 개선된다.

5-하이드록시트립토판이 금기시된다면 L-테아닌을 시도해도 된다. 아미노산인 L-테아닌은 중등증 및 중증 수준의 불안에 효과적인 치료제로서 졸음을 유발하거나 항우울제 및 세로토닌 수치를 높이는 여타 약물에 간섭하지 않는다.

전통 중의학에서는 수 세기 동안 녹차를 활용했다. 녹차에는 아미노산인 L-테아닌을 포함한 여러 생리활성 요소가 함유되어 있다. 요즘은 녹차에서 L-테아닌을 추출해서 불안 증상을 치료하는 데 쓰고 있다. L-테아닌의 항불안 효과는 뇌의 알파파 활동을 촉진하고 감마아미노부티르산(GABA) 합성을 늘리는 데서 비롯된다. 감마아미노부티르산이 증가하면 뇌내 도파민과 세로토닌 수치가 높아져서 전반적으로 진정되고 기분이 편안해진다. 감마아미노부티르산은 뇌에서 신호를 전달하는 화학물질인 신경전달물질로서 중추신경계(뇌와 척추)에서 특정 신호를 막아 뇌의 속도를 늦춘다. 감마아미노부티르산은 특히 진정 효과가 있는 것으로 알려져 있다.

50mg에서 시작해서 200mg까지 늘려도 된다. 영양제를 복용하고 30분 뒤부터 진정 효과가 나타날 것이다. 내성이나 의존성이 생길 가능성이 없으며 심각한 부작용이나 여타 자연제품 또는 처방약과의 간섭에 대한 보고도 없다.

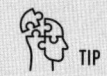 TIP

4주차 뇌 활동 요약

이번 주 뇌 회복 꼬마습관은 뇌 끄기를 실천하는 것이다. 이제 바쁜 뇌의 일시정지 버튼을 누르기 위한 3/30 테크닉을 실천해 보자. 3/30 테크닉이란 낮에 3분간, 잠자리에 들기 전 30분간 뇌 끄기를 하는 것이다. 1-3주차 뇌 회복 프로토콜도 계속 실천하자.

✓ 낮시간의 뇌 끄기

- 1단계: 근무시간 중 중요한 타이밍에 뇌 끄기를 할 시간을 정해 두자. 일정이 통제를 벗어날 때까지 기다리지 말자. 화상회의, 팀 회의, 이메일 처리 등을 하기 전에 뇌 끄기 일정을 잡아 두어야 한다. 이때 가능하면 업무현장에서 벗어나 시각, 청각, 촉각, 미각, 후각을 자극하는 물건에 집중하며 감각을 회복하는 것이 좋다.
- 2단계: 하루 중 언제든 불안 반추가 활개치는 느낌이 든다면 업무 현장에서 잠깐 벗어나 사운드힐링을 하거나 몸을 털어내자. 불안을 해소하는 바이노럴 비트가 나오는 앱을 다운받아 20분간 틀어도 좋다.
- 3단계: 업무, 회의, 집안일을 재개할 준비가 되었다면 목표

를 정하자. "나는 집중하고 있다. 나는 ____에 집중할 것이다."라고 큰 소리로 말하면 된다. 그런 다음 3~5분간 그 과제에 집중하자.

✓ 저녁시간의 뇌 끄기

- 1단계: 뇌 회복 프로토콜 2주차에 실천했던 대로 일정한 취침·기상시간을 정하고 실천한다.
- 2단계: 전자기기에 안녕을 고하고, 잠자리에 들기 전 30~60분간 전자기기 거리두기를 실천한다.
- 3단계: 취침 전 일과에 뇌 끄기를 추가한다. 자기 전 사운드 힐링을 하되, 폰을 음악이나 명상에 활용할 경우 무심코 폰에 정신을 빼앗기지 않도록 주의한다.

로레인은 그 뒤로도 여전히 에보에서 높은 성과를 내다가 2022년 전국 규모의 호텔경영을 관장하는 새로운 조직으로 승진 제안을 받았다. 뇌 회복을 마친 로레인은 숙고 끝에 결정을 내렸다. "작년에 제가 이 업계를 떠나거나 영업 일을 내려놓을 생각을 했다니 믿기지 않아요."

🧠 1-4주차 뇌 회복 꼬마습관 요약

뇌 회복 꼬마습관은 전 주차의 습관 위에 쌓아올리는 것이다. 지금까지 시작한 꼬마습관은 다음과 같다.

- **1주차 뇌 회복 꼬마습관** : 8주 뇌 회복 여정을 통해 달성하려는 구체적 목표와 결과를 정하자. 4주차에 들어서면 뇌 회복 프로토콜의 중간 지점에 도달한 셈이다. 얼마나 발전했는지 돌아보기에 좋은 시점이다. 수면시간과 질이 나아지고 있는가? 할 일을 더 많이 처리하고 있는가?

- **2주차 뇌 회복 꼬마습관** : 밤의 취침시간과 아침의 기상시간을 정하자.

- **3주차 뇌 회복 꼬마습관** : 자기 전 30~60분간 전자기기 거리두기를 추가할 시점이다. 자기 전 화면을 들여다보는 대신 마음을 가라앉힐 다른 소일거리를 찾아보자.

- **4주차 뇌 회복 꼬마습관** : 낮 동안과 자기 전 3분간 뇌 끄기를 할 시간을 정해 두자.

14
5주차 뇌 회복 프로토콜
: 식생활을 바이오해킹하자

 어린 시절, 이모들은 내 안의 의사 지망생이 평정심을 잃을 때마다 힌두어로 '무 미타 카로(Muh mitha karo)'라고 말씀하셨다. 내가 지루해하거나 짜증을 내면 "무 미타 카로. 착하지. 커서 의사 선생님이 되려면 저기 가서 백과사전의 다음 권을 읽으려무나."라는 말을 자주 들었다. 의대생 시절, 사랑이 넘치는 집이 아니라 병원 병동에나 어울리는 무뚝뚝한 말투를 쓰자 그 말을 더 자주 들었다.
 "이런, 이런, 무 미타 카로, 나중에 시어머니한테도 그렇게 대놓고 말하면 큰일이여(실제로 그렇게 했고, 그건 이혼에 이른 많은 이유 중 하나였다. 이모들께 죄송하면서도 죄송하지 않은 마음이다)." 이모들은 혀를 차며 차이티 한 잔을 내주고 어른들과 함께 앉아서 미래의 신붓감에게 어울리는 예절을 더 익히라고 하셨다.

어른이 된 '착한 아이'는 불안에 시달렸고 의사 생활의 목표를 놓쳤으며 버거운 상황 탓에 자제력과 차분함을 잃었다. 호출기가 울리면 주의력을 집중하고 환자를 살피러 갔지만, 바쁜 뇌 증후군에서 탈출하지는 못했다. 내게 애정 넘치는 어머니 같았던 분들(어린 시절의 이모들이나 우리 병동의 수간호사)은 내게 보상이 필요하다 싶으면 내가 즐기는 유일한 중독성 물질, 즉 초콜릿으로 기운을 채워주셨다. 누군가 내게 작년 핼러윈 때 산 유통기한이 지난 단것을 내민다면 그건 내가 상대를 정말 화나게 했다는 증거다. 물론 개의치 않고 먹었지만.

'무 미타 카로'를 말 그대로 옮기면 '입을 달게 하렴'이라는 뜻이다. 직설적인 말 대신 공손하고 예절 바른 표현을 쓰라는 뜻이었겠지만 그 말은 내 뇌가 말 그대로 단것, 특히 초콜릿을 갈망하도록 훈련시켰다. '무 미타 카로'는 또한 향신료를 듬뿍 넣은 요리를 먹거나 어려운 과제를 마친 다음 단것을 즐기는 인도 전통문화의 일부이기도 하다.

이 책의 최종 원고를 완성하는 사이, 글루텐프리 걸스카우트 쿠키를 두 통째 즐겁게 먹어 치운 나는 무 미타 카로가 삶의 달콤한 보상을 의미한다는 것을 깨달았다. 애정이 담기고 배려 있는 말이나 좋아하는 소울푸드처럼 누구나 삶에서 좀 더 달콤한 것들이 필요하지 않을까.

나는 인도와 아유르베다에 뿌리를 두고 있다. 아유르베다는 세계에서 가장 오래된 의학으로, 5천 년이 넘는 역사를 지니고 있다. 생강차, 뼈를 곤 국물, 오일풀링[13] 등 오늘날 천연식품점 진열대에 놓여 있는 근사한 치료제는 인도의 의식에 바탕을 둔 것들이 많다.

아유르베다는 불균형이나 스트레스가 인간의 의식에 질병을 일으킨다는 생각에 바탕을 둔 의학체계다. 아유르베다에서 치료는 전인(정신, 몸, 영)의 균형을 맞추는 데 바탕을 둔다. 흥미롭게도 아유르베다 의학에는 단것을 완전히 배제하면 몸이 제대로 기능할 수 없다는 원칙이 있다. 그렇다고 해서 식전에 초콜릿, 쿠키, 치즈케이크를 먹으라는 말은 아니다. 요즘은 단것(탄수화물)이 세포의 성장과 회복에 필수적이며 적당히 먹으면 유익하다는 사실이 잘 알려져 있다. 전통 인도 요리에서는 당지수가 높은 백설탕이나 흰 밀가루를 쓰는 경우가 거의 없다. 인도 요리에서 탄수화물이란 포만감을 주는 바스마티 쌀[14], 로티[15], 난[16],

---

13 오일풀링(Oil Pulling): 물 대신 기름으로 가글을 하는 아유르베다의 해독요법.
14 바스마티 쌀(Basmati Rice): 힌디어로 '향기롭다'는 뜻이 있는 끈기가 약한 장립종 쌀로 당지수가 비교적 낮아 건강 식재료로 꼽힌다.
15 로티(Roti): 발효시키지 않은 통밀가루로 만들며 북인도 지방에서 즐겨 먹는 납작한 빵의 총칭.
16 난(Naan): 발효시킨 밀가루 반죽을 화덕에 붙여 만든 납작한 빵.

감자를 의미한다.

그래서 우리 이모들의 지혜는 이번에도 지당하다는 것이 증명되었다. 음식은 영혼의 약이다. 나도 음식이란 곧 사랑의 언어라 생각한다. 서로 다이어트 이데올로기를 강요하며 영혼을 갉아먹고 사랑을 가로막을 필요가 있을까?

내 지침을 오해하지 말기 바란다. 정제당, 인스턴트 식품, 패스트푸드점의 감자튀김을 맘껏 먹으라는 말이 아니다. 소울푸드와 스트레스성 섭식의 차이는 2부 7장에서 이미 다룬 바 있다.

뇌 회복 꼬마습관 : 적이 아니라 아군인 탄수화물

소울푸드는 우리를 가족, 주상, 종교적 명절, 국경일, 출신 구가 및 지역, 추억과 엮어 주는 보편적인 사랑의 언어다. 우리를 묶는 끈은 기쁨, 축복, 사랑이다. 팬데믹 시기, 나는 외할머니표 양고기 비리야니를 만들어 보았다. 마침내 비슷한 맛을 내게 되자 바쁜 뇌 안에서 두 목소리가 입씨름을 벌였다. 하나는 비판의 목소리였다. '넌 정말 못 말리겠구나. 이 요리에 항염 효과가 있는 재료는 하나도 들어가지 않았다고.' 또 하나는 할머니가 하늘에서 내려다보며 내가 혼자가 아니라고 축복을 내려주는 듯한 사랑의 목소리였다. 그 비리야니를 먹자 사업을 일으키고 이 책의 바탕이 될 조사를 해야겠다는 의욕이 가득 찼다. 바쁜 뇌가 심어주는 자책 때문에 또 다른 클렌즈나 유행 다이어트, 친구가 했던 건강요법을 무작정 따라하는 건 이제 그만두자.

그보다는 여러분의 마음, 몸, 영혼을 존중하자. 프로토콜이 중반기에 접어든 지금, 목표는 회복성 수면을 취하는 것이다. 일주기리듬이 다시 균형을 찾으면 식욕을 관장하는 호르몬의 일종인 렙틴과 그렐린의 균형이 맞기 시작한다. 렙틴은 식욕을 떨어뜨리고 그렐린은 끌어올린다. 스트레스성 섭식이란 코티솔 수치가 올라가서 혈당을 낮추거나 혈중 미네랄 균형에 영향을 주어 과도한 당, 탄수화물, 짠 음식을 추구하게 되는 증상이다. 스트레스를 받으면 그렐린 수치도 상승한다. 그래서 나도 모르게 찬장에 처박아뒀던 오래된 치즈 도리토에 손을 뻗게 되는 것이다.

물론 자신에게 맞는 영양 식단을 찾고 엄격하게 지키는 사람들을 비난할 생각은 추호도 없다. 하지만 유행 다이어트로 성공하는 사람들은 많지 않다. 적절한 건강 식단을 찾기 위해 폭넓게 조사해 본 결과, 당지수가 낮고 항염 효과가 있는 음식을 먹으면 뇌건강과 장건강이 좋아진다는 사실에는 의심의 여지가 없다.

클린식[17]을 시도해 본 적이 있는가? 그렇다면 식단을 얼마나

---

17 클린식(Clean Eating): 유기농 채소, 과일, 통곡물, 고기류를 먹고 정제곡물과 가공식품을 끊는 식이요법.

오래 유지하다가 소위 말하는 '치팅데이'를 했는가? 통합의학 클리닉에서 진료를 보던 시절 내 차트는 비건, 홀30[18], 팔레오, 애트킨스[19], 키토제닉 식단을 엄격하게 지키는 사람들로 가득했다. 하지만 그들은 여전히 바쁜 뇌 증후군에 시달렸다.

이후 최고건강책임자가 되어 7천 명이 넘는 직원을 위해 현장에서 일하면서 현실을 더 정확히 파악하게 되었다. 삶은 복잡하고, 매일은 스트레스 요인으로 가득하다. 다들 업무와 개인생활(비슷한 무언가)의 균형을 맞추는 데 에너지를 소비한다. 게다가 에보의 직원은 무척 다양한 배경 출신이었는데, 요즘 10위권에 드는 유행 다이어트들을 보면 미국의 건강 시장이 다양한 종교, 국가, 인종, 민족의 전통 음식을 고려하지 않는다는 사실이 뚜렷이 드러난다.

뇌 회복 프로토콜의 목표는 비건, 초콜릿 마니아, 팔레오 시단 추종자, 카페인 애호가 등 모두가 함께 식탁에 앉을 수 있도록 하는 것이다.

---

18 홀30(Whole 30): 30일간 설탕, 알코올, 곡물, 유제품, 콩류, 견과류, 씨앗, 가공 식품을 먹지 않고 과일, 야채, 고기, 생선, 달걀을 먹는 다이어트.
19 애트킨스 다이어트(Atkins Diet): 황제 다이어트라고도 하며, 탄수화물의 섭취를 금하고 단백질 섭취를 늘리는 식이요법.

카페인-탄수화물 경험법칙

근처 카페에 가거나 오후의 티타임을 즐길 때 커피나 차에 설탕을 타서 마시는가? 아니면 식사로 밥, 파스타, 감자를 먹고 나서 일을 시작하기 전에 커피를 마시는가? 카페인이 든 음료에 설탕을 타거나 끼니 때 당지수가 높은 음식을 먹고 나서 커피를 마시는 등 당과 카페인이 만나면 바쁜 뇌 증후군의 증상이 악화된다. 커피에 힘입어 하루 12~14시간 전문의로 일했던 시절을 돌아본다. 초콜릿이나 단것을 먹으면 반짝 기운이 났지만 곧 힘이 빠지면서 더 지치고, 불안해지고, 업무가 밀렸다. 여러분도 업무시간에 비슷한 경험을 했을 것이다. 기운이 롤러코스터를 타는 것은 당지수가 높은 탄수화물 때문이다.

2부 7장에서 언급했듯 당지수가 높은 음식은 금방 소화·흡수되어 혈당을 급속히 올리는 탄수화물을 가리킨다. 당지수가 높은 음식은 백설탕, 흰 밀가루, 백미, 흰 감자, 흰 빵 등이 있다. 인도 출신 이모들은 흰 음식에 대해 나름 할 말이 많겠지만, 그래도 공손히 말해야겠다. "이모, 무 미타 카로를 따르셔야죠."

이번 주 뇌 회복 꼬마습관은 둘 중 하나를 택하는 것이다. 카페인을 먹든, 당지수가 높은 음식을 먹든 둘 중 하나를 고르고, 식사나 간식으로 카페인과 당을 섞어 먹지 않으면 된다. 당지수가 높은 음식을 먹었다면 앞뒤로 최소 1시간 동안 카페인을 섭취하지 말자. 차, 커피, 청량음료에 당을 첨가하는 것도 금물이다. 매운 음식을 먹거나 스트레스를 받고 나서 '무 미타 카로'를 따르고 싶어진다면 카페인 음료는 피하자.

이모들이 또다시 이마를 짚는 모습이 눈에 선하다. 입버릇처럼 하시는 말씀이 귀에 쟁쟁하다. "이런 이런, 그럼 오후에 손님과 차이티를 마실 때는 대체 뭘 내놓으란 말이냐? 방금 해로즈에서 고급 티 비스킷을 주문했는데. 저녁 식사로 매콤한 할림과 비리야니를 낸 다음에는? 제대로 된 안주인이라면 입을 달게 해주는 법이야. 향료를 듬뿍 넣은 든든한 식사 뒤에 후식을 내는 건 손님맞이의 기본이란 말이다."

티타임에 즐기는 쿠키, 아침의 아이스커피와 함께 먹는 베이글, 에스프레소와 함께 먹는 크루아상 등 사람들은 뇌를 위한 두 가지 에너지원을 함께 먹는 습관이 있다. 당에 이어 카페인을 먹는 것이다. 하지만 둘 중 하나를 고르고, 두 가지를 동시에 먹지는 말자.

뇌 안의 당은 염증을 촉진해서 세로토닌 수치를 낮춘다. 뇌 회복 프로토콜 4주차인 지금까지 여러분은 숙면과 건강에 도움이 되도록 세로토닌 수치를 회복하는 데 주력했다. 여러분에게서 탄수화물을 빼앗으려는 것은 아니다. 다만 바쁜 뇌 증후군에 미치는 영향을 최소화하려는 것뿐이다.

카페인과 백설탕을 섞으면 바쁜 뇌 회로에 과부하를 걸어 불안과 주의력장애가 심해진다. 그 결과 불안이 깊어지고, 더 길고 복잡해진 할 일 목록을 두고 자책에 빠진다. 그러니 이제 카페인이 든 음료를 마실 때는 당, 백설탕, 원당, 꿀, 아가베시럽, 흰 밀가루, 백미, 흰 감자, 흰 빵만큼은 꼭 피하도록 하자. 무슨 말인지 잘 알았을 것이다.

분명히 말해 두지만 나는 당이나 당지수가 높은 음식에 반대하는 것이 아니다. 여러분의 바쁜 뇌를 진정시키는 데 도움이 되는 가장 강력한 꼬마습관이자 뇌 회복 지침을 제시하는 것뿐이다. 신경과와 통합의학에서 수십 년의 경험을 쌓은 끝에, 나는 당지수가 낮은 식단을 계속 유지하는 것은 어려운 수준을 넘어 거의 불가능에 가깝다는 것을 알게 되었다. 우리 이모들만 '무 미타 카로'를 따르는 것은 아니다. 뇌 회복을 위해 우리가 실천할 수 있는 가장 현실적이고 강력한 습관은 당과 카페인 중 하나를 택하는 것이다.

건강식단이 이렇게 단순해도 되냐고? 2022년 말, 우리는 교사를 위한 8주 뇌 회복 프로토콜을 진행했다. 뉴욕의 큰 학구에서 교장으로 근무 중인 펠리시아는 숙면을 취할뿐더러 8~9시간가량 잔다고 했다. 일어나면 아침을 먹을 생각이 들지 않았고, 10시 즈음에 갑자기 기운이 빠졌다. 간식거리로 인스턴트 오트밀을 가방에 넣어 다녔지만 종일 무기력했다. 뇌 회복 프로토콜을 시작할 즈음, 그녀는 업무를 처리하기에는 자신이 너무 늦은 걸까 고민하고 있었다(50대 초반이었다). 그러던 중 펠리시아는 위에서 소개한 단 하나의 뇌 회복 꼬마습관을 실천했다. 당지수가 높은 인스턴트 오트밀을 오버나이트 오트밀[20]로 바꾸고, 오전 10시경 베리류와 함께 먹었다. 그리고 한 시간쯤 지나 커피를 마셨다. 커피에는 꿀 대신 스테비아를 넣었다. 채 1주일이 지나기도 전에 펠리시아는 기운이 나고 카페인을 덜 찾게 되었으며 집중력을 되찾았다고 말했다.

---

20 오버나이트 오트밀(Overnight Oats): 말린 귀리에 요거트나 우유를 부어 밤새 냉장고에 넣어 두었다가 먹는 건강식 아침식사.

5주차 뇌 활동 요약

축하한다. 여러분은 뇌 회복 프로토콜을 절반이나 해냈다. 1-4주차에는 건강과 수면을 되찾기 위해 꼬마습관을 쌓아올리는 데 주력했다. 5-8주차에는 낮의 에너지, 집중력, 기분을 향상시키기 위한 뇌 회복에 집중할 예정이다.

다음 단계로는 몸에 어떻게 연료를 공급할지, 또 어떤 음식을 먹을지에 초점을 맞출 것이다. 이번 주 뇌 회복 꼬마습관은 식단을 손쉽게 바이오해킹하는 것이다.

1. 카페인이 함유된 음식 또는 음료를 섭취할 경우, 전후 1시간 동안 백설탕, 백미, 흰 감자, 흰 빵, 흰 밀가루가 든 음식은 피하자.
2. 카페인이 든 음료에 단맛을 첨가하고 싶다면 스테비아나 코코넛오일 등 당지수가 낮은 감미료를 사용하자.
3. 매 끼니, 당지수가 높은 음식을 낮은 음식으로 대체하자. 너무 어렵다면 한 끼부터 시작하자. 당지수가 낮은 대표적 식품으로는 고구마와 퀴노아가 있다.

계속 먹어도 무방한 당지수가 낮은 식품에 대해 좀 더 자세히 알고 싶다면 부록 B에 당지수가 낮은 식품의 목록을 실어두었으니 참고하기 바란다.
4. 우리 집의 경우, 망고가 '무 미타 카로'의 전통을 지켜준다는 것을 깨달았다.

이번 주에는 위의 간단한 바이오해킹을 실천하자. 곧장 집중력이 올라갈 것이다. 대규모 집단을 대상으로 뇌 회복 프로토콜을 진행해 본 바, 시작한 지 48시간까지는 지금까지 몸에 밴 습관과 당 소비의 변화 탓에 불편감이 들 수 있다. 그러나 7일이 지날 즈음에는 더 기운이 나고 복부팽만도 줄어든다.

🧠 1-5주차 뇌 회복 꼬마습관 요약

뇌 회복 꼬마습관은 전 주의 습관 위에 쌓아올리는 것이다.

- **1주차 뇌 회복 꼬마습관**: 8주 뇌 회복 여정에서 원하는 구체적 목표와 결과를 정하자. 얼마나 발전했는지 돌아보자. 수면시간과 질이 나아지고 있는가? 할 일을 더 많이 처리하고 있는가?

- **2주차 뇌 회복 꼬마습관**: 밤의 취침시간과 아침의 기상시간을 정하자.

- **3주차 뇌 회복 꼬마습관**: 자기 전 30~60분간 전자기기 거리두기를 추가할 시점이다. 자기 전에 화면을 들여다보는 대신 마음을 가라앉힐 다른 소일거리를 찾아보자.

- **4주차 뇌 회복 꼬마습관**: 낮 동안과 자기 전 3분간 뇌 끄기를 할 시간을 정해 두자.

- **5주차 뇌 회복 꼬마습관**: 이번 주에는 카페인을 섭취하고 나서 1시간 동안에는 당지수가 높은 음식(백설탕, 흰 밀가루, 흰 감자, 백미, 흰 빵)을 먹지 않도록 하자.

속성 뇌 회복 | 지금 행동을 개시하자

뇌에 활기를 주는 커피의 효과를 오래 유지하려면 어떻게 해야 할까? 우리는 티베트의 전통 버터 커피 포차(Pocha)에서 힌트를 얻었다. 대개 포차는 발효시킨 야크(Yak: 티베트 고원, 히말라야산맥, 몽골 북부 등지에서 사는 소) 버터와 홍차로 만든다. 건강한 천연 지방분과 카페인이 만나 오랫동안 뇌에 활기를 불어넣는다.

서구권에서는 '방탄커피(Bulletproof Coffee)' 등의 기업이 곰팡이 독소가 적은 유기농 커피와 특유의 중간사슬지방산(유익한 지방)이 든 유지류를 이용해서 비슷한 커피를 선보이고 있다.

1. 갓 간 유기농 커피(가능하면 공정무역 원두를 이용한다)를 내린다.
2. 유기농 코코넛오일을 1~2순가락 넣는다.
3. 유기농 무염버터를 1순가락 넣는다.

※참고: 위 조리법대로 차를 끓여보기도 했는데……. 음, 커피 맛이 더 낫다고 해두자. 이모들이 가르쳐 준 전통 차이 끓이는 법에 함부로 손대지 말아야겠다는 교훈을 얻었다.

---- 15 ----

6주차 뇌 회복 프로토콜
: 연료, 에너지, 집중력을 돌아보자

"간헐적 단식이 요즘 유행이지? 최신 유행 맞잖아? 나는 간헐적 단식을 어떻게 하는지 알아? 난 저녁 9시경에 마지막으로 초콜릿을 먹고, 그 뒤로는 아무것도 먹지 않아. 9시 1분에 린트[21]의 트러플을 하나 더 먹을 때도 있지만, 그러고 나면 완전 끝이지. 정말이라니까. 그러고선 아침 8시에 일어나. 우리 집의 온갖 동물들이 아우성을 치니까. 일어나면 제일 먼저 차고에 모인 산 고양이들에게 밥을 주지. 내 칼하트[22] 멜빵바지에 기어오르고 난리법석을 피워. 그런 다음에는 집 안으로 들어가서 요거트

---

21 린트(Lindt): 스위스의 초콜릿 브랜드.
22 칼하트(Carhartt): 일할 때 입는 캐주얼 의류를 생산하는 미국의 의류 브랜드.

랑 호박을 섞어서 응석받이 개 세 마리한테 나눠줘야 해. 개들도 유산균이 필요하겠지. 그리고 나서 내가 마실 아이스커피 한 잔을 겨우 따라서 손에 들고 헛간으로 달려가지. 말들이 마구간 벽을 발로 차서 구멍을 내기 전에 말야. 아직 건초를 주지 않았잖아? 매일 아침 잡일을 하는 데 세 시간 정도 걸려. 그러니까 열네 시간 동안 아무것도 먹지 않는 셈이지. 짠! 이게 바로 농장 아줌마 스타일 간헐적 단식이라니까."

유행 다이어트 및 매끼 카페인 또는 당지수가 높은 음식을 택일해서 먹으라는 뇌 회복 지침을 다룬 14장의 내용을 편집하면서 멜라니가 내게 했던 말이다. 멜라니는 말을 돌보는 한편 개발 편집자로 일하고 있다.

멜라니를 처음 만난 것은 신경과에서 통합의학으로 진로를 바꾸던 2013년 즈음이었다. 그녀는 내 생각과 미션에 대한 이야기를 처음 털어놓은, 많지 않은 사람들 중 하나였다. 멜라니는 내 결정을 나무라는 대신 애정을 담아 내 길을 좇도록 격려해 주었다. 그 뒤로도 내 사업의 비공식적 이모 노릇을 하며 새로운 제안을 할 때마다 웃음, 실용적 분석, 애정 어린 지혜를 아낌없이 내주었다. 이 책의 기획에 대한 말도 멜라니에게 처음 꺼냈다. 그녀는 집필에 착수하기 몇 년 전 조사를 시작할 때 계획을 짜는 것을 도와주었다. 조사가 다 되었다는 것을 깨닫고 내가 두서없는 글을 들고 찾아간 이모 또한 멜라니였다.

1장을 읽고 바쁜 뇌 증후군 자가진단을 해본 멜라니는 페이지 가장자리에 메모를 남겨두었다. "이런, 85점이나 나왔어!" 83점에 가까울 것이라 예상했는데 항상 기대 이상의 성과를 내는 멜라니인지라 2점이 더 나온 것 같다.

"정말 완벽한 타이밍에 책을 내 줬지 뭐야. 나도 바쁜 뇌 증후군을 겪고 있는 것 같거든. 그래서 하시모토 갑상선염이 악화되는 게 아닌가 싶어."

이후 몇 달에 걸쳐 원고를 쓰면서 우리는 매주 확인 전화를 나눴다. 그때마다 멜라니 이모는 복잡하고 긴 병력을 조금씩 펼쳐놓았다. 나는 그녀가 바쁜 뇌 증후군과 면역체계에서 기인한 온갖 증상을 겪고 있다는 사실을 알게 되었다. 수십 년간 일반 의학과 통합의학을 따르고 온갖 계획, 식단, 처방약을 시도했지만 허사였다. 멜라니는 바쁜 뇌가 농장의 동물들과 자신을 위해 일군 삶에 어떤 영향을 미쳤는지 말해주었다.

"작가들이 글을 쓰고 말들이 일할 수 있는 자연에 둘러싸인 공간을 꾸리려고 열심히 일했거든. 이제 좋아하는 작가들과 멋진 일을 하고 개, 고양이, 말 등 모든 동물들과 평화를 누리고 있어. 그런데도 거의 매일 불안에 시달린단 말야. 일을 하거나 동물들과 함께 있거나 자연에 나가 있을 때면 평화롭고 그 시간에 집중할 수 있는데, 혼자 있을 때면 대부분 불안한 상태야. 먹는 건 비교적 건강하게 먹는 편인데, 초콜릿이랑 단것을 제외하면……. 운동도 많이 해. 매일 8킬로미터 넘게 걷고 40킬로그램들이 건초통을 들거든. 그런데도 100에 99는 몸이 아파. 그럴 때면 도망치거나 싸워야 할 것 같은 긴장상태에 빠진 것 같아. 붕 뜬 느낌이 들 때도 있고."

농장일을 하고 말을 돌보고 책을 집필하고 여러 저자의 글을 편집하는 복잡한 일정에 엄격한 식단이 추가할 스트레스에 대해서도 한 마디 해야 할 것 같다. 집중력 결핍, 불안, 수면 문제 등 그녀가 겪는 증상은 내가 뇌 회복 프로토콜을 짜는 동안에도 끈질기게 이어졌다.

멜라니는 처음에는 수면 문제에 대해 말하길 꺼렸지만 곧 생각을 바꿨다. "알았어, 다 털어놓을게. 2017년에 심한 수면무호흡증 진단을 받고 몇 년간 양압기를 썼어. 그 뒤로 저용량 앰비엔[23]을 매일 밤 먹고 있지. 망할 양압기가 얼굴에 공기를 거세게 뿜어대는 통에 숨이 막히더라구. 하지만 요즘은 거의 매일 눕자마자 아침까지 8시간씩 자. 2019년에 마지막으로 수면검사를 했는데, 수면무호흡증이 없어졌다더라고." 나는 '무 미타 카로'를 최대한 동원해서 지금은 2022년이라고 말해주었다. 수면검사를 한 번 더 받아 보는 것이 도움이 될지도 모른다는 말과 함께.

그녀는 프로토콜을 읽고 평소 즐기는 당지수가 높은 음식을

---

23 앰비엔(Ambien): 졸피뎀 성분의 수면제.

먹어도 된다는 내용을 보더니 안도의 한숨을 내쉬었다. "카페인만 피하면 되는구나." 멜라니는 지난 주의 뇌 회복 꼬마습관을 실천했고 나는 덧붙였다. "농장 이모만 누릴 수 있는 호사를 맘껏 즐겨봐. 아침에 말을 돌보러 가기 전에 커피에 갓 만든 버터를 두 조각 넣고 코코넛 오일도 함께 넣으면 어떨까?" 그런데 멜라니는 자신이 눈 오는 날에도 아이스커피를 마신다는 말을 해주지 않았다(참고로 굳어진 코코넛 오일 덩어리가 뜬 커피는 쫀득쫀득한 맛이 난다고 한다).

그런 다음 멜라니는 1~4주에 실천한 꼬마습관 위에 끼니마다 유익한 지방을 먹으라는 지침을 추가했다. "전에 해본 다이어트에서는 다 금지했던 음식을 이렇게 먹다니……. 정말이지 처음이네." 우리는 매주 소울푸드를 즐겼고 멜라니는 안도감을 느꼈다. 그녀의 소울푸드는 농장 생활의 평화가 담긴 전원풍 요리였다. 완전 수제 쿠키, 수제 빵, 물론 농장에서 갓 만든 버터도 마찬가지다. 2주간 뇌 회복 꼬마습관을 실천한 뒤 멜라니가 이렇게 물은 것도 놀랄 일은 아니었다. "6개월간 칠면조랑 채소만 먹거나, 아마란스[24]를 생식하라는 엄격한 프로토콜이 아니라서 다행이야." 음식은 영혼의 약이다.

이번 주의 뇌 회복 꼬마습관은 단순하고 뇌와 몸에 하루종일

---

[24] 아마란스(Amaranth): 남미 안데스 산맥이 원산지인 영양소가 풍부한 슈퍼 곡물.

에너지를 공급하도록 되어 있다. 매 끼니마다 유익한 지방을 한 가지씩 추가하면 된다.

뇌 회복 꼬마습관 : 좋은 지방을 먹어라

지난 십여 년간 멜라니가 시도해 본 여러 엄격한 식단(개중에는 칠면조 가슴살과 일부 채소를 제외한 모든 음식을 6개월간 끊은 다음 아마란스 생식을 시작하는 극단적 식이요법도 있었다. 멜라니는 그때를 생각하면 아직도 진저리를 친다)은 모두 유지하기가 어렵고 스트레스 수치를 올린다. 대신, 나는 낮 동안의 에너지를 올리는 동시에 뇌와 몸에 에너지를 공급할 강력한 뇌 회복 꼬마습관을 고안했다.

나는 또한 여러분이 음식으로 스트레스를 누그러뜨리는 대신, 음식을 규칙적으로 먹는 편안함을 누리길 바란다. 멜라니의 유기농 버터를 듬뿍 바른 완전 수제 사워도우빵, 우리 외할머니의 펀자브식 비리야니 등 가족들과 함께 즐겨 먹는 음식으로 바쁜 뇌를 치유하는 것이다. 부록 C에는 내가 사랑하는 사람들, 햇병아리 의사 지망생 시절부터 스틸레토 힐을 신은 지금의 스테미니스트가 되기까지 내 삶의 모든 단계에서 마음의 평화를 선물해 준 분들이 즐기는 소울푸드를 담았다.

어떻게 이 모든 것을 달성할 수 있느냐고? 여러분의 영양공급을 고려한 이번 주 바이오해킹은 간단하다. 여러분이 좋아하는 (오메가3 지방산과 DHA가 풍부한 유익한) 지방의 목록을 만드는 것이다. 그런 다음 매끼마다 유익한 지방을 1~2회분 추가해서 먹으면 된다.

오메가3 지방산이 풍부한 음식은 다음과 같다. 자세한 목록은 부록 B를 참고하자.

- 생선 및 여타 해산물(특히 연어, 고등어, 참치, 청어, 정어리 등 지방이 풍부한 한해성 생선).
- 견과류와 종자류(아마씨, 치아씨, 호두 등)
- 식물성 기름(아마씨유, 대두유, 아보카도유 등)

여러분의 바쁜 뇌가 방금 패닉에 빠졌을지도 모르겠다. "어이쿠, 지방이 풍부한 음식을 먹으라뇨?"

8장에서 다뤘듯 바쁜 뇌 증후군 증상의 기저원인은 뇌세포의 소통방식을 흐트러뜨리는 특정 패턴의 신경염증이다. 바쁜 뇌 증후군을 유발하는 염증을 가라앉히려면 유익한 지방은 필수다.

저지방을 권장하는 일반적인 식단에서는 지방 섭취량의 균형이 맞지 않는다. 오메가3 다가불포화지방산(n-3 PUFA) 부족은 주의력결핍과잉행동장애, 불면 등 염증과 관련된 신경정신장애 및 신경장애를 유발한다. 수십 년간 저지방 식단을 하면 바쁜 뇌 증후군이라는 부작용이 따르게 된다. 유익한 지방을 섭취하면 뇌에 활기를 불어넣는 한편 해로운 복부지방도 줄어든다는 사실을 명심하자.

렙틴은 뇌에 배가 부르니 그만 먹으라는 신호를 보내고 효율적인 대사를 지원한다. 혈중 렙틴 수치가 너무 높으면 렙틴 저항성이 생긴다. 그러면 몸의 렙틴이 효과적으로 기능을 발휘하지 못해서 체중이 증가한다. 혈중 렙틴 농도가 높아지는 메커니즘은 무엇일까? 여러분도 짐작했겠지만 수면부족, 스트레스, 바쁜 뇌 증후군이다. 바쁜 뇌 증후군에 시달릴 때 증가하는 호르몬인 코티솔은 뇌의 렙틴 수용능력을 떨어뜨려 과식을 유발한다.

바쁜 뇌 증후군에 시달리면 스트레스 호르몬 수치가 높아져서 체중이 잘 줄어들지 않는다. 유이한 지방 섭취는 (수면과 더불어) 렙틴 수치를 회복하는 주된 영양 권장사항 중 하나다. 5~6주차가 끝날 즈음, 참가자의 60%가 복부팽만, 바지와 원피스 사이즈, 체중이 줄었다고 보고했다.

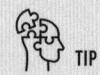 TIP 　　　　　　　　　6주차 뇌 활동 요약

- ✓ 오메가3 지방산이 풍부하면서 여러분이 좋아하는 음식의 목록을 만들자.
- ✓ 매 끼니와 간식 때 유익한 지방을 적어도 1회분 추가하자.
- ✓ 어유 영양제: 임상 연구에 따르면 효과적인 복용량은 일일 500~2,000mg이다. 오메가3 지방산의 비율이 오메가6 지방산보다 높은 영양제를 찾는 것이 가장 중요하다. 어유에 들어 있는 주요 오메가3는 EPA와 DHA로서 뇌의 성장과 기능에 긍정적 영향을 준다.

1-6주차 뇌 회복 꼬마습관 요약

• **1주차 뇌 회복 꼬마습관**: 8주 뇌 회복 여정을 통해 달성하려는 구체적 목표와 결과를 정하자.

• **2주차 뇌 회복 꼬마습관**: 밤의 취침시간과 아침의 기상시간을 정하자.

• **3주차 뇌 회복 꼬마습관**: 자기 전 30~60분간 전자기기 거리 두기를 추가할 시점이다. 자기 전에 화면을 들여다보는 대신 마음을 가라앉힐 다른 소일거리를 찾아보자.

• **4주차 뇌 회복 꼬마습관**: 낮 동안과 자기 전 3분간 뇌 끄기를 할 시간을 정해 두자.

• **5주차 뇌 회복 꼬마습관**: 카페인을 섭취하고 나서 1시간 동안에는 당지수가 높은 음식(백설탕, 흰 밀가루, 흰 감자, 백미, 흰 빵)을 먹지 않도록 하자.

• **6주차 뇌 회복 꼬마습관**: 여러분이 좋아하는 유익한 지방의 목록을 만들고 매 끼마다 유익한 지방을 1~2회분 추가하자.

속성 뇌 회복 | 지금 행동을 개시하자

어유 영양제를 먹을 경우 매일 저녁 비타민D3와 함께 복용하면 비타민 D3의 흡수와 대사에도 도움이 된다.

16

7주차 뇌 회복 프로토콜
: 슈퍼 뇌의 슈퍼 호르몬을 확인하자

기업을 대상으로 진행하는 프로그램의 마지막 주에 다다르면 항상 불안해진다. 바쁜 뇌에 휘둘린 나머지 두려움이 솟는다. 참가자들은 전보다 나아졌을까? 회사 대표, 인사부장, 최고재무책임자는 이 프로그램이 괜찮은 투자였다고 생각할까? 이런 상황이 벌어지면 나 자신의 조언을 따라 뇌 끄기를 실천한다. 그리고 신경과 전문의와 통합의학 전문의로서 진료했던 모든 환자들과 함께 각 단계를 반복 실천한 끝에 이 프로토콜을 완성했다는 사실을 상기한다. 그런 다음 내가 마음챙김과 영적 스승으로부터 배운 것을 떠올린다. 내가 할 일은 집착을 버리고, 듣고, 격려하고, 배려를 나누는 것이라고.

2021년 초, 8주 뇌 회복 라이브 프로그램을 진행한 대규모 팀과 온라인으로 마무리 행사를 가졌다. 회사 대표도 함께하는 자리였다. 그런데 8주간의 온라인 미팅에서는 눈에 띄지 않던 누군가가 할 말이 있다며 자신을 전체화면에 띄워 달라고 청했다. '무슨 말을 하려는 거지?' 나는 몸을 정화하는 심호흡을 한 번 더 들이켠 다음 그녀에게 무대를 내줬다.

"처음에 프로그램에 참여할 때는 회의적이었어요. 로미 선생님의 이야기가 좀 뜬구름 잡는 것 같았거든요. 제 스스로는 절대 이런 프로그램에 참여하는 일이 없었을 겁니다. 로미 선생님의 조언대로 주치의의 진료를 받는 건 고사하고요. 회사 사람들이 뇌 회복 프로그램을 기대하고 있어서 함께 참가했을 뿐이었어요." 켈리는 회사 대표가 배석한 온라인 미팅에서 말했다. 120명이 넘는 그녀의 동료들은 이야기의 방향이 어디로 흘러갈지 궁금해했다. 켈리는 곧장 본론을 꺼냈다.

"의사가 저더러 이상한 사람이라고 할까봐, 끊임없는 불안이 그저 제 머릿속의 허상이라고 말할까봐 겁났어요. 장기적으로 약을 복용하고 싶지도 않았죠. 하지만 동료들이 모두 검사를 받으려고 진료를 예약하길래 저도 병원에 갔어요."

여러분도 앞 장에서 추측했겠지만, 뇌 회복 프로토콜은 주치의의 처방이 필요한 주요 검사를 받고 수치를 추적하길 권장한다(강요는 아니다). 기업 팀과 함께 프로토콜을 실천할 때는 2주차의 수면 챌린지를 팀 내 경쟁 형태로 진행한다. 가장 잘 해낸 사람에게 상을 주는 것이다. "그저 상을 받고 싶은 마음에 장단을 맞춘 거죠. 매일 저녁 숙면하는 시간이 늘어나고 기분이 좀 좋아졌지만 이유를 몰랐어요. 팀원들을 따라 매주 뇌 회복 꼬마습관을 쌓아나가고 상황도 좀 더 개선되었지만 불안은 완전히 해결되지 않더라구요. 그러다가 검사 결과가 나왔어요. 처음에는 의사도 이런 검사를 다 해야 하나 회의적이었는데, 놀랍게도 갑상선기능검사 결과가 완전히 비정상으로 나왔더군요. 초음파 검사 결과 결절이 있어서 다음 주에 조직검사를 받기로 했습니다."

켈리의 목소리에 뚜렷한 두려움이 묻어났다. 나도 눈물이 흘렀다. 흐느낌을 억눌렀다. 켈리, 나도 그랬어요. 내가 도와줄게요. "갑상선 관련 약을 처방받아 먹으니 수년간 처음으로 해답을 찾은 듯한 느낌이 들었어요. 의사는 이 프로그램이 제 생명을 구했다더군요. 선생님이 제게 검사를 받아보라고 권하지 않으셨다면 갑상선에 치명적인 암을 너무 늦게 발견할 수도 있었어요. 우리 회사에서 뇌 회복 프로그램을 진행하신 게 제 생명을 구했어요, 로미 선생님. 지금까지는 제 바쁜 뇌와 두려움 때문에 몸이 굳는 것 같은 불안에 시달리고 업무에 제대로 집중하고 대처하기가 어렵다는 말을 주치의한테 하지 못했거든요."

나는 적잖이 놀랐다. 회사의 대표 및 120명의 임직원과 함께

하는 온라인 미팅에서 자신의 이야기를 터놓고 말하다니 정말 용기 있는 사람이었다. 인사과장이었던 켈리는 대개 다른 사람들의 트라우마, 드라마, 삶의 스트레스 요인을 듣는 입장에 있었다. 그런데 그날 그녀는 진솔한 모습과 희망을 고스란히 드러냈다.

이렇게 인상적인 결과를 얻은 고객을 생각하면 지금도 감격이 차오른다. 그런데 집단과 팀을 대상으로 뇌 회복 프로토콜을 진행할 때면 '매번' 켈리 같은 사람들이 나타난다. 켈리와 마찬가지로 바쁜 뇌 증후군의 증상을 겪는 건 주변 동료들보다 능력이 부족하고 주어진 업무를 잘 해내지 못하기 때문이라며 괴로워하는 사람들이다. 바쁜 뇌는 이처럼 누구에게나 잔소리쟁이 이모처럼 굴며 자존감을 갉아먹는다.

다시 한번 말하지만 여러분의 바쁜 뇌 증후군은 상상의 산물, 인격적 결함, 운이 따라 주지 않은 탓이 아니다. 바쁜 뇌 증후군의 실제 원인은 진단을 받지 못해서 모르고 지나친 갑상선호르몬 장애, 비타민D3 부족, 인슐린 저항성, 자가면역장애일 가능성도 충분하다. 이들의 기저원인에 대해서는 이 책 2부에서 설명했다(혹시 여러분이 앞의 의학적 내용을 건너뛰었을까봐 언급해 둔다).

뇌 회복 꼬마습관 : 혼자 힘으로 해결되지 않는 것도 있다

켈리와 같은 사례는 무척 많다. 불현성 갑상선기능항진증과 갑상선기능저하증의 30~40%는 불안장애, 집중력장애, 수면장애를 겪는다. 6장에서 설명했듯이 여성의 경우 불현성 갑상선기능항진증은 그냥 지나치기 쉽다. 갑상선기능항진증의 증상을 보이지만 혈액검사상 갑상선자극호르몬 수치는 '정상'이기 때문이다. 포괄적인 갑상선기능검사를 진행하면 종종 전에는 모르고 지나쳤던 갑상선기능항진증을 발견하곤 한다. 갑상선기능항진증은 증상 및 갑상선자극호르몬의 비정상적 수치에 바탕을 두고 진단하는 질환이다.

일단 8주 프로토콜을 완수하자. 아니, 일단 1주차 프로토콜을 시작하자 이번 주 뇌 회복 꼬마습관은 의사에게 검사를 의뢰하는 것이다. 이 장 말미에 주요 검사 목록을 정리해 두었다. 부록 A에서도 상세한 검사 목록을 확인할 수 있다.

왜 이렇게 다양한 검사를 받아야 하느냐고? 2부에서 살펴봤듯이 바쁜 뇌 증후군은 인격적 결함 때문에 생기는 것이 아니며 종종 물리적인 기저원인이 있다. 여기서는 가장 흔한 원인 및 의사와 상담하는 요령을 정리해 두었다.

🧠 바쁜 뇌 증후군의 기저원인을 파헤쳐라

바쁜 뇌 증후군은 의사가 놓쳤거나, 무시했거나, 완전히 분석하지 않고 지나간 기저원인 때문에 발생할 수 있다. 내가 이 책을 쓰게 된 이유이기도 하다.

2부의 6, 7장에서 바쁜 뇌 증후군과 연관된 신경염증에 대한 과학적, 의학적 연구 결과를 더 깊이 파헤쳤다. 통합의학 전문의는 다양한 기저원인에 대한 검사를 진행하지만, 여기서는 임상에서나 8주 뇌 회복 프로토콜을 진행하면서 가장 흔히 보는 문제에 초점을 맞추었다.

문제 유무를 검토해야 하는 네 가지 필수영역은 다음과 같다.

1. 메틸화장애
2. 갑상선호르몬장애
3. 혈당 조절
4. 비타민D3 수치

인터넷에 접속해서 갑상선, 혈당, 비타민D3 불균형이 초래하는 증상과 자가진단법을 검색하기 전, 여러분에게 한마디만 해두고 싶다. 의사로서 말하건대 문제가 있는지 진정 확인할 유일한 방법은 검사를 하는 것이다. 어려운 일이겠지만 책을 훑어보는 것을 멈추고 행동을 개시해야 한다. 이번 주차의 꼬마습관은 필수는 아니다. 하지만 여러분도 몸 안을 흐르는 호르몬의 화학작용이 조금은 궁금하지 않을까?

메틸화장애

23앤드미[25] 키트를 사러 가거나 족보를 뒤져 이모들 중 하나가 내 바쁜 뇌 증후군의 원인이 아닌지 살필 필요는 없다. 여러분의 이모들을 탓할 생각은 없다. 내가 여러분의 웃어른께 무례하게 굴었다간 우리 이모들이 차이를 마시다 사레가 들릴 테니까. 하지만 여러분의 이모들 중 한 분이 메틸화장애가 있다면 가족력이 있을 수도 있다. 많은 유전질환이 뇌와 정신건강에 영향을 미치지만, 내가 확인하는 주요 유전질환 중 하나는 바로 메틸화장애다. 이 분야에서 가장 흔한 것은 MTHFR 변이다.

MTHFR 효소는 아미노산 처리, 특히 호모시스테인을 메티오닌으로 전환하는 데 필수적인 역할을 한다. 메티오닌은 몸의 단백질을 만드는 필수아미노산이다. MTHFR은 엽산을 기분을 조절하는 신경전달물질 생산에 관여하는 형태로 전환하는 필수

---

[25] 23앤드미(23andMe): 미국의 유전자검사기관.

효소다. MTHFR 변이 진단을 받았다면 메틸화를 극대화하고, 증상을 관리하고, 건강 전반을 최적화하도록 식단과 생활방식을 바꾸면 된다.

MTHFR 변이가 일어나면 신경염증과 체내염증 표지자가 올라간다. MTHFR 부족은 혈장 내 호모시스테인 수치를 올리고(고호모시스테인혈증) 혈중엽산농도를 낮추는 가장 흔한 유전적 원인이다. 심혈관질환에서 유산 위험 증가에 이르기까지 MTHFR 변이가 불러일으키는 문제는 다양하지만, 그중에서도 특히 중요한 의학적 이슈 두 가지는 불안과 주의력결핍장애다.

갑상선호르몬장애

남성과 여성 모두, 갑상선은 뇌와 몸의 모든 신진대사에서 주된 역할을 한다. 2부 6장에서 자세히 다뤘듯 갑상선은 기분, 에너지, 주의력을 끌어올리고 유지한다.

갑상선장애는 모르고 지나치는 경우가 많다. 환자가 증상을 충분히 설명하지 못하거나 갑상선자극호르몬만 검사하고 넘어가기 때문이다. 많은 의사가 정기검진의 일환으로 갑상선자극호르몬이 '정상' 범위(정상 범위의 폭이 매우 넓다) 안에 있는지 여부만 확인하고 낮에 기운이 없다든가 불안에 시달리는 등의 증상은 무시해 버린다.

의사에게 아래 항목을 포함한 포괄적 갑상선기능검사를 의뢰하길 권한다. 물론 필수는 아니다.

- 갑상선자극호르몬 (TSH)
- 총 트리요오드티로닌 T3
- 총 티록신 T4
- 유리삼요오드티로닌 (fT3)
- 유리티록신 (fT4)
- 리버스 T3 (rT3)
- 항티로글로불린 항체
- 갑상선과산화효소 항체

6장에서 설명했듯 위 검사를 모두 권하는 이유는 바쁜 뇌 증후군의 기저원인인 아래 세 가지 질환을 모르고 지나치는 경우가 잦기 때문이다.

1. 자가면역성 갑상선염
2. 불현성 갑상선기능저하증
3. 불현성 갑상선기능항진증

🧠 혈당 조절 (인슐린 저항성)

제목을 보고 눈을 굴리며 생각할지도 모르겠다. "아니, 로미 이모, 소울푸드를 먹어도 된다면서 혈당 얘기를 꺼내는 이유가 뭐예요?" 그렇다. 뇌 회복 프로토콜을 7주간 진행한 지금, 바라건대 여러분이 첫 4주 사이에 일주기리듬을 회복하고 지난 2주간 영양 바이오해킹에 성공해서 스트레스성 섭식을 끊었거나 줄였길 바란다. 뇌 회복 꼬마습관을 실천하면서 혈당의 요요현상이 누그러졌을 것이다. 전에 뇌 회복 프로토콜에 참여했던 참여자 중 한 명은 6주차에 이르자 단것이나 당지수가 높은 음식이 전처럼 당기지 않는다고 했다. "전에는 그렇지 않았는데, 요즘은 혈당을 확 올려서 기운이 반짝 났다가 떨어지는 음식보다 느린 탄수화물에 손이 가더군요."

잊지 말자. 소울푸드는 언제든 먹어도 좋다. 몇 끼나 먹으면 되냐고? 일주일에 한두 번, 인생, 종교, 사랑하는 사람들, 문화, 전통, 조상과 관련된 소울푸드를 먹자. 바쁜 뇌나 스트레스를 잠재우려고 먹는 게 아니라 마음챙김을 하며 먹는 것이다. 프로토콜 참가자의 스트레스성 섭식은 대개 5~8주차 사이에 줄어든다.

하지만 검사를 하지 않으면 여러분의 증상이 인슐린 저항 때문인지 아닌지 확인할 수 없다. 인슐린 저항은 근육세포, 지방

세포, 간세포가 인슐린에 제대로 반응하지 않아 혈액 속의 당을 쉽게 처리하지 못하는 현상으로, 2형당뇨 및 여타 질환의 위험을 높이고 대사증후군을 일으키는 지름길이다. 앞에서 살펴봤듯 (스트레스를 비롯) 인슐린 저항의 원인은 다양하다.

인슐린은 뇌에서 두 가지 필수 기능을 담당한다. 음식 섭취를 조율하고 인지기능, 특히 기억력을 조율하는 것이다. 뇌내 인슐린 저항은 도파민 분비에 영향을 주어 불안과 우울처럼 보이는 행동을 야기한다. 바쁜 뇌 증후군의 관제탑이 시상하부-뇌하수체-부신축을 흐트러뜨려 코티솔, 성장호르몬, 카테콜아민[26] 또는 글루카곤[27]에 영향을 미칠 때 특히 그런 현상이 나타난다.

6, 7장에서 검사를 해야 하는 이유를 모두 설명했다. 여기서 권장하는 검사는 다음과 같다.

- 공복혈당 검사
- 당화혈색소 검사
- 공복인슐린 검사
- 중성지방 및 총 콜레스테롤 검사

---

[26] 카테콜아민(Catecholamine): 도파민, 노르에피네프린, 에피네프린의 총칭으로 뇌와 신경 조직에서 생성되며 신경전달물질 역할을 한다.
[27] 글루카곤(Glucagon): 간의 글리코겐을 포도당으로 분해하여 혈당을 유지하는 단백질성 호르몬.

- 혈청 성호르몬결합글로불린 검사

비타민D3 수치

6장과 7장에서 비타민D를 뇌와 몸을 위한 호르몬전구물질 또는 슈퍼영웅 비타민으로 재평가해야 한다고 언급한 바 있다. 전 세계 인구의 약 50%가 비타민D 부족을 겪고 있다. 임상에서 비타민D는 밀리리터당 나노그램(ng/mL) 단위로 측정하고, 연구 논문에서는 리터당 나노몰(nmol/L)로 표시하기도 한다. 임상 연구에 따르면 비타민D, 특히 비타민D3는 뇌 가소성과 신경면역조절에서 필요불가결한 역할을 담당한다.

비타민D는 햇볕 및 지방 함량이 높은 생선에서 얻을 수 있다. 안타깝지만 염증 및 여타 이유 때문에 따뜻한 기후대에 사는 사람들도 비타민D 부족에 시달린다. 연구 결과에 따르면 비타민D가 부족하면 우울증 및 불안에 취약해지고 다양한 신경적, 정신적 증상이 나타날 수 있다. 식단과 햇볕만으로 문제가 해결되지 않을 경우 영양제를 복용해야 한다. 6, 7장에서 일반 의학에서 인정하는 '정상 범위'에 대해 언급했다. 하지만 통합 의학과 기능의학에서는 뼈가 부스러지고 나서야 비타민D3 수치를 검사한다. 최적의 건강을 유지하려면 더 정확한 목표를 세우고 미리 비타민D3 수치를 최적화하는 것이 중요하다.

비타민D3 수치를 제대로 평가하려면 아래 검사 결과를 받아 보길 권한다.

- 25-하이드록시 비타민D 검사
- 1,25-디하이드록시 비타민D 검사

 TIP　　　　　　　　　　　　　　**7주차 · 뇌 활동 요약**

이번 주의 뇌 활동은 1주차 뇌 활동과 닮았다. 의사와 진료 예약을 잡고 바쁜 뇌 증후군(또는 바쁜 뇌 증후군의 장기적 합병증)의 기저원인을 분석하기 위한 검사를 받는 것이다. 주치의에게 검사의 필요성을 설득해야 한다면 아래 조언을 참고하자(미국에 한함).

- ✓ 콜레스테롤 수치나 혈당치 등 많은 검사는 질환을 진단하고 향후 질환의 위험요인을 판단하기 위한 정기 건강검진의 일부다.
- ✓ 피로, 수면장애(불면), 주의력 장애, 체중 감량 및 증량의 어려움, 불안 등 바쁜 뇌 증후군과 관련된 증상 때문에 추가 검사를 받고 싶다고 주치의에게 알리는 것이 중요하다. 검사가 필요한 증상이나 의사의 진단이 있으면 보험처리되는 검사가 많다. 무작정 병원에 가서 "지금 바쁜 뇌 증후군에 관한 책을 읽고 있어서 그러는데, 이런 검사를 좀 해주실래요?"라고 말하지는 말자.
- ✓ 주치의가 궁금해하는 부분이 있다면 이 책을 건네길 바란다. 2부에 모든 의학적 설명과 근거가 담겨 있다.

🧠 1-7주차 뇌 회복 꼬마습관 요약

뇌 회복 꼬마습관은 전 주차의 습관 위에 쌓아올리는 것이다. 지금까지 시작한 꼬마습관은 다음과 같다.

• **1주차 뇌 회복 꼬마습관**: 8주 뇌 회복 여정을 통해 달성하려는 구체적 목표와 결과를 정하자.

• **2주차 뇌 회복 꼬마습관**: 밤의 취침시간과 아침의 기상시간을 정하자.

• **3주차 뇌 회복 꼬마습관**: 자기 전 30~60분간 전자기기 거리두기를 추가할 시점이다. 자기 전에 화면을 들여다보는 대신 마음을 가라앉힐 다른 소일거리를 찾아보자.

• **4주차 뇌 회복 꼬마습관**: 낮 동안과 자기 전 3분간 뇌 끄기를 할 시간을 정해 두자.

• **5주차 뇌 회복 꼬마습관**: 카페인을 섭취하고 나서 1시간 동안에는 당지수가 높은 음식(백설탕, 흰 밀가루, 흰 감자, 백미, 흰 빵)을 먹지 않도록 하자.

- **6주차 뇌 회복 꼬마습관** : 여러분이 좋아하는 유익한 지방 목록을 만들고 끼니마다 유익한 지방을 1~2회분 추가하자.

- **7주차 뇌 회복 꼬마습관** : 병원을 통해 검사 일정을 잡자. 1~6주차 꼬마습관을 실천했는데도 바쁜 뇌 증후군의 증상이 남아 있다면 이 단계는 더욱 중요하다. 부록 A에서 검사 목록 일부를 확인할 수 있다.

| 속성 뇌 회복 | 지금 행동을 개시하자 |

유료 건강검진을 해주는 온라인 의료기업의 숫자는 점점 늘어나고 있다. 이들 시설은 전문의의 관리를 받고 있으며, 건강보험 또는 건강저축계좌(HSA) 적용 여부는 시설마다 각기 다르다(미국 기준).

건강검진을 통해 MTHFR 결핍의 비정상 요소, 갑상선호르몬, 비타민D3, 인슐린저항성에 문제가 있는 것이 확인된다면 의료인의 조언에 따라 장기 관리를 받을 것을 추천한다.

이 책 및 온라인 프로토콜의 목적은 의료를 대체하는 것이 아니라 치유를 돕고 의사와 상담하는 데 필요한 수단을 제공하는 것이다.

17
8주차 뇌 회복 프로토콜
: 퍼즐의 완성

케빈이 통합의학 클리닉에 내원한 것은 2015년의 일이었다. 차트를 작성하려고 내가 기본적인 질문을 하는 동안 케빈은 불안장애, 솔직히 말하자면 몸에 밴 부정적 태도 때문에 제대로 집중하지 못했다. 그는 인간관계에서 갈등을 겪고 있었다. 그는 자신의 삶이 무너지고 있는 게 아기를 키우는 옛 여자친구, 현 부인, 그가 관리하던 NBA 고객 탓이라 생각했다. 인생이 힘든 걸 온통 다른 사람의 잘못으로 치부했다(그중에는 조지아주 시골에 사는 친척도 있었다). 케빈은 이미 영양사와 개인 트레이너의 도움을 받고 있었다. "몸에 좋은 음식을 먹고, 운동도 하고, 자기관리도 잘하고 있다고요." 불안, 불면, 분노, 번아웃이라는 단어를 쓰면 그의 정신은 또 타격을 받을 터였다. 솔직히 말해서 그랬다간 클리닉 문을 박차고 나갈 것 같았다. 나도 케빈의 '인생에서 만난 까다롭고 미친 사람 목록'에 추가될 판이었다.

그러나 케빈은 이후 두 달간 나와 함께 끈질기게 노력했다. 그 과정에서 우리는 수면-각성 사이클을 조율하고, 검사 결과를 분석하고, 신경염증의 기저원인을 해결했다. 기분과 수면이 안정되자 주변 사람들을 향한 분노도 누그러졌다. 어린 딸의 어머니와 양육권을 협의하고, 현 결혼생활을 유지하고, 소통과 애정관계를 개선하기 위해 부부상담을 받았다. 우리는 마음챙김에 바탕을 둔 인지요법을 활용해서 인간관계와 삶에 대한 케빈의 대처방식을 분석했다.

한편 건강을 유지하기 위해 낮은 비타민D 문제도 해결했다. 비타민D3를 복용하는 한편, 세밀하게 조율한 영양보충 요법을 지속적으로 실천하고, 수면습관을 잡고, 마음챙김을 훈련하면서 증상을 관리했다.

당시는 아직 바쁜 뇌 증후군이라는 용어를 개발하고 이 책과 온라인 프로토콜을 위해 방대한 의학적 자료를 섭렵하기 전이었다. 나는 기존 통합의학의 프로토콜 및 마음챙김에 기반을 둔 인지요법을 활용해서 케빈을 치료했다. 이후 임상경험과 임직원 코칭을 통해 케빈과 같은 사례를 수백 건씩 다루게 되자 패턴이 보이기 시작했다.

그 뒤로도 케빈은 새로운 삶의 난제에 맞닥뜨릴 때면 간간이 클리닉에 나타났다(새로운 스트레스 요인이 생기면 바쁜 뇌 증후군이 재발할 수 있다). 아기가 태어나자 이전과 같은 수준의 불안을 겪었던 것이다. 이모들과 함께 보낸 시간과 의대에서 쌓은 훈련 덕분에 나는 물러서지 않고 말할 수 있었다. "부인이 얼마 전에 애를 낳아서 두 달 동안 밤잠을 제대로 못 잤단 말이죠. 선생님은 뭐라도 부인에게 도움이 될 만한 일을 하고 있나요? 2년이나 잘 해왔는데, 이제와서 예전으로 다시 돌아가도록 둘 수는 없어요."

케빈은 털썩 앉았다. "선생님, 아니, 로미 이모, 지금껏 이런 말을 해준 사람은 없었어요."

반감으로 가득했던 바쁜 뇌가 치유를 원하는 수용적인 뇌로 바뀐 것이다. 이후 케빈은 몇 달마다 규칙적으로 진료를 보러 왔다. 검사를 받고, 로미 이모와 차이 한 잔을 마시며 안부를 전하고, 필요할 경우 직설적인 조언(무 미타 카로)을 들었다.

올랜도의 통합의학 클리닉에서 케빈 같은 환자를 진료하던 때는 아직 '뇌 회복 프로토콜'이라는 용어를 떠올리기 전이었다. 개인을 상대로 전체 치료 프로토콜을 진행하려면 몇 달이 걸린다. 그때는 지금 같은 온라인 플랫폼도 없고, 과정도 아직 정돈되지 않았다. 케빈은 그 과정을 "솔직한 쓴소리를 곁들인 의사 이모의 마법"이라고 이름 붙였다.

기업 임원진이 직원 스트레스 관리와 건강 최적화를 위해 프로젝트를 의뢰할 때면 나는 의학서 크기의 큼직한 폴더를 들고 간다. 팬데믹이 가져온 긍정적 변화가 있다면 이제 기업, 조직, 개인의 정신건강과 근무환경의 웰빙에 대한 인식이 높아졌다는 것이다. 그렇게 해서 우리는 지금까지 무수한 사람들과 나 자신의 바쁜 뇌 증후군을 치유해 주었던 프로토콜을 온라인으로 확장했다.

뇌 회복 꼬마습관 : 전과 후를 분석하자

뇌 회복 프로토콜의 마지막 주에 도달한 것을 축하한다. 몇 주차가 제일 쉬운가 생각하며 3부를 훑어보던 독자라면 애정을 담아, 그리고 솔직하게 말하건대 10장으로 다시 돌아가 나와 함께 한 번에 한 단계씩 실천하길 권한다.

10장에서 저항, 부정, 투사라는 방어기제의 세쌍둥이를 마주할 시간이라고 말했던 것이 기억날 것이다. 저항, 부정, 투사는 바쁜 뇌의 든든한 아군으로, 우리가 해야 할 일을 하고 두려움을 직시하는 것을 막는다.

이제 10장에서 여러분이 작성했던 건강 목표를 돌아보자. 지금 기분은 어떤가? 밤에 푹 자는가? 복부팽만이 줄어들었는가?

종일 직장에서 생산적인 하루를 보내고 귀가한 뒤에도 기운이 나는가? 여러분이 얼마나 좋아졌는지 진단하는 방법이 있다. 몇 분 시간을 내어 www.BusyBrainCure.com에 무료 바쁜 뇌 증후군 무료 자가진단을 다시 해보자.

이 책을 탈고하기 전 뇌 회복 프로토콜을 완수한 참가자 천 여 명을 분석한 결과, 우리는 개인 점수를 바탕으로 다음과 같은 발전 양상을 확인했다.

- 수면의 질이 40% 개선되었다.
- 신체적 증상이 평균 22% 개선되었다.
- 감정관리가 20% 개선되었다.
- 행동관리가 17% 개선되었다.
- 개인 습관이 15% 개선되었다.

이 결과는 무엇을 의미할까? 채 8주도 지나기 전에 참가자의 수면의 질과 신체 건강이 좋아졌다는 것을 뜻한다.

다음 장에 바쁜 뇌 증후군을 치유하고 번아웃을 완화하는 데 도움이 되도록 매주 쌓아올릴 뇌 회복 꼬마습관을 정리했다.

- 이 중 몇 가지나 시도했는가?
- 정착된 습관이 있는가?

🧠 1-8주차 뇌 회복 꼬마습관 요약

뇌 회복은 매주 쌓아가는 과정이라는 것을 명심하자. 우리가 지금까지 쌓은 꼬마습관, 즉 뇌 회복의 과정은 다음과 같다.

• **1주차 뇌 회복 꼬마습관** : 8주 뇌 회복 여정을 통해 달성하려는 구체적 목표와 결과를 정하자.

• **2주차 뇌 회복 꼬마습관** : 밤의 취침시간과 아침의 기상시간을 정하자.

• **3주차 뇌 회복 꼬마습관** : 자기 전 30~60분간 전자기기 거리 두기를 추가할 시점이다. 자기 전에 화면을 들여다보는 대신 마음을 가라앉힐 다른 소일거리를 찾아보자.

• **4주차 뇌 회복 꼬마습관** : 낮 동안과 자기 전 3분간 뇌 끄기를 할 시간을 정해 두자.

• **5주차 뇌 회복 꼬마습관** : 카페인을 섭취하고 나서 1시간 동안에는 당지수가 높은 음식(백설탕, 흰 밀가루, 흰 감자, 백미, 흰 빵)을 먹지 않도록 하자.

• **6주차 뇌 회복 꼬마습관** : 여러분이 좋아하는 유익한 지방의 목록을 만들고 끼니마다 유익한 지방을 1~2회분 추가하자.

• **7주차 뇌 회복 꼬마습관** : 건강과 웰빙 전반을 분석하기 위해 주치의와 함께 검사 일정을 잡자. 특히 비타민D 수치에 주목하자.

• **8주차 뇌 회복 꼬마습관** : 목표를 확인하고 바쁜 뇌 증후군 자가진단을 한 번 더 해보자. 이제 몇 점인가?

TIP 8주차 뇌 활동 요약

- ✓ 이번 주에는 바쁜 뇌 증후군 자가진단을 다시 한 번 해보고 어떤 부분에서 발전했는지 확인하자.
- ✓ 1~8주차 뇌 회복 프로토콜을 모두 확인하자. 대개 사람들이 지속적으로 실천하는 뇌 회복 꼬마습관의 수는 두세 가지다. 그럼에도 엄청난 치유를 경험한다. 꼬마습관을 빠짐없이 시도하지 못했거나 꾸준히 실천하는 데 실패했더라도 너무 자책하지 말자.
- ✓ 8주 프로토콜을 끝낸 뒤에도 지속하고 싶은 뇌 회복 꼬마습관을 하나 고르자(이미 정했을 수도 있다). 소셜미디어에서 공유하고 해시태그 #brainshift를 달아 @drromie를 태그해 주길 바란다. 여러분의 성공담을 듣고 싶다.

🧠 잠깐, 바쁜 뇌 증후군이 재발했다! 나는 실패한 것일까?

사는 게 다 그렇다. 케빈의 경우에서 보듯 새로운 문제가 생기면 예전의 바쁜 뇌 증후군이 재발할 수 있다. 그렇다고 해서 건강이 나빠졌다거나 인생에서 실패했다는 뜻은 아니다. 뇌 회복을 할 때라고 일깨워주는 의사 이모의 조언이 필요한 것뿐일 수도 있다. 새벽 2시 37분에 잠에서 깨어 걱정 탓에 잠을 이루지 못할 때, 회사에서 중요한 회의를 하는데 집중력이 떨어질 때, 둠스크롤링을 하느라 폰을 내려놓지 못할 때, 부엌 서랍을 정리하는 기분전환용 영상을 쉼 없이 볼 때 알아차려야 한다. 이제 바쁜 뇌에 휘둘리지 말자.

8주 뇌 회복 프로토콜을 다시 실천할 때라는 것을 알리는 신호는 다음과 같다.

- 걱정에 휩싸여 한밤중에 잠에서 깬다.
- 스트레스를 받는 것을 내심 뿌듯해한다.
- 하루 종일 중등도 불안에 시달린다.
- 자기 전까지 일을 계속한다.

일시적으로 바쁜 뇌 증후군에 시달리는 사람들은 대개 두 유형으로 나뉜다.

> 1. 잠을 잘 못 자는 유형
> 2. 무기력한 유형

1번 유형이라면 뇌 회복 1~4주차를 진행하자. 잠은 잘 자지만 2번 유형에 해당된다면 뇌 회복 4~8주차를 실천하자.

이 책과 온라인 커뮤니티는 여러분에게 열려 있고, 필요할 때마다 바쁜 뇌 증후군을 겪는 다른 사람들과 함께 상황을 헤쳐나갈 수 있다. 이모의 거실은 언제나 손님에게 열려 있다. 소파의 포장도 벗겼고, 차이는 따뜻하고, 소울푸드는 언제든 환영한다.

이 책을 마무리하면서 여러분은 이렇게 생각할지도 모른다. "로미 이모, 바쁜 뇌 증후군이 치유되었는지는 어떻게 안 수 있나요?" 뇌가 회복되었다는 신호는 다음과 같다.

> - 아침에 기운차게 일어난다.
> - 근무시간에 집중한다.
> - 차분하고 의식적으로 남을 이끈다.
> - 업무와 사생활의 경계가 명확하다.
> - 사랑하는 사람들과 보내는 시간에 집중한다.

남에게 도움이 되기 위한 삶을 살아갈 때 우연이란 없는 것 같다. 이 책을 탈고하고 출판사에 보내려는데 아이폰에서 메시지 알림음이 울렸다.

"로오오오미 이모~ 저 완전 신났답니다! 요즘 선수들과 팀에 도움이 될 만한 프로젝트를 몇 개나 진행하고 있거든요. 보기만 해도 웃음이 나는 우리 이쁜 애기 사진도 보내드려요."

케빈의 메시지였다. 순간 내 마음도 빛과 희망으로 가득 찼다. 5년 전 클리닉에서 마지막으로 만난 뒤, 케빈은 계속 뇌 회복 프로토콜을 활용해서 사업과 인간관계를 쌓고 있다. 희망을 원동력 삼아 목적이 있는 삶을 살고 있는 것이다.

내가 왜 여러분에게 이 메시지를 전하려고 이토록 열심히 노력했는지, 나는 안다. 내가 이끄는 팀과 강아지 라자도 마찬가지다. 미션을 이루기 위한 사업을 키우는 사이 글을 쓸 시간을 내려니 새벽같이 일어나야 했던 날이 많았다. 여러분과 바쁜 뇌 증후군을 치유하는 방법을 나누고 싶었던 까닭은 나 또한 그 어두운 감정을 기억하기 때문이다. 처음 일했던 대학병원에서 몸도 마음도 아픈 게 자명한데 아무도 내 안부를 묻지 않았을 때 느꼈던 외로움을 나는 기억한다. 그때 나는 내가 의사, 딸, 여성 리더로서 실패했다고 생각했다. 근사한 옷차림도, 고급 다크초콜릿도, 호화로운 휴가도 내가 외롭고 희망마저 완전히 잃어버렸다는 사실을 감추지는 못했다.

가끔 지금 알고 있는 것을 그때도 알았더라면 내 삶의 여정이 어떻게 달라졌을지 나도 모르게 생각하곤 한다. 그러나 그랬더라도 나는 그 길을 택하지 않았을 것이다. 여러분과 함께 이 여정을 걸어가는 것이 내 운명이니까. 내가 번아웃을 겪고 수술을 받지 않았더라면(그리고 프라다 블라우스에 토하지 않았다면) 과테말라의 샤먼이나 프놈펜에서 쿡쿡 웃던 배려심 깊은 스님을 만나러 여행길에 오르지도 않았을 것이다. 무모해 보이는 연구 주제를 들고 에보 본사에 들어갈 용기를 내지도 못했을 것이다. 모든 에볼루셔너리를 위해 의사 로미 이모(최고건강책임자)로 활약하는 일도 없었을 테고.

이제 여러분의 길잡이이자 이 책의 저자인 내게 들을 거라 생각지 못했던 고백을 해야겠다.

바쁜 뇌 증후군은 가장 힘겨운 순간에 재발한다.

수년간 이 책을 쓰기 위해 조사를 하고, 개발 편집자 멜라니와 함께 작업하고, 1년에 걸쳐 초고를 썼지만 이 책은 세상의 빛을 보지 못할 뻔했다. 내 바쁜 뇌 증후군이 재발해서 하노버 스퀘어 출판사의 담당 편집팀에게 초고를 제때 보내지 못했기 때문이다. 이 책을 쓰면서 나는 모든 의학적 정보를 확인하고 이야기, 의학, 행동계획을 적절히 조합했는지 고민했다. 그리고 이 책을 끝까지 읽은 사람들을 위해 (또는 이야기가 어떻게 끝나는지 궁금해서 곧장 책 뒷장을 펴본 이들을 위해) '완벽한' 마무리를 짓고 싶었다. 그밖에 책 전반에 걸친 편집자의 조언을 따르려고 애썼다. 그러다 보면 잔소리쟁이 이모들의 해묵은 목소리가 다시 들렸다.

네가 뭔데 우리 이야기를 이렇게 세상에 떠벌리는 게냐?

이런 책을 읽을 사람은 아무도 없어.

사업을 운영해야 할 시간에 이따위 책에 수개월을 낭비하다니, 이번에도 실패했구나.

넌 수수한 인도계 이혼녀 주제에 항상 꿈이 너무 크다니까.

그러나 이번에는 한 가지 달라진 점이 있었다. 나는 더 이상 16년 전 자동차 안에서 흐느끼던 여자가 아니었다. 나는 사랑했지만 항상 나를 마주 사랑해 주지는 않았던 일을 하며, 그렇게 또 하루를 버텨야 한다는 사실에 괴로워하던 어린 의사가 아니었다. 나는 바쁜 뇌 증후군이 재발하고 있다는 것을 알아챘고, 이제 회복의 여정을 혼자 걷지 않아도 된다는 것도 알고 있었다. 나는 뇌 끄기 버튼을 누르고 8주 뇌 회복 프로토콜을 직접 다시 실천했다. 나는 혼자가 아니었다. 상담사 캐런과 비즈니스 코치 팸이 곁을 지켜 주었다.

나는 8주간 이 책을 쓰는 것을 멈추고 에보의 최고건강책임자 역할에 다시 초점을 맞췄다. 그리고 처음 연구를 시작했던 사람들과 함께 했다. 사람보다 일을 우선시했던 수년간 소원했던 친구들과 친척들에게 다시 연락했다. 런던의 브릭 레인[1]에 있는 벵골 식당에서 소울푸드를 음미했다. 팜 스프링스에서 열린 리조(Lizzo)의 특별 투어 마무리 공연에서 새로 사귄 친구들과 춤췄다. 그리고 스틸레토 힐을 신고서 정해둔 취침시간을 훌쩍 넘겼다.

여러분도 그 점을 알아두길 바란다. 내가 몸소 겪었듯, 바쁜 뇌 증후군은 절대 완전히 사라지지 않는다. 예전에 바쁜 뇌 증후군을 야기한 일들, 사람들, 뉴스가 사라져도 새로운 스트레스 요인이 등장할 수 있다. 우리는 인간이고, 완벽하지 않다는 사실을 꼭 기억해야 한다. 완벽은 삶이 완벽하지 않다는 사실을 받아들이는 데 있다. 이 책은 삶의 목표나 업무 프로젝트를 하나 정복하고 나면 열일곱 개가 더 기다리고 있는 수천 명의 동지들을 위해 쓴 것이다.

나 자신의 바쁜 뇌 증후군과 번아웃 사이클에서 회복 중인 사람으로서 여러분이 꼭 알았으면 하는 중요한 사실이 하나 있다. 여러분은 혼자가 아니다. 바쁜 뇌 증후군에 시달리다 보면 상황을 통제하지 못하는 건 나뿐이라고 생각하기 쉽다. 내면의 비판적 목소리가 영혼을 잠식할 수도 있다.

---

[1] 브릭 레인(Brick Lane): 커리 음식점이 많은 것으로 유명한 런던의 거리.

의사, 치유 전문가, 최고건강책임자로서 말하건대 리더로서 활동하는 독자라면 마음을 열길 바란다. 최적의 성과를 내지 못하거나 화를 돋우는 팀원에게 필요한 것은 단 하나, 여러분의 배려심이다. 뇌 안의 비판적 목소리와 유해한 업무환경을 바꿀 유일한 방법은 내가 먼저 뇌를 회복하는 것이다. 내 바쁜 뇌를 길들이면 차분하고 정돈된 정신과 열린 마음으로 팀은 물론 내 인생까지 이끌 수 있다.

지금까지 내가 힘든 시기를 겪을 때 나를 위해 희망의 기치를 들어준 우리 웃어른들, 이모들, 멘토, 친구, 낯선 이들의 이야기와 지혜를 여러분과 나누었다. 뇌 회복 프로토콜을 완성하는 과정에서 나는 이모들로부터 여러분을 위해 희망을 높이 드는 법을 배웠다. 그리고 케빈, 로레인, 멜라니, 낸시, 뇌 회복 프로토콜에 참여한 모든 기업의 직원들을 위해 희망의 횃불을 드는 영광을 누렸다.

뇌 회복 프로토콜을 반복해서 실천해야 한다는 것을 깨달은 지금, 내가 품고 있는 것은 바로 희망이다. 영원한 행복을 운운하는 마무리는 동화에나 어울린다. 우리가 함께하는 이야기는 이제 막 시작이다.

뇌를 회복하겠다고 마음먹으면 마음이 차분해지고 집중할 수 있다. 내 마음은 내가 돕는 모든 이들, 무엇보다도 나 자신을 배려하는 열린 공간이다.

이 책이 출간되기 전에 삶의 동반자를 만나 사랑을 시작할 두 번째 기회가 나에게 찾아오길 바란다. 그리고 다음 세대의 여성, 미래의 스테미니스트를 지원할 방법을 앞으로도 계속 찾으려 한다.

여러분이 스스로에게 품는 희망을 하나 꼽는다면 무엇일까? 강연을 마칠 때 이 질문을 던지면 사람들은 종종 아이들, 배우자, 회사에 대한 희망사항을 말하곤 한다. 하지만 내가 진정 알고 싶은 것은 여러분 자신의 뇌, 몸, 삶을 향한 희망이다.

바쁜 뇌를 직시하고 뇌를 회복하기로 마음먹을 때, 우리는 목적이 이끄는 삶을 사는 동시에 전에는 꿈꾸지도 못했던 수준의 성공을 이룰 수 있다. 그것이야말로 내가 여러분 모두를 향해 품는 뜨거운 희망이다.

여러분은 어떤 사람이 될 수 있을까?

여러분은 어떤 목표를 달성할 수 있을까?

모든 것은 뇌 회복에서 시작된다.

함께 해보자. 뇌를 회복하자.

로미 박사

· 부록 ·

【바쁜 뇌 자가진단 및 병원 검사 목록】

2장 & 10장: 바쁜 뇌 증후군 자가진단

바쁜 뇌 증후군 자가진단을 하고 바쁜 뇌 지수를 확인하려면 www.BusyBrainCure.com에 접속해서 무료 테스트를 해보자. 스마트폰이나 태블릿의 카메라로 아래 QR코드를 스캔해서 바로 접속해도 된다. 상단 메뉴의 'Busy Brain? → Take the Test'를 클릭하라.

16장: 뇌 회복 프로토콜 관련 검사

혈액 검사가 가능한 병원에서 의사에게 처방받을 수 있는 주요 검사 목록은 다음과 같다.

▸ 비타민D 검사

1. 전혈구 검사
2. 혈청 25-하이드록시비타민D 검사

▸ 갑상선기능 검사

1. 갑상선자극호르몬 (TSH)
2. 총 삼요오드티로닌 T3
3. 총 티록신 T4
4. 유리삼요오드티로닌 (fT3)
5. 유리티록신 (fT4)
6. 리버스 T3 (rT3)
7. 항티로글로불린 항체
8. 갑상선과산화효소 항체

▸ 염증표지자 검사

1. 당화혈색소
2. 조간 혈청 코티솔
3. 혈청 호모시스테인
4. 고감도 C-반응성 단백질

【뇌 회복을 돕는 음식들】

8주 뇌 회복 프로토콜을 실천하는 동안 어떤 음식을 먹으면 좋을까?

뇌 회복 5주차

뇌 회복 프로토콜 5주차에는 식사 때 당지수가 낮은 음식의 비율을 높이는 것이 바람직하다. 소울푸드를 먹어도 무방하다. 다만 8주 프로토콜을 실천하는 동안에는 소울푸드를 일주일에 한두 번 먹는 정도로 조율하자.

▸ 당지수가 낮은 과일
 - 사과
 - 건살구
 - 풋바나나
 - 복숭아
 - 딸기

- 오렌지
- 체리
- 코코넛
- 크랜베리
- 블루베리
- 배
- 자두
- 자몽

▶ 당지수가 낮은 채소
- 당근
- 완두콩
- 양파
- 상추
- 엽채류(시금치, 케일, 근대, 비트)
- 그린빈
- 토마토
- 오이
- 청경채
- 버섯
- 아티초크

- 방울양배추
- 양배추
- 브로콜리
- 콜리플라워
- 셀러리
- 가지
- 고추류(피망, 할라피뇨 고추, 세라노 고추[1] 등)
- 돼지호박, 굽은목호박[2]
- 스노우피[3]

▶ **당지수가 낮은 곡류**
- 보리
- 통밀
- 식이섬유 함유량이 높은 〈올브랜(All-Bran)〉 및 〈파이버원(Fiber One)〉 브랜드의 시리얼
- 귀리겨 및 쌀겨 시리얼
- 통곡물 파스타

---

1 세라노(Chile Serrano): 멕시코 원산의 매운 고추.
2 굽은목호박(Crookneck Squash): 미국 원산의 목이 길고 굽은 노란 여름 호박으로 쪄거나 볶아 먹는다.
3 스노우피(Snow Pea): 추위에 강한 완두콩의 일종으로 콩알이 작을 때 콩깍지채 조리해서 먹는다.

- 고기 및·또는 치즈를 넣은 라자냐, 라비올리, 토르텔리니[4] 등 속을 채운 파스타
- 통곡물 품퍼니켈[5]
- 사워도우빵
- 밀 토르티야

▶ 당지수가 낮은 유제품 및 대체유제품
- 무지방우유, 저지방우유, 전유
- 플레인 요거트
- 치즈 (체다치즈, 스위스치즈, 모차렐라치즈, 브리치즈, 페타치즈, 블루치즈, 고트치즈 등)
- 커티지치즈
- 리코타치즈
- 두유 및 요거트

---

4 토르텔리니(Tortellini): 돼지고기나 치즈 등의 소를 넣은 둥근 파스타.
5 품퍼니켈(Pumpernickel): 독일의 통호밀빵으로 색이 짙어 흑빵이라고도 한다.

▸ 당지수가 낮은 콩류

- 콩(병아리콩, 강낭콩, 핀토빈[6], 서리태, 흰강낭콩 등)

- 아욱콩

- 완두 짜개[7], 동부콩

- 렌즈콩

- 자숙대두(에다마메), 볶은 콩

- 후무스[8]

- 콩 소스

- 두부 및 콩고기

뇌 회복 6주차

뇌 회복 프로토콜 6주차에는 끼니마다 유익한 지방을 1~2회분 먹도록 하자. 소울푸드를 먹어도 된다. 단 8주 프로토콜을 실천하는 동안에는 일주일에 한두 번가량 먹도록 하자.

---

6 핀토빈(Pinto Bean): 멕시코 원산의 덩굴강낭콩으로 식감이 부드러워 타코나 칠리 등에 쓴다.
7 완두 짜개(Split Pea): 껍질을 벗겨 말려서 쪼갠 완두.
8 후무스(Hummus): 병아리콩, 마늘, 레몬즙 등을 갈아서 만드는 중동의 곁들임 음식.

▸ 유익한 지방

- 아보카도
- 치즈
- 다크초콜릿 (최소 70% 이상, 설탕 함량에 주의할 것)
- 달걀 (노른자 포함)
- 기름진 생선 (연어, 고등어, 참치)
- 견과류 (아몬드, 호두, 피칸)
- 치아씨
- 기름 (엑스트라버진 올리브유, 아보카도유, 포도씨유, 기버터[9], 코코넛오일)
- 전유 요거트

---

[9] 기(Ghee)버터: 인도 요리에서 쓰는 정제 버터로 우유, 물소젖, 염소젖 등으로 만든다.

【소울푸드 조리법】

    이 책의 목표는 바쁜 뇌 증후군을 치유해서 스트레스를 최소화하는 것이다. 전문의, 최고건강경영자, 다양한 배경 출신의 여성으로서 나는 두 가지 이유로 유행하는 다이어트를 둘러싼 미국의 식문화에 반대한다.

    첫째, '항염 효과가 있는 음식'을 먹는 것은 찬성이다. 하지만 유행하는 다이어트에서 권장하는 음식은 대개 인종과 문화적 다양성을 고려하지 않는다. 종교적 연휴, 가족의 전통, 민족적 배경, 지역, 출신 국가와 관련된 음식을 간과하는 것이다.

    둘째, 다이어트가 실패하는 것은 뇌가 사랑하는 사람들과의 추억 및 기쁨과 연관짓는 음식에 '몸에 나쁘다'는 낙인을 찍기 때문이다. 이렇게 되면 뇌는 식사의 즐거움을 누리는 대신 스트레스, 죄책감, 자책에 젖는다.

    주변 웃어른들을 떠올리며 우리 집에서 즐겨 먹는 소울푸드의 조리법을 몇 가지 공개하려 한다.

이모들의 애프터눈 티파티를 위한 전통 차이

참고로 어떤 종류의 우유와 향신료를 써야 하는가를 두고 이모들 사이에 열띤 토론이 오갔다. 집안의 평화를 위해 내가 즐기는 차이 만드는 법을 소개한다.

▸ 재료

1. 타팔 다네다(Tapal Danedar) 또는 아마드 티(Ahmad Tea) - 1컵당 찻잎 1과 1/2작은술
2. 물 1과 1/4컵
3. 우유(전유) 1컵
4. 그린 카다멈 꼬투리 1~2개(블랙 카다멈이 아님)

유제품을 먹지 않을 경우, 코코넛밀크 또는 아몬드밀크로 대체하면 된다.
속이 좋지 않을 때는 소화를 돕기 위해 생강을 넣는다.
기분을 돋우고 싶을 때는 통계피를 추가한다.

▸ 조리법

1. 중간 크기 편수냄비에 물을 붓고 끓인 다음 찻잎과 카다멈을 넣는다.

2. 중불로 줄여 1~2분간 뭉근히 끓인다.
3. 우유를 붓고서 센불에 끓인다.
4. 차이가 끓어오르면 넘치지 않도록 냄비를 불에서 내린다. 재료가 잘 어우러지게끔 국자로 차이를 떠서 다시 부으면서 불에 올리고 내리는 과정을 몇 번 반복한다. 또는 차이가 끓으면 불을 줄여 원하는 농도가 될 때까지 뭉근히 끓여도 된다(대개 3~5분가량 걸린다).
5. 좋아하는 찻잔에 작은 체를 얹고 차이를 부어 거른 다음 취향에 따라 스테비아를 넣어 단맛을 낸다.

> **외할머니표 펀자브식 닭고기 비리야니**[10]

부엌의 여왕이셨던 우리 외할머니(난니)의 손맛은 따를 사람이 없었다. 할머니가 차린 식탁에서는 언제나 우리를 치유해주려는 마음과 사랑의 맛이 났다. 할머니가 비리야니를 요리할 때면 근사한 향이 거리에 퍼졌고, 이웃들은 함께 즐거움을 나누려고 모였다. 할머니는 재료를 계량하지 않고, 감에 따라 재료의 양을 조절하셨다. 하늘에서 우리를 내려다보실 할머니의 존재

---

10 비리야니(Biryani): 채소와 고기 등의 재료를 볶아 반쯤 익힌 쌀과 같이 쪄서 만드는 인도의 전통 요리.

감을 느끼며 내가 최대한 가깝게 재현해 본 조리법을 소개한다.

요리책에는 준비 및 조리시간이 3시간이라고 되어 있었지만 나의 경우 이틀, 그리고 치우는 데 하루 더 걸렸다.

▶ 재료

양념 고기

- 닭고기 450g(또는 양고기)
- 기버터(정제버터)
- 양파 큰 것으로 1개(편으로 썬다)
- 토마토 큰 것으로 3개(깍둑썬다)
- 생생강 1큰술(갈거나 채친다)
- 생마늘 1큰술(갈거나 으깬다)
- 전유 요거트 1/2컵
- 소금 2작은술
- 고춧가루 1큰술
- 강황가루 1/2작은술
- 고수씨 1/2작은술
- 쿠민 1/2작은술
- 회향씨 1/2작은술
- 블랙 카다멈씨 큰 것 2알

- 그린 카다멈씨 4알
- 통계피 작은 것 2개
- 통 흑후추 6~7알
- 고수잎 넉넉히 몇 줌(잘게 썬다)
- 풋고추 3~4개

※요리비결: 내 주변의 신세대 펀자브 언니들은 부엌에서 몇 시간씩 보내는 대신 샨 마살라(Shan Masala)의 향신료 믹스를 쓴다.

밥
- 바스마티 쌀 3컵(씻어서 불린다)
- 식초 1큰술
- 소금 넉넉히 2작은술

▸ 조리법

양념 고기 밑준비
1. 큰 냄비에 기를 두르고 편으로 썬 양파를 넣어 갈색이 되도록 볶는다.
2. 생강, 마늘, 토마토를 넣고 건더기가 있는 소스 상태가 되도록 익힌다.

3. 요거트, 남은 향신료, 고기, 풋고추를 넣고 잘 뒤섞는다.
4. 닭고기를 쓸 경우 뜨거운 물 1컵을 부어 한소끔 끓인 다음, 불을 줄여 부드럽게 익을 때까지 뭉근히 끓인다. 양고기 등 더 질긴 육류를 쓴다면 물을 좀 더 붓는다.
3. 잘게 썬 고수잎을 넣는다.

밥 밑준비
1. 큰 냄비에 쌀을 불린 다음 물, 소금, 식초를 넣고 한소끔 끓인다(쌀알이 대부분 투명해지고 중심부는 흰색인 상태여야 한다).
2. 쌀이 다 익으면 체에 받쳐 물을 뺀다.

▶ 비리야니 완성
1. 큰 냄비 비닥에 기버터를 두른다.
2. 냄비 바닥에 밥을 절반가량 깔고 양념한 고기를 모두 올린 다음 남은 밥을 위에 얹는다. 15~20분가량 약불에 두고 뜸을 들인다.

※참고: 인도와 파키스탄에서는 밥을 색소로 노랗게 물들이기도 한다. 하지만 밥맛에 영향을 주지 않는 천연 식용 색소를 찾지 못해서 그 단계는 생략했다.

샤이스타 안줌(Shaista Anjum) 부인을 추억하는 사르손 카 사그[11]

샤이스타 이모는 어디를 가나 웃음과 행복을 전하는 분이었다. 특히 내가 삶의 문제로 버거워하던 때 더 큰 힘이 되어 주셨다. 샤이스타 이모를 추억하면서 딸 샤멜라가 나름대로 만든 사르손 카 사그 조리법을 소개한다. 사르손 카 사그는 겨자잎, 시금치, 호로파잎, 향신료로 만드는 펀자브 지방 요리다.

▶ 재료

- 겨자잎(사르손) 450g
- 시금치 220g
- 호로파잎(메티) 1/2다발
- 할라피뇨 페퍼 1개(깍둑썬다)
- 세라노 고추 1개(깍둑썬다)
- 마늘 페이스트 1/2큰술
- 생강 페이스트 1/2큰술
- 쿠민씨 1작은술
- 고수가루 1작은술

---

11 사르손 카 사그(Sarson ka saag): 갓과 시금치 등으로 만드는 그린 커리의 일종.

- 적양파 큰 것 1/2개(깍둑썬다)

- 덩굴토마토 큰 것 1개(깍둑썬다)

- 기름 1/4컵

- 물 1/2컵(잎채소의 숨이 죽은 다음 붓는다)

- 가람 마살라[12] 1작은술

- 소금 1과 1/2작은술

- 버터 1큰술

- 말린 호로파 잎(카수리 메티: Kasouri Methi) 1/2작은술

사그(타드카: Tadka) 양념

- 기름 1/4컵

- 마늘 4쪽 (으깬다)

▶ 조리법

1. 잎채소를 흐르는 물에 여러 번 씻고 잘게 썬다.

2. 큰 냄비를 중불에 올리고 1번 재료 목록의 재료를 모두 넣은 다음 뚜껑을 덮는다.

3. 잎채소가 속까지 익고 무르도록 30분가량 익힌다.

4. 익은 채소를 식힌 다음 블렌더에 넣고 원하는 질감이 되

---

12 가람 마살라(Garam Masala): 인도 요리에서 널리 쓰이는 배합 향신료로서 '마살라'는 배합 향신료, '가람'은 매운맛 향료를 가리킨다.

도록 간다. 지나치게 갈지 않도록 주의한다.

5. 채소를 익혔던 냄비에 채소 간 것을 옮겨 붓고 약불에 얹는다.
6. 2번 목록의 가람 마살라, 소금, 버터, 말린 호로파잎을 넣는다.
7. 사그가 눋지 않도록 간간이 저어 주며 5~10분가량 익힌다.
8. 사그가 너무 되직하면 이 시점에서 끓인 물을 추가로 붓는다. 조금씩 넣으면서 농도를 조절한다.
9. 맛을 돋우기 위해 다른 프라이팬을 중불에 올려 기름을 두르고 으깬 마늘을 넣고 볶는다.
10. 마늘이 노릇해지면 사그를 붓고 5분간 뭉근히 끓인다.
11. 버터를 더 올려 장식하고 맛있게 먹는다!

샤미마 자히르(Shameema Zaheer) 박사의 추억이 담긴 아미의 사바이야

샤미마 이모는 나처럼 근사한 하이힐과 디저트를 좋아하고 1950년대 의학계에서 여성으로서 유리천장을 깬 분이었다. 이모는 언제나 내 바쁜 뇌가 중심을 다시 잡도록 기도해 주셨다.

나와는 죽마고우인 이모의 딸 아예샤가 '아미의 사바이야' 조리법을 공개했다.

▸ **아예샤의 한마디**

아미(Ami)는 우르두어[13]로 어머니라는 뜻이에요. 그래서 이건 저희 어머니의 레시피랍니다. 사바이야는 전통적으로 후식으로 내던 달콤한 요리예요. 라마단 기간에 30일 동안 해뜰녘부터 해질 때까지 금식한 다음 이드 알 피트르[14]에 내는 특별한 '조식용 죽'이기도 하죠. 이 요리는 금식의 달이 끝나는 것을 기념하는데, 어머니는 항상 명절 기도를 하러 가기 전 아침 식사로 사바이야를 식탁에 올리셨어요. 그리고 이드를 축하하며 하루 내내 친지들과 함께 나눠 먹었답니다.

▸ **재료**

- 버미첼리[15] 250g
- 스틱형 버터 1개(또는 기버터)
- 하프앤하프[16] 6컵

---

13 우르두어(Urdu): 파키스탄 및 인도 일부 지역의 공용어.
14 이드 알 피트르(Eid-ul-Fitr): 라마단 종료 축제. 줄여서 '이드'라고도 한다.
15 버미첼리(Vermicelli): 매우 가는 면발의 국수.
16 하프앤하프(Half and Half): 크림과 우유를 반씩 섞은 유제품.

- 카다멈씨 1/4작은술
- 아몬드 또는 피스타치오 다진 것 1/4컵
- 골든 건포도 2큰술
- 설탕 170~220g (원하는 디저트의 당도에 따라 가감)

▶ 조리법
1. 바닥이 두꺼운 편수냄비에 하프앤하프를 붓고 카다멈씨를 넣어 약불에 올린다.
2. 6~8리터들이 수프 냄비를 중약불에 올리고 버터를 넣어 녹인다.
3. 버미첼리를 5~7cm 길이로 부러뜨린 다음 버터를 녹인 냄비에 넣는다.
4. 냄비를 중약불에 얹고 버미첼리가 노르스름한 갈색이 되도록 자주 뒤적이며 볶는다.
5. 데운 하프앤하프를 버미첼리에 붓고 뭉근히 끓인다.
6. 골든 건포도, 다진 아몬드 또는 피스타치오를 넣는다.
7. 버미첼리와 우유를 계속 중불에 끓인다. 농도가 되직해져서 주걱에 달라붙을 때까지 자주 젓는다(약 20~30분가량).
8. 죽처럼 되직해지면(또는 원하는 농도가 되면) 설탕을 넣고 5분 더 끓인다.
9. 그릇에 담고 아몬드 또는 피스타치오 다진 것을 추가로

올려 장식한다.

할머니의 남부식 닭고기 덤플링[17]

멜리사 들로치 마트(Melissa Deloach Mart)는 사우스캐롤라이나 주에서 레지던트 과정을 밟는 동안 내 생명줄이 되어 준 자매 같은 친구다. 그 이래로 멜리사와 어머니 디앤은 항상 내 삶을 남부식 이모의 지혜로 채워 주었다.

▸ **멜리사의 한마디**

남부에서 자란 제게 일요일 저녁 할머니의 유명한 닭고기 덤플링을 한 그릇 듬뿍 먹는 것보다 더 큰 위안이 되는 일은 없었답니다. 구름 같은 덤플링 하나하나를 사랑으로 슬슬 빚으시던 모습이 눈에 선하네요. 할머니는 주변 사람들을 먹이면서 바쁜 뇌를 가라앉히는 분이셨죠. 물론 정해진 조리법은 없었어요. 이걸 약간, 저건 듬뿍(특히 버터) 넣는 식으로 감에 따라 요리하셨거든요. 세월이 흐르면서 저와 이모, 사촌들은 어깨너머로 본 과정과 기억을 더듬어 찾아낸 재료로 여기서 소개하는 닭고기

---

17 덤플링(Dumpling): 부풀린 밀가루 반죽으로 만든 경단 또는 수제비와 비슷한 음식. 소를 넣기도 한다.

덤플링 요리를 재현했어요. 할머니 솜씨 그대로라고는 할 수 없지만 이 요리의 먹음직스러운 모습과 소리, 만족스러운 맛에서는 할머니가 서 계시던 남부식 주방의 편안한 분위기가 느껴진답니다.

▸ 재료

<u>닭고기용</u>

- 생닭 1마리(약 1.6~2.3kg)
- 소금 1과 1/2작은술
- 물 8컵

<u>덤플링용</u>

- 자가팽창밀가루(베이킹파우더가 섞인 밀가루) 2컵
- 쇼트닝 넉넉히 1큰술(할머니는 크리스코(Crisco) 쇼트닝을 썼답니다)
- 버터밀크[18] 1/2컵
- 찬물 1/2컵

---

18 버터밀크(Buttermilk): 본디 크림에서 버터를 만들고 남은 유청으로 시큼하며 요리의 풍미를 돋우는 데 쓴다. 시판용은 종균을 첨가해서 생산한 것으로 농후한 맛이 난다.

소스용

- 스틱형 버터 1개
- 무가당연유 1캔(340g)
- 흑후추 1/2큰술
- 소금(맛내기용)

▸ 조리법

1. 큼직한 더치오븐에 닭을 넣고 물을 잠길 만큼 붓는다. 중불에 올려 끓어오르면 약불로 낮추고 2시간가량 부드러워지도록 끓인다.
2. 닭을 꺼내서 살을 잘게 찢는다. 육수 2컵은 따로 받아 둔다. 남은 육수에 소금을 넣고 불을 올려 끓인다.
3. 밀가루, 쇼트닝, 버터밀크, 찬물을 한데 섞어 반죽해서 덤플링을 만든다. 지나치게 반죽하지 않는다.
4. 조리대에 밀가루를 가볍게 흩뿌린 다음 반죽을 옮겨 얹고 1.3cm 두께로 민다. 반죽을 손끝으로 뜯어 5cm 크기로 둥글고 가볍게 빚는다. 반죽을 끓는 육수에 넣는다. 덤플링이 국물에 잠기도록 간간이 가볍게 휘젓는다.
5. 닭고기를 국물에 다시 넣는다. 버터와 무가당연유를 넣고 휘저어 섞는다. 3~5분 더 가볍게 끓인다. 덤플링을 하나 꺼내 2등분해서 다 익었는지 확인해 본다. 단단하되 가운

데는 약간 촉촉해야 한다.
6. 소스에 흑후추를 뿌리고 소금으로 간을 맞춘다. 소스가 너무 되직하면 따로 두었던 닭육수를 천천히 부어 가며 휘젓는다.
7. 맛이 들도록 10~15분간 두었다가 식탁에 낸다.

맨디의 로스트비프 그레이비와 비스킷

맨디 앨런(Mandy Allen)은 뇌 회복 연구소의 온라인사업 부장 겸 디자인 부장이다.

▸ **맨디의 한마디**

우리 할머니는 대공황기 여덟 명의 대가족을 먹이느라 고생하셨어요. 아침 식사의 양을 늘리느라고 이 요리를 만드셨죠. 이렇게 머리를 쓰고 농장에 작물과 가축들이 있어서 그 시절 쫄쫄 굶지 않은 거라고 입버릇처럼 말씀하셨답니다. 이 요리는 슈퍼마켓의 닭고기나 참치 통조림 옆에 놓여 있는 로스트비프와 그레이비 통조림으로 만들어요. 저희 가족은 헤리퍼드(Hereford)나 리비(Libby) 표 통조림을 즐겨 쓰죠. 할머니는 통조림은 하나만 쓰고, 루와 물을 추가해서 양을 늘리셨어요. 맛을 내려면 루의 밀가루를 황갈색이 되도록 볶아야 한다고 강조하셨죠. 대개 비스킷 위에 부어 내지만, 저희 집에서는 갓 구운 토스트에 끼얹어 먹어요.

▸ 재료

- 로스트비프와 그레이비 통조림(340g)
- 크리스코(쇼트닝), 버터, 또는 취향에 맞는 기름 3큰술
- 자가팽창밀가루 3큰술
- 물 2컵
- 소금과 후추(맛내기용)

▸ 조리법

1. 쇼트닝과 밀가루로 루를 만드는 데서부터 시작한다. 로스트비프와 그레이비 통조림뚜껑을 반쯤 따서 그레이비만 루 위에 붓는다.
2. 밀가루가 갈색이 돌도록 루를 볶는다. 밀가루 색깔이 짙어질수록 고소한 풍미가 짙어진다.
3. 원하는 농도가 될 때까지 물을 붓는다. 맨디 네 가족은 약간 되직한 그레이비를 좋아한다(소시지 그레이비를 생각하면 된다). 하지만 숟가락 뒤쪽에 달라붙을 정도의 농도면 괜찮다.

4. 깡통에 남은 로스트비프를 꺼내서 깨끗한 손으로 잘게 찢어 그레이비에 넣는다.
5. 소금과 후추로 간을 맞춘다.
6. 눋지 않도록 자주 저어 가며 5분간 뭉근히 끓인다.
7. 버터밀크 비스킷을 반으로 쪼갠 다음 따뜻한 그레이비를 끼얹어 낸다.

폴 B. 프리처드 3세 박사의 페스토 프리차디

세계 어디에 있든, 누군가 '페스토'라는 말을 꺼내면 나는 폴 B. 프리처드 3세 박사님과 부인 레베카 여사를 떠올린다. 박사님을 기리며 딸 낸시 프리처드 잭슨이 조리법을 공개했다.

▸ 재료

- 버진 올리브유 1컵
- 생 바질잎 1컵
- 잣 1컵(가볍게 볶는다)
- 소금 1/4작은술
- 간 후추 1/8작은술
- 갓 간 파르메산 치즈 1컵

▸ 조리법

1. 중불에 올린 마른 프라이팬에 잣을 넣고 가볍게 볶는다.
   (주의사항: 태우면 안 된다!)
2. 바질 잎을 잘게 뜯어 블렌더에 넣고 기름을 붓는다. 중속으로 돌려 잘 간다.
3. 블렌더를 끄고 파르메산 치즈를 넣어 숟가락으로 섞는다.
4. 소금, 후추, 볶은 잣을 넣고 블렌더를 돌려 잘 간다.

멜라니 베이츠의 주방에서 보내는
스웨덴식 미트볼 조리법

멜라니 베이츠는 내 개발 편집자일 뿐 아니라 자칭 '농장 이모'이기도 하다.

▸ 멜라니의 한마디

생일처럼 특별한 날, 어머니는 제가 저녁 메뉴를 고르도록 해주셨어요. 제 선택은 두말할 것도 없이 스웨덴식 미트볼이었죠. 요즘도 스웨덴식 미트볼은 제가 즐겨 먹는 소울푸드예요.

저는 푸드 네트워크[19]에서 볼 수 있는 앨튼 브라운(Alton Brown)의 요리를 참고한답니다. 전부 수제로 만들죠. 정제 버터 대신 기버터를 쓰고, 인스턴트 밥 대신 밥솥으로 바스마티 쌀밥을 지어 먹어요. 그리고 일반 쇠고기 육수 대신 육수 대용품을 사용한답니다.

▸ 재료
- 흰빵 2쪽
- 우유 1/4컵
- 기버터 3큰술(3단계와 6단계에 사용)
- 양파 다진 것 1/2컵
- 코셔 소금 1꼬집 + 1작은술
- 쇠고기 목살 간 것 180g
- 돼지고기 간 것 180g
- 달걀 노른자 큰 것 2개
- 흑후추 1/2작은술
- 올스파이스 간 것 1/4작은술
- 너트메그(갓 간 것) 1/4작은술
- 다목적밀가루 1/4컵

---

19 푸드 네트워크(Food Network): 미국의 요리 채널.

- 쇠고기 육수 3컵
- 헤비크림[20] 1/4컵

▶ 조리법

1. 오븐을 90℃로 예열한다.
2. 빵을 잘게 뜯어 작은 믹싱볼에 담고 우유를 부어 따로 둔다.
3. 직경 30cm의 원통형 냄비를 중불에 올리고 버터 1큰술을 녹인다. 양파, 소금 1꼬집을 넣고 양파가 부드러워질 때까지 볶는다. 불에서 내려 따로 둔다.
4. 스탠드믹서의 볼에 2와 3의 빵, 우유, 양파, 쇠고기와 돼지고기 간 것을 담고 달걀노른자, 코셔소금 1작은술, 흑후추, 올스파이스, 너트메그를 넣는다. 중속으로 1~2분 돌린다.
5. 저울을 이용해서 미트볼을 30g씩 나누어 트레이에 올린다. 양손으로 미트볼을 둥글게 굴린다.
6. 남은 버터를 중약불에 올린 볶음용 팬 또는 120℃로 맞춘 전기 프라이팬에 데운다. 미트볼을 올리고 고루 황갈색이 나도록 약 7~10분간 굽는다.
7. 타공스푼으로 미트볼을 오븐용기에 옮겨 담아 예열해 둔

---

20 헤비 크림(Heavy Cream): 유지방이 36% 이상인 생크림.

오븐에 넣는다.

8. 미트볼이 모두 익으면 불을 약불로 낮추고 냄비 또는 프라이팬에 밀가루를 넣는다. 옅은 갈색이 돌도록 뒤적이며 1~2분간 볶는다. 되직한 소스가 될 때까지 쇠고기 육수를 천천히 넣는다. 크림을 붓고 그레이비가 원하는 농도가 되도록 끓인다.
9. 미트볼을 오븐에서 꺼내 그레이비를 듬뿍 끼얹어 낸다.

캐런 스미스 코크란(Karen Smith Cochran) 주방에서 탄생한 코크란 스카이라인 칠리

자매 같은 친구 캐런은 내가 이 책을 준비하면서 조사 및 집필 작업을 할 때 여러 소울푸드를 대접해 주었다. 이 칠리는 캐런네 집안에 전해 내려오는 요리 중 우리가 가장 좋아하는 메뉴다.

▶ 캐런의 한마디

이 요리는 우리 집에서 즐겨 먹는 소울푸드예요. 쇠고기 대신 칠면조고기 간 것을 쓰는 게 특징이에요. 스파게티에 얹고 좋아하는 토핑(사우어크림, 채친 체다치즈, 양파 등)을 올려 드세요. 매콤한 맛을 좋아하는 분들을 위해 핫소스도 한 병 준비해 두시구요.

▸재료

- 간 쇠고기 또는 칠면조고기 670g
- 양파 중간 크기 1개(다진다)
- 고춧가루 1작은술
- 토마토소스 5~6캔(230ml)
- 강낭콩 2캔(460g)
- 타바스코 소스 2큰술 가량
- 소금(맛내기용)

추가 재료

- 스파게티 1봉
- 사우어크림
- 체다치즈(채친다)
- 양파(곁들임용으로 깍둑썬다)

▸조리법

1. 고기와 양파를 볶아 속까지 익힌 다음 남은 국물을 따라 낸다.

2. 토마토소스, 고춧가루, 타바스코, 소금을 넣는다. 30분간 익힌다.
3. 강낭콩 통조림을 따서 국물째 넣는다. 콩이 속까지 따뜻해지도록 10분간 더 익힌다.
4. 다른 냄비에 스파게티를 포장에 적힌 조리법에 따라 삶는다.

   식탁에 낼 때는 볼에 스파게티를 담고 칠리를 얹는다.
   추가 토핑을 얹어 맛있게 먹는다.

찰리 스미스(Charlie Smith) 주방에서 탄생한
찰리의 브렉시트 감자 캐서롤

찰리 스미스는 플로리다 출신 친구로 은퇴해서 프랑스 시골에 정착했다. 갑자기 이혼을 해서 홀몸이 된 찰리는 꽃을 가꾸고 시장에서 산 신선한 재료로 주방에서 요리를 하며 마음의 위안을 얻었다.

※ 참고: 11장에서 언급한 찰스와는 동명이인이다.

▸ **재료**

- 점질 감자[21] 2와 1/2컵(두껍게 썬 것)
- 중간 크기 노란 양파 1개(깍둑썬 것)
- 통마늘 4쪽(껍질을 깐 것. 취향에 따라 가감한다)
- 헤비 프렌치 크림 3/4컵
- 웬슬리데일 체다치즈 150g(간 것) 영국의 닐스 야드 데어리[22] 근처에 사는 게 아니라면 숙성된 흰 체다치즈로 대체하자. 이래도 되나 싶을 만큼 많이 넣어야 한다).
- 소금(맛내기용)
- 흑후추(맛내기용)

▸ **조리법**

1. 오븐을 180℃로 예열한다.
2. 로스트용 팬에 감자, 마늘, 양파를 올리고 적당히 뒤적인다.
3. 크림을 채소 위에 고루 흩뿌린다.
4. 소금과 후추로 간을 맞춘다.
5. 웬슬리데일 치즈를 고루 얹고 예열된 오븐 중간단에 넣는다.

---

21 점질 감자: 단백질이 풍부하고 노란 빛을 띠는 물기가 많은 감자로 쫀득한 맛이 난다.
22 닐스 야드 데어리(Neal's Yard Dairy): 런던의 유명 치즈 가게.

6. 75분 이상, 또는 윗면의 치즈 일부가 황금빛이 도는 갈색이 되도록 굽는다.
7. 오븐에서 꺼내 약간 식힌다. 어떤 식사에 곁들여도 잘 어울리는 감자 요리로, 팬에서 바로 먹어도 된다.

식혀서 뚜껑을 덮어 두었다가 나중에 다시 데워 먹으면 더욱 맛있다.

THE BUSY BRAIN CURE

· 감사의 말 ·

내가 살았기에 단 하나의 생명이라도
숨쉬기가 수월해졌다는 사실을 깨닫는 것.
그것이야말로 성공이다.

– 랄프 월도 에머슨(Ralph Waldo Emerson)

나는 이야기꾼 사이에서 자란 덕분에 듣는 데 익숙해졌다. 의사, 강연 전문가, 여성 창업인, 최고건강책임자에게는 큰 도움이 되는 자산이다. 먼저 집안 어르신, 친구, 동료, 뇌전증 환자, 고객사 임원, 이웃, 라자와 산책할 때 만난 강아지 집사, 델타항공 비행기에서 만난 승객, 내가 최고건강책임자(공식적으로 '닥터 로미 이모'로 통한다)로 활동 중인 에보의 임직원 등 마음을 열고 내게 속내를 털어놓은 모든 분들께 감사의 말을 하고 싶다.

이 책은 강연이 끝난 뒤 나를 붙들고 스트레스, 번아웃, 바쁜 뇌 증후군의 증상이 인생에 어떤 영향을 미쳤는지 하소연하던 수천 명의 청중을 위해 쓴 것이다. 다른 사람의 치유를 돕기 위해 마음을 열고 이 책에 자신의 이야기를 싣도록 허락해 준 분들께 특히 감사의 말을 전한다.

이 책에 실을 감사의 말을 쓰려고 마음먹을 때마다 깊은 곳에서 눈물이 터져나오고 목이 메어 키친타월에 코를 풀었다. 부드러운 티슈로는 부족했다. 맥북 프로를 밀쳐둔 채 감정을 추스렸다. 그런데 하노버 스퀘어 출판사의 원고 편집자 이든이 감사의 말을 써달라는 메일을 보내와서 더 이상 미룰 수 없게 되었다. 고마운 사람을 빼먹을까봐 두렵고, 감사한 분들을 떠올리다 보면 아직 소화하지 못한 슬픔의 둑이 터진다.

감사를 전하고 싶지만 지금 이 땅에 우리와 함께하지 못하는 분들이 많다. 내가 그분들의 생전에 진심을 담은 감사의 말을 한 번은 꼭 했긴 바란다. 지금 이 책을 읽는 독자 여러분도 잠깐 뇌 끄기를 하고 살면서 편히 숨쉬도록 도와준 모든 분들에게 '사랑한다'고 말해 보자. 할머니, 조지아 리드 부인, 노신 이모, 커닝햄 삼촌, 제니스 이모, 히나 이모, 샤이스타 이모를 비롯, 내 스승이자, 멘토이자, 나를 위해 기도해 주신 천국에 있는 많은 이모들에게 사랑과 감사의 기도를 전한다. 작가의 슬럼프와 두려움 대신 영감으로 가득 차서 새벽 3시 33분에 일어났을 때, 나를 하늘에서 내려다보는 그분들의 존재를 느꼈다.

5~6학년 때였을까, 댄빌 공립도서관에서 성공적인 삶의 의

미에 대한 랄프 왈도 에머슨의 시를 발견했다. 태어난 날부터 책, 독서, 배움에 대한 사랑, 근면한 직업윤리를 길러주신 아버지(무하마드 무슈타크 박사)와 어머니(이팟 무슈타크)께 감사드린다.

이민자의 딸로 자라면 사람들이 모두 자신을 희생하고 고군분투하며 가족을 위해 삶을 일구는 모습을 목격하게 된다. 나 또한 부모님께 느끼는 깊은 감사를 표현할 적절한 말을 찾느라 고심했다. 부모님의 배려, 친절, 겸허를 내가 오늘 돕는 모든 이들에게 전함으로써 부모님과 무슈타크가의 명예를 지키고 싶다. 전통에서 벗어난 인도계 사람으로 살아가는 내게 웃음과 사랑의 원천인 응원의 말과 소울푸드를 나눠준 형제들과 사촌들에게도 감사한다.

내게는 두 번째 가족과 같은 댄빌의 커닝햄가 사람들은 내게 로미라는 별명을 붙여 준 분들이기도 하다. 네이트 아저씨와 테레사 아주머니는 딸 야넷과 내가 학교에서나 인생에서나 성공할 거라 믿어주셨다. 십대를 지나 어른이 되던 시기, 두 분은 우리들의 이야기를 시시콜콜 들어주고 사랑이 담긴 사라 리(Sara Lee)표 치즈케이크와 수제 파운드케이크를 끝없이 내주셨다. 어린 시절부터의 벗 야넷(야디)에게는 내가 창업할 때 포기하지 말라고 말해준 많지 않은 사람들 중 하나가 되어 주어서 고맙다는 말을 전하고 싶다.

사랑의 길을 지키고 삶의 어떤 변화와 단계에도 힘이 되어 주는 생활의 동반자와 영혼의 단짝은 하늘에서 내려준 삶의 축복이다. 야디와 더불어 아미라 A, 아예샤 Z, 브라이언 L, 멜리사 D, 캐런 C, 칼라 F와 자매 같은 친구들에게, 오랜 세월 내 곁에서 함께 인생을 나눠주어 감사한다.

나는 이 책을 우리 부모님과 이모들을 비롯한 스승께 바쳤다. 내 이모들은 어머니의 친구, 동료, 지역사회에서 만난 온갖 종교, 인종, 민족적 배경을 지닌 아주머니들이다. 이모들은 우리 부모님과 비슷한 전통적인 가족적 가치를 갖고 계셨고, 상부상조하며 함께 아이들을 키웠다.

나는 내 고향인 미국 중서부의 작은 마을 댄빌의 공립교육이 자랑스럽게 내놓은 결과물이다. 센트럴 크리스천 유치원, 리버티 초등학교, 노스리지 중학교, 댄빌 고등학교, 댄빌 가족 YMCA의 방과후 프로토콜에서 만난 모든 선생님들께 감사의 말을 전한다. 1980년대 여자아이들은 가정과 타자 수업을 듣는 것이 보통이었지만 선생님들은 내게 무엇을 가르쳐야 할지 잘 알고 계셨다. 선생님들이 가르쳐주신 수학과 과학은 의사가 되는 길에 큰 도움이 되었다.

의대생, 내과 인턴, 신경과 레지던트, 신경과 전임의 시절, 여러 교수님, 의사, 간호사, 병원행정 관리자들이 시간과 지혜를 할애해서 나를 가르쳐 주셨다. 파티마 진나 의과대학(Fatima Jinnah Medical College), 사우스캐롤라이나 의과대학(Medical

University of South Carolina), 피츠버그 대학병원(University of Pittsburgh Medical Center), 미시건 대학교(University of Michigan)에서 나를 가르쳐 준 분들께 감사한다. 특히 내가 커리어를 쌓는 동안 시종일관 스승, 멘토, 친구, 또 하나의 가족이 되어주신 브랙스턴 B. 워너메이커 3세 박사님과 폴 B. 프리처드 3세 박사님 및 가족들께 마음 깊은 곳에서 감사를 표한다.

솔직히 말해서 나는 혼자 힘으로 치유되거나 치유법을 알아낸 것이 아니다. 우주는 우리 모두에게 성장과 자기발전의 길을 이끌 치유의 길잡이를 마련해 준다. 나는 정신적, 영적, 물리적 몸을 치유하는 전 세계의 치유자들과 함께 치유의 여정을 걷고 있다. 배려심 깊었던 시애틀의 워싱턴 대학교 사람들과 카를로스 펠레그리니 박사님께 감사드린다. 전인 치유의 중요성을 보여준 통합의학 전문의와 동료들에게 감사한다. CB 대니얼 박사는 십여 년간 주치의가 외면했던 내 말("제 갑상선에 문제가 있는 것 같아요.")에 처음 귀기울여준 분이다. 그 뒤로 나를 돌봐준 토머스 모라체프스키 박사, 아네미커 오스틴(Annemieke Austin) 박사, 빈디야 간디(Bindiya Gandhi) 박사에게도 항상 고마운 마음이다. 의사는 때로 까다롭고 복잡한 환자가 되곤 한다. 그분들이 내 건강을 살펴준 덕분에 나도 남들을 치유할 수 있었다.

2003년 전임의 과정 도중 이혼 신청을 한 뒤로 멋진 상담사 및 여러 정신건강 전문가와 대화하지 않았다면 지금 이곳에 서지 못했을 것이다. 십여 년이 넘도록 상담사로서 내 곁을 지켜준 캐런 H.를 위해 특별한 감사의 기도를 전한다. 미국과 전세계의 영성, 마음챙김, 명상, 아유르베다, 라이키, 요가 스승에게 슈크란과 나마스테를 보낸다.

　진심으로 남을 이끌고 멋진 구두를 즐겨 신을 때 무엇이 가능해지는지 보여준 롤모델 오프라 윈프리(Oprah Winfrey)에게도 감사한다. 언젠가 직접 만날 기회가 있다면 내가 살면서 항상 원했던 언니 역할을 해준 데 대해 요란한 감사의 말을 하고 싶다. 〈오프라 쇼〉 생방송이 시카고의 WGN 스튜디오에서 전국 무대에 진출하던 당시 나는 아직 중학생이었다. 오프라는 이민 가정에서 자란 내가 미국 문화의 수수께끼를 이해할 문을 열어주고, 진정성과 영성으로 가득한 삶을 살도록 이끌어주었다. 지금도 그녀는 보다 나은 사회를 위해 목소리를 내는 여성의 힘을 보여주고 있다.

　2013년 일반적인 의료계의 커리어를 뒤로 하면서 미친 사람 취급을 받기도 했다. 하지만 나는 통합의학 및 집단과 개인을 치유하기 위한 창업의 세계를 택했다. 앞길이 오리무중일 때 나서서 나를 이끌어준 새 멘토와 동료, 응원해 준 분들께 감사한다. 앨리 코언, 캐런 드러커, 로리 영, 마사 벡, 리사 랜킨 박사, 수 매티슨 박사, 앤 셰어러, 크리스틴 세이바 박사, 파멜라 슬림, 나탈리 맥닐, 라밥 알아민, 애슐리 코프, 수니라 마다니, 샘 혼,

JJ 버진 모두는 내가 의식을 높여 선구자로서 남을 돕게끔 도와주셨다. 사람들이 정신건강 및 직장 내 번아웃에 대해 드러내놓고 이야기하지 않던 시절, 내 이야기를 전할 수 있도록 도와준 TEDx파고(Fargo) 팀에게도 감사한다.

'닥터 로미' 브랜드 및 뇌 회복 연구소에서 함께 일했던 과거, 현재, 미래의 모든 이들에게 감사를 전하지 않고 말을 이을 수는 없을 것 같다. 카일리, 신디, 커스틴, 맨디, 매기, 크리스찬은 우리 목표에 진심을 실어 주었다. 여러분이 없었다면 우리가 고객에게 선사한 경험은 현실이 되지 못했을 것이다.

오늘날 나는 머프의 업적을 잇고 에보의 최고건강경영자로 활동하는 큰 영광을 누리고 있다. 내가 가장 좋아하는 에보의 지침이자 원칙은 "모든 일에 감사와 겸허로 임하라."이다. 에보의 임원진이 아낌없이 내준 지원과 시간에 감사하려면 무슨 말을 동원해도 모자란다. 나를 믿고 연구를 진행하고, 전 기업을 대상으로 마음챙김 프로그램을 구축하고, 뇌 회복 프로토콜을 시험하도록 해준 데 감사드린다. 머프, 불마로, 월, 메리 캐서린, 마크, 스콧, 브라이언, 에드, 크리스, 개리, 미셸, 매트, 그 외 리더들에게 감사한다. 나를 신뢰하고 각자의 이야기와 희망을 들려주고 팀을 맡겨준 수천 명의 에볼루셔너리들에게도 감사드린다. 여러분에게 존경의 마음을 보낸다. 여러분의 호텔과 삶에 발을 들여놓을 수 있도록 환영해 준 덕분에 나는 더 나은 의사,

리더, 인간이 될 수 있었다.

비밀 한자락을 공개해야겠다. 어린이 작가상을 탔던 4학년 때부터, 나는 내 안에 책이 잠들어 있다는 것을 알고 있었다. 나는 결혼식보다 출간 파티를 더 꿈꾸던 아이였다(여기까지 읽어준 데 대한 감사의 뜻으로 민망하지만 공개하는 소소한 사연이다). TEDx파고 강연이 주목받은 뒤 여러 출판사와 에이전트의 연락을 받았지만 아직 때가 되지 않은 것 같았다. 그러고서 전 세계가 팬데믹에 시달리던 시기, 하노버 스퀘어 출판사의 편집장 피터 조셉이 내 의견을 타진해 왔다.

이모들에게서 물려받은 직감 덕분일까, 온라인 화상회의를 하면서 나는 피터와 그의 팀(그리고 모기업 하퍼콜린스의 팀)이 이 책 출간의 길잡이가 되어 주리라는 사실을 깨달았다. 피터의 팀은 내가 연구를 끝내고, 프로토콜을 시험하고, 초고를 쓰기까지 인내심을 갖고 기다려주었다. 2021년 말 피터에게 갑자기 메일을 보내 "이제 준비가 됐어요. 얼른 작업을 시작하면 좋겠네요."라고 전한 뒤, 피터와 하퍼콜린스 팀은 줄곧 첫 출간을 준비하는 작가에게 필요한 모든 지원을 해주었다.

2013년 초 처음으로 온몸을 사로잡는 두려움을 마주하고 커리어의 방향을 틀면서 바쁜 뇌 증후군에 시달리던 당시, 통합의학훈련센터에서 근무하던 멜라니 베이츠가 내 전화를 받았다. 멜라니는 일반적인 신경과 전문의 일을 그만두었다는 내 아픈 비밀을 처음 털어놓은 사람들 중 하나였다. 그때도 그녀는 앞으로 내 인생이 어떻게 펼쳐질지 기대된다고 말해주었다. 이제 그녀는 최고의 개발 편집자이자 유기동물(및 슬럼프에 빠진 작가)의 이모로 활약하고 있다.

멜라니는 이 책을 읽고 또 듣는 모든 독자가 바쁜 뇌 증후군을 치유하는 동안 외로운 느낌이 들지 않게끔 내 이야기를 풀어내고 남들의 이야기를 전하는 데 큰 도움을 주었다. 금요일 오후마다 함께 했던 그녀의 지혜와 웃음은 글을 다듬는 자양분이 되었다. 멜라니는 라자에게도 강아지의 소울푸드를 마련해 주었다. 이 책이 탄생한 것은 멜라니의 더할 나위 없는 프로정신과 편집 실력 덕분이다. 내 책의 마법사가 되어준 데 감사한다.

이제 열여섯 살인 사랑하는 개 라자에게 고마움을 전한다. 라자는 내가 바쁜 뇌를 안고 새벽부터 일어나 이 책을 쓰는 사이 곁을 지켜 주었다. 라자에게 이 땅에서 남은 시간이 많지 않다는 것을 알고 있다. 산책을 하며 바깥에서 뇌 끄기를 하고, 함께 스타벅스에 들르고, 다가앉아 뽀뽀를 해준 라자에게 고마운 마음을 전한다. 라자와 나는 독자 여러분이 평생 한 번쯤은 영혼을 나누는 강아지의 조건 없는 사랑을 경험해 보길 바란다. 이 책의 수익금 일부는 라자의 이름을 기리며 밴더펌프 도그(Vanderpump Dogs)에 기부할 예정이다.

미국에서 성공적인 커리어를 이룩한 사람들은 대개 나와 비슷한 외모와 생각을 지닌 사람들과는 거리가 멀다. 나는 이민가정의 딸이고, 영어는 제2언어(맞아요, 아빠, 솔직히 제3언어나 마찬가지였어요)였으며, 번아웃에서 회복 중인 의사였고, 인도계이며, 이혼녀였다. 그럼에도 불구하고 나는 남을 도울 수 있는 바탕을 구축했다. 이제 신이 내게 주신 선물을 이해하고 세상에 그 선물을 돌려주고 싶다. 이번 생에 내 생물학적인 아이를 낳는 것은 운명이 아니었다. 그래서 나는 다른 누군가의 딸들이 모든 기회를 누릴 수 있었으면 한다.

이 책의 수익금 일부는 플로리다주의 시트러스 카운슬 걸스카우트 및 미국 걸스카우트에 기부할 예정이다. 과학, 기술, 엔지니어링, 수학, 의학의 세계에는 언제나 다양한 목소리가 필요하고, 전 세계적인 팬데믹 탓에 여성과 여자아이들의 문은 더욱 좁아지고 말았다. 유치원에서 대학, 최고임원직에 이르기까지 여성은 여전히 교육을 받고, 멘토를 구하고, 리더십을 발휘할 기회를 충분히 얻지 못하고 있다. 걸스카우트는 유리천장을 부술 다음 세대를 지원하는 단체다.

끝으로 전 세계 뇌 회복 커뮤니티의 당당하고 성공지향적인 A유형 전문가들에게……. 나를 믿고 여러분의 뇌, 마음, 희망을 맡겨준 데 감사를 전한다.

· 참고문헌 ·

1장

Liu, Xinyu, Yuhao Shan, Min Peng, Huanyu Chen, and Tong Chen. "Human Stress and StO2: Database, Features, and Classification of Emotional and Physical Stress." Entropy 22, no. 9 (2020): 962.

World Health Organization. "Occupational Stress, Burnout and Fatigue." Accessed April 24, 2023. https://www.who.int/tools/occupational-hazards-in-health-sector/occup-stress-burnout-fatigue.

Brown, Theodore M., and Elizabeth Fee. "Walter Bradford Cannon: Pioneer Physiologist of Human Emotions." American Journal of Public Health 92, no. 10 (2002): 1594–95.

Koutsimani, Panagiota, Anthony Montgomery, and Katerina Georganta. "The Relationship Between Burnout, Depression, and Anxiety: A Systematic Review and Meta-Analysis." Frontiers in Psychology 10 (2019): 284.

Hong, Kan. "Classification of Emotional Stress and Physical Stress Using a Multispectral Based Deep Feature Extraction Model." Scientific Reports 13, no. 1 (2023): 2693.

López-Ibor, Juan J. "The Classification of Stress-Related Disorders in ICD-10 and DSM-IV." Psychopathology 35, no. 2–3 (2002): 107–11.

Smiljanic, Stasha. "21+ Statistics About The Health And Wellness Industry (2023)." PolicyAdvice, March 23, 2023. https://policyadvice.net/insurance/insights/health-wellness-industry/.

Gay, Charles. "Delta's History: From Dusting Crops to Connecting the World." Delta News Hub, April 23, 2019. https://news.delta.com/deltas-history-dusting-crops-connecting-world.

Atroszko, Paweł A., Zsolt Demetrovics, and Mark D. Griffiths. "Work Addiction, Obsessive-Compulsive Personality Disorder, Burn-Out, and Global Burden of Disease: Implications from the ICD-11." International Journal of Environmental Research and Public Health 17, no. 2 (2020): 660.

"Tips for Coping with Stress." Centers for Disease Control and Prevention." Last reviewed November 30, 2021. https://www.cdc.gov/violenceprevention/about/copingwith-stresstips.html.

Dhama, K., S. K. Latheef, M. Dadar, H. A. Samad, A. Munjal, R. Khandia, and S. K. Joshi, et al. "Biomarkers in Stress Related Diseases/Disorders: Diagnostic, Prognostic, and Therapeutic Values." Frontiers in Molecular Biosciences 6 (2019): 91. DOI: 10.3389/fmolb.2019.00091.

Bazan, Nicolas G. "Neuroinflammation." Basic Neurochemistry: Principles of Molecular, Cellular, and Medical Neurobiology, edited by Scott Brady et al., 8th ed., 610–20. Waltham: Academic Press, 2012.

DiSabato, Damon J., Ning Quan, and Jonathan P. Godbout. "Neuroinflammation: The Devil Is in the Details." Journal of Neurochemistry 139, Suppl 2 (2016): 136–53.

Silver, Natalie. "Everything to Know About Your Circadian Rhythm." Healthline, March 30, 2022. https://www.healthline.com/health/healthy-sleep/circadian-rhythm.

Nicolaides, Nicolas C., Evangelia Charmandari, Tomoshige Kino, and George P. Chrousos. "Stress-Related and Circadian Secretion and Target Tissue Actions of Glucocorticoids: Impact on Health." Frontiers in Endocrinology 8 (2017): 70.

Oster, Henrik. "The Interplay between Stress, Biological Clocks and Metabolic Function." In Endocrine Abstracts, vol. 65. Society for Endocrinology BES 2019, Bioscientifica, 2019. S5.1.

Koch, Christiane E., B. Leinweber, B. C. Drengberg, C. Blaum, and H. Oster. "Interaction between Circadian Rhythms and Stress." Neurobiology of Stress 6 (2017): 57–67.

Keel, Peter. "Psychische Belastungen durch die Arbeit: Burnout-Syndrom [Psychological Stress Caused by Work: Burnout Syndrome]." Sozial-und Präventivmedizin 38, Suppl 2 (1993): S131–32.

"Workplace Stress." The American Institute of Stress, accessed April 24, 2023. https://www.stress.org/workplace-stress.

"State of the Global Workplace 2022 Report: The Voice of the World's Employees." Gallup, 2022. https://www.gallup.com/workplace/349484/state-of-the-global-workplace.aspx.

"Aflac WorkForces Report: 2022–2023." Aflac, 2023. https://www.aflac.com/business/resources/aflac-workforces-report/default.aspx.

Miklósi, M., O. Máté, K. Somogyi, and M. Szabó. "Adult attention deficit hyperactivity disorder symptoms, perceived stress, and well-being." The Journal of Nervous and Mental Disease 204 (2016): 364–9.

Calcia, M. A., D. R. Bonsall, P. S. Bloomfield, S. Selvaraj, T. Barichello, and O. D. Howes. "Stress and neuroinflammation: a systematic review of the effects of stress on microglia and the implications for mental illness." Psychopharmacology (Berl) 233(9) (2016): 1637–50. DOI: 10.1007/s00213-016-4218-9.

Ravi, Meghna, Andrew H. Miller, and Vasiliki Michopoulos. "The Immunology of Stress and the Impact of Inflammation on the Brain and Behaviour." BJPsych Advances 27, Suppl 3 (2021): 158–65.

Won, Eunsoo, and Yong-Ku Kim. "Neuroinflammation-Associated Alterations of the Brain as Potential Neural Biomarkers in Anxiety Disorders." International Journal of Molecular Sciences 21, no. 18 (2020): 6546.

Wang, Xiao-Lan, and Lianjian Li. "Circadian Clock Regulates Inflammation and the Development of Neurodegeneration." Frontiers in Cellular and Infection Microbiology 11 (2021): 696554.

3장

Research and Markets. "Workplace Stress Management Market: Global Industry Trends, Share, Size, Growth, Opportunity and Forecast 2023–2028." March 2023. https://www.researchandmarkets.com/reports/5769239/workplace-stress-management-market-global.

American Psychological Association (APA). "Stress in America 2022." Accessed April 2023. https://www.apa.org/news/press/releases/stress/2022/october-2022-questions.pdf.

"More Than a Quarter of U.S. Adults Say They're So Stressed They Can't Function." American Psychological Association, October 19, 2022. https://www.apa.org/news/press/releases/2022/10/multiple-stressors-no-function.

Abramson, Ashley. "Burnout and Stress Are Everywhere." Monitor on Psychology

53, no. 1 (2022): 72. https://www.apa.org/monitor/2022/01/special-burnout-stress.

"Depression Treatment After Unsatisfactory Response to SSRIs When Used as First-Line Therapy." Effective Health Care Program-Agency for Healthcare Research and Quality, last reviewed December 2019, https://effectivehealthcare.ahrq.gov/products/depression-treatment-ssri/research-protocol.

Cassano, Giovanni B., Nicolò Baldini Rossi, and Stefano Pini. "Psychopharmacology of Anxiety Disorders." Dialogues in Clinical Neuroscience 4, no. 3 (2002): 271–85.

Sugarman, Michael A., Amy M. Loree, Boris B. Baltes, Emily R. Grekin, and Irving Kirsch. "The Efficacy of Paroxetine and Placebo in Treating Anxiety and Depression: A Meta-Analysis of Change on the Hamilton Rating Scales." PLoS One 9, no. 8 (2014): e106337.

Sartori, Simone B., and Nicolas Singewald. "Novel Pharmacological Targets in Drug Development for the Treatment of Anxiety and Anxiety-Related Disorders." Pharmacology & Therapeutics 204 (2019): 107402.

Rosnick, Christopher B., Julie L. Wetherell, Kamila S. White, Carmen Andreescu, David Dixon, and Eric J. Lenze. "Cognitive-Behavioral Therapy Augmentation of SSRI Reduces Cortisol Levels in Older Adults with Generalized Anxiety Disorder: A Randomized Clinical Trial." Journal of Consulting and Clinical Psychology 84, no. 4 (2016): 345–52.

Slee, April, Irwin Nazareth, Paulina Bondaronek, Yifeng Liu, Zhihang Cheng, and Nick Freemantle. "Pharmacological Treatments for Generalised Anxiety Disorder: A Systematic Review and Network Meta-Analysis." Lancet 393, no. 10173 (2019): 768–77.

Offidani, Emanuela, Jenny Guidi, Elena Tomba, and Giovanni Andrea Fava. "Efficacy and Tolerability of Benzodiazepines versus Antidepressants in Anxiety Disorders: A Systematic Review and Meta-Analysis." Psychotherapy and Psychosomatics 82, no. 6 (2013): 355–62.

Buscemi, Nina, Ben Vandermeer, Carol Friesen, Liza Bialy, Michelle Tubman, Maria Ospina, Terry P. Klassen, and Manisha Witmans. "The Efficacy and Safety of Drug Treatments for Chronic Insomnia in Adults: A Meta-Analysis of RCTs." Journal of General Internal Medicine 22, no. 9 (2007): 1335–50.

4장

LaFaver, K., J. M. Miyasaki, C. M. Keran, C. Rheaume, L. Gulya, K. H. Levin, E. C. Jones, H. B. Schwarz, J. R. Molano, A. Hessler, D. Singhal, T. D. Shanafelt, J. A.

Sloan, P. J. Novotny, T. L. Cascino, and N. A. Busis. "Age and sex differences in burnout, career satisfaction, and well-being in US neurologists." Neurology 91, no. 20 (2018): e1928–e1941. https://doi.org/10.1212/WNL.0000000000006497.

Schlottmann, F., and M. G. Patti. "Esophageal achalasia: current diagnosis and treatment." Expert Review of Gastroenterology & Hepatology 12, no. 7 (2018): 711–21. https://doi.org/10.1080/17474124.2018.148174.

Millstine, D., C. Y. Chen, and B. Bauer. "Complementary and integrative medicine in the management of headache."

BMJ (Clinical Research Ed.) 357 (2017): j1805. https://doi.org/10.1136/bmj.j1805.

Maizes, V., D. Rakel, and C. Niemiec. "Integrative medicine and patient-centered care." Explore (New York, N.Y.) 5, no. 5 (2009): 277–289. https://doi.org/10.1016/j.explore.2009.06.008.

Fortney, L., D. Rakel, J. A. Rindfleisch, and J. Mallory. "Introduction to integrative primary care: the health-oriented clinic." Primary Care 37, no. 1 (2010): 1–12. https://doi.org/10.1016/j.pop.2009.09.003.

Adam, E. K., M. E. Quinn, R. Tavernier, M. T. McQuillan, K. A. Dahlke, and K. E. Gilbert. "Diurnal cortisol slopes and mental and physical health outcomes: A systematic review and meta-analysis." Psychoneuroendocrinology 83 (2017): 25–41. https://doi.org/10.1016/j.psyneuen.2017.05.018.

Jovanovski, Natalie, and Tess Jaeger. "Demystifying 'diet culture': Exploring the meaning of diet culture in online 'anti-diet' feminist, fat activist, and health professional communities." Women's Studies International Forum Volume 90 (2022): 102558. ISSN 0277-5395. https://doi.org/10.1016/j.wsif.2021.102558.

França, K., and T. M. Lotti. "Psycho-Neuro-Endocrine-Immunology: A Psychobiological Concept." Advances in Experimental Medicine and Biology 996 (2017): 123–34. https://doi.org/10.1007/978-3-319-56017-5_11.

Bitzer-Quintero, O. K., et al. "Psycho-Neuro-Endocrine-Immunology: A Role for Melatonin in This New Paradigm."

Molecules (Basel, Switzerland) 27, no. 15 (2022): 4888. https://doi.org/10.3390/molecules27154888.

Gonzalez-Diaz, S. N., A. Arias-Cruz, B. Elizondo-Villarreal, and O. P. Monge-Ortega. "Psychoneuroimmunoendocrinology: Clinical implications." World Allergy Organization Journal 10 (2017): 19. DOI: 10.1186/s40413-017-0151-6.

Bottaccioli, F., and A. G. Bottaccioli. "Nervous regulation." In Psycho-Neuro-

Endocrine-Immunology and Science of the Integrated Care the Manual, edited by F. Bottaccioli, A. G. Bottaccioli. Edra S.p.A., Milano, Italy, 2020, pp. 103–26.

Daniel, P. M. "Anatomy of the hypothalamus and pituitary gland." Journal of Clinical Pathology: Supplement (Association of Clinical Pathologists) 7 (1976): 1–7. DOI: 10.1136/jcp.s1-7.1.1.

Bottaccioli, F., and A. G. Bottaccioli. "Neuroendocrine regulation." Psycho-Neuro-Endocrine-Immunology and Science of the Integrated Care the Manual, edited by F. Bottaccioli, A. G. Bottaccioli. Edra S.p.A., Milano, Italy, 2020, pp. 131–51.

Feldt-Rasmussen, U., G. Effraimidis, and M. Klose. "The hypothalamus-pituitary-thyroid (HPT)-axis and its role in physiology and pathophysiology of other hypothalamus-pituitary functions." Molecular and Cellular Endocrinology 525 (2021): 111173. DOI: 10.1016/j.mce.2021.111173.

Alizadeh, M., A. Mirzazadeh, D. X. Parmelee, E. Peyton, N. Mehrdad, L. Janani, and H. Shahsavari. "Leadership Identity Development Through Reflection and Feedback in Team-Based Learning Medical Student Teams." Teaching and Learning in Medicine 30, no. 1 (2018): 76–83.

Fenning, Kristine. "Cohort Based Learning: Application to Learning Organizations and Student Academic Success." College Quarterly 7, no. 1 (2004): n1.

Goyal, M., S. Singh, E. M. Sibinga, N. F. Gould, A. Rowland-Seymour, R. Sharma, Z. Berger, D. Sleicher, D. D. Maron, H. M. Shihab, P. D. Ranasinghe, S. Linn, S. Saha, E. B. Bass, and J. A. Haythornthwaite. "Meditation programs for psychological stress and well-being: a systematic review and meta-analysis." JAMA Internal Medicine 174, no. 3 (2014): 357–68. https://doi.org/10.1001/jamainternmed.2013.13018.

Tang, Y. Y., B. K. Hölzel, and M. I. Posner. "The neuroscience of mindfulness meditation." Nature Reviews Neuroscience 16, no. 4 (2015): 213–25. https://doi.org/10.1038/nrn3916.

5장

Santidhammo Bhikkhu. "Maha Ghosananda: The Buddha of the Battlefield." S.R. Printing, 2009.

Michl, Louisa C., Katie A. McLaughlin, Kathrine Shepherd, and Susan Nolen-Hokesema. "Rumination as a Mechanism Linking Stressful Life Events to Symptoms of Depression and Anxiety: Longitudinal Evidence in Early Adolescents and Adults." Journal of Abnormal Psychology 122, no. 2 (2013): 339–52.

Bonnet, Michael H. and Donna L. Arand. "Evaluation and Diagnosis of Insomnia in Adults." In UpToDate, edited by Ruth Benca and April F. Eichler. Wolters Kluwer, October 4, 2022. https://www.uptodate.com/contents/evaluation-and-diagnosis-of-insomnia-in-adults.

"Know Your Brain: Default Mode Network." Neuroscientifically Challenged, accessed May 2, 2023. https://neuroscientificallychallenged.com/posts/know-your-brain-default-mode-network.

Posner, Jonathan, Christine Park, and Zhishun Wang. "Connecting the Dots: A Review of Resting Connectivity MRI Studies in Attention-Deficit/Hyperactivity Disorder." Neuropsychology Review 24, no. 1 (2014): 3–15.

Liu, C., Y. Liu , Y. Xin, and Y. Wang. "Circadian secretion rhythm of GLP-1 and its influencing factors." Frontiers in Endocrinology 13 (2022): 991397. https://doi.org/10.3389/fendo.2022.991397.

Maffei, Massimo E. "5-Hydroxytryptophan (5-HTP): Natural Occurrence, Analysis, Biosynthesis, Biotechnology, Physiology and Toxicology." International Journal of Molecular Sciences 22, no. 1 (2020): 181.

Reddy, Sujana, Vamsi Reddy, and Sandeep Sharma. "Physiology, Circadian Rhythm." In StatPearls. Treasure Island (FL): StatPearls Publishing, May 8, 2022. https://www.ncbi.nlm.nih.gov/books/NBK519507/.

Liu, Jiabei, Shannon J. Clough, Anthony J. Hutchinson, Ekue B. Adamah-Biassi, Marina Popovska-Gorevski, and Margarita L. Dubocovich. "MT1 and MT2 Melatonin Receptors: A Therapeutic Perspective." Annual Review of Pharmacology and Toxicology 56 (2016): 361–83.

Trauer, James M., Mary Y. Qian, Joseph S. Boyle, and Shantha M. W. Rajaratnam. "Cognitive Behavioral Therapy for Chronic Insomnia: A Systematic Review and Meta-Analysis." Annals of Internal Medicine 163, no. 3 (2015): 191–204.

6장

Gnocchi, Davide and Giovannella Bruscalupi. "Circadian Rhythms and Hormonal Homeostasis: Pathophysiological Implications." Biology 6, no. 1 (2017): 10.

"Vitamin D: Fact Sheet for Health Professionals." National Institutes of Health—Office of Dietary Supplements, updated August 12, 2022. https://ods.od.nih.gov/factsheets/VitaminD-HealthProfessional/.

Anjum, Ibrar, Syeda S. Jaffery, Muniba Fayyaz, Zarak Samoo, and Sheraz Anjum.

"The Role of Vitamin D in Brain Health: A Mini Literature Review." Cureus 10, no. 7 (2018): e2960.

Khoshbakht, Yadollah, Reza Bidaki, and Amin Salehi-Abargouei. "Vitamin D Status and Attention Deficit Hyperactivity Disorder: A Systematic Review and Meta-Analysis of Observational Studies." Advances in Nutrition 9, no. 1 (2018): 9–20.

Zajac, Ian T., Mary Barnes, Paul Cavuoto, Gary Wittert, and Manny Noakes. "The Effects of Vitamin D-Enriched Mushrooms and Vitamin D3 on Cognitive Performance and Mood in Healthy Elderly Adults: A Randomised, Double-Blinded, Placebo-Controlled Trial." Nutrients 12, no. 12 (2020): 3847.

Abboud, Myriam. "Vitamin D Supplementation and Sleep: A Systematic Review and Meta-Analysis of Intervention Studies." Nutrients 14, no. 5 (2022): 1076.

Shieh, Albert, Rene F. Chun, Christina Ma, Sten Witzel, Briana Meyer, Brandon Rafison, Leon Swinkels, Tonnie Huijs, Sam Pepkowitz, and Brett Holmquist. "Effects of High-Dose Vitamin D2 Versus D3 on Total and Free 25-Hydroxyvitamin D and Markers of Calcium Balance." The Journal of Clinical Endocrinology and Metabolism 101, no. 8 (2016): 3070–8. https://doi.org/10.1210/jc.2016-1871.

Weiss, Roy E., M. A. Stein, B. Trommer, and S. Refetoff. "Attention-Deficit Hyperactivity Disorder and Thyroid Function." The Journal of Pediatrics 123, no. 4 (1993): 539–45.

Green, Max E., Victor Bernet, and Joseph Cheung. "Thyroid Dysfunction and Sleep Disorders." Frontiers in Endocrinology 12 (2021): 725829.

Dhillon-Smith, R. K., A. Tobias, P. P. Smith, L. J. Middleton, K. K. Sunner, K. Baker, S. Farrell-Carver, R. Bender-Atik, R. Agrawal, K. Bhatia, et al. "The Prevalence of Thyroid Dysfunction and Autoimmunity in Women With History of Miscarriage or Subfertility." J Clin Endocrinol Metab, 105(8): dgaa302. DOI: 10.1210/clinem/dgaa302.

7장

Kleinridders, Andre, Weikang Cai, Laura Cappellucci, Armen Ghazarian, Williams R. Collins, Sara G. Vienberg, Emmanuel N. Pothos, and C. Ronald Kahn. "Insulin Resistance in Brain Alters Dopamine Turnover and Causes Behavioral Disorders." Proceedings of the National Academy of Sciences 112.10 (2015): 10.1073/pnas.1500877112.

Won, Eunsoo, and Yong-Ku Kim. "Neuroinflammation-Associated Alterations of the Brain as Potential Neural Biomarkers in Anxiety Disorders." International Journal of

Molecular Sciences 21, no. 18 (2020): 6546.

da Silva, Luiz Augusto, Leandro de Freitas, Thiago Emannuel Medeiros, Raul Osiecki, Renan Garcia Michel, André Luiz Snak, and Carlos Malfatti. "Caffeine Modifies Blood Glucose Availability During Prolonged Low-Intensity Exercise in Individuals With Type-2 Diabetes." Colombia Medica 45 (2) (2014): 72–76. https://doi.org/10.25100/cm.v45i2.1477.

Zaharieva, D. P., L. A. Miadovnik, C. P. Rowan, et al. "Effects of acute caffeine supplementation on reducing exercise-associated hypoglycaemia in individuals with Type 1 diabetes mellitus." Diabetic Medicine 33, no. 4 (2016): 488–96. DOI: 10.1111/dme.12857.

Alasmari, F. "Caffeine induces neurobehavioral effects through modulating neurotransmitters." Saudi Pharmaceutical Journal 28, no. 4 (2020): 445–51. DOI: 10.1016/j.jsps.2020.02.005.

Quinlan, P., J. Lane, and L. Aspinall. "Effects of hot tea, coffee and water ingestion on physiological responses and mood: the role of caffeine, water and beverage type." Psychopharmacology (Berl) 134, no. 2 (1997): 164–73. DOI: 10.1007/s002130050438.

Pandolfo, P., N. J. Machado, A. Köfalvi, R. N. Takahashi, and R. A. Cunha. "Caffeine regulates frontocorticostriatal dopamine transporter density and improves attention and cognitive deficits in an animal model of attention deficit hyperactivity disorder." European Neuropsychopharmacology 23, no. 4 (2013): 317–28. DOI: 10.1016/j.euroneuro.2012.04.011.

van Dam, R. M., W. J. Pasman, and P. Verhoef. "Effects of Coffee Consumption on Fasting Blood Glucose and Insulin Concentrations: Randomized controlled trials in healthy volunteers." Diabetes Care 27, no. 12 (2004): 2990–2. https://doi.org/10.2337/diacare.27.12.2990.

Ferreira, D. D., B. Stutz, F. G. de Mello, R. A. M. Reis, and R. C. C. Kubrusly. "Caffeine potentiates the release of GABA mediated by NMDA receptor activation: Involvement of A1 adenosine receptors." Neuroscience 281C (2014): 208–15.

Adan, A., and J. M. Serra-Grabulosa. "Effects of caffeine and glucose, alone and combined, on cognitive performance." Human Psychopharmacology 25, no. 4 (2010): 310–7.

Koppelstaetter, F., T. D. Poeppel, C. M. Siedentopf, et al. "Does caffeine modulate verbal working memory processes? An fMRI study." Neuroimage 39, no. 1 (2008): 492–9.

Liguori, A., J. R. Hughes, and J. A. Grass. "Absorption and subjective effects of caffeine from coffee, cola and capsules." Pharmacology, Biochemistry, and Behavior 58, no. 3 (1997): 721–6.

Scholey, A. B., and D. O. Kennedy. "Cognitive and physiological effects of an 'energy drink': an evaluation of the whole drink and of glucose, caffeine and herbal flavoring fractions." Psychopharmacology 176, no. 3-4 (2004): 320–30. https://doi.org/10.1007/s00213-004-1935-2.

Serra-Grabulosa, J. M., A. Adan, C. Falcón, and N. Bargalló. "Glucose and caffeine effects on sustained attention: an exploratory fMRI study." Human Psychopharmacology 25, no. 7-8 (2010): 543–52.

Smit, H. J., and P. J. Rogers. "Effects of low doses of caffeine on cognitive performance, mood and thirst in low and higher caffeine consumers." Psychopharmacology (Berl) 152, no. 2 (2000): 167–73.

Urquiza, Sandra P., and Michelle L. Vieyra. "Assessing the Synergistic Effect of Caffeine and Sugar on Cognitive Performance in Undergraduate Students." Journal of the South Carolina Academy of Science 13 (2015): 6.

Hill, D., M. Conner, F. Clancy, R. Moss, S. Wilding, M. Bristow, and D. B. O'Connor. "Stress and eating behaviours in healthy adults: a systematic review and meta-analysis." Health Psychology Review 16, no. 2 (2022): 280–304. https://doi.org/10.1080/17437199.2021.1923406.

8장

Simopoulos, Artemis P. "The Importance of the Ratio of Omega-6/Omega-3 Essential Fatty Acids." Biomedicine & Pharmacotherapy 56, no. 8 (2002): 365–79.

Simopoulos, Artemis P. "Omega-3 Fatty Acids in Inflammation and Autoimmune Diseases." Journal of the American College of Nutrition 21, no. 6 (2002): 495–505.

Agostoni C., M. Nobile, V. Ciappolino, G. Delvecchio, A. Tesei, S. Turolo, A. Crippa, A. Mazzocchi, C. A. Altamura, and P. Brambilla. "The Role of Omega-3 Fatty Acids in Developmental Psychopathology: A Systematic Review on Early Psychosis, Autism, and ADHD." International Journal of Molecular Sciences 18, no. 12 (2017): 2608.

Derbyshire, Emma. "Brain Health across the Lifespan: A Systematic Review on the Role of Omega-3 Fatty Acid Supplements." Nutrients 10, no. 8 (2018): 1094.

Deane, Katherine H. O., et al. "Omega-3 and Polyunsaturated Fat for Prevention of Depression and Anxiety Symptoms: Systematic Review and Meta-Analysis of Randomised Trials." The British Journal of Psychiatry: The Journal of Mental

Science 218, no. 3 (2021): 135–42.

Tandon, Anushree, Puneet Kaur, Amandeep Dhir, and Matti Mäntymäki. "Sleepless due to social media? Investigating problematic sleep due to social media and social media sleep hygiene." Computers in Human Behavior 113 (2020): 106487. DOI: 10.1016/j.chb.2020.106487.

Bourre, Jean-Marie. "Roles of Unsaturated Fatty Acids (Especially Omega-3 Fatty Acids) in the Brain at Various Ages and during Ageing." The Journal of Nutrition, Health & Aging 8, no. 3 (2004): 163–74.

9장

Taitelbaum-Swead, R., Z. Kozol, and L. Fostick. "Listening Effort Among Adults With and Without Attention-Deficit/Hyperactivity Disorder." Journal of Speech, Language, and Hearing Research: JSLHR 62, no. 12 (2019): 4554–63. https://doi.org/10.1044/2019_JSLHR-H-19-0134.

Volkow, N. D., and J. M. Swanson. "Clinical practice: Adult attention deficit-hyperactivity disorder." The New England Journal of Medicine 369, no. 20 (2013): 1935–44. DOI: 10.1056/NEJMcp1212625.

Cross-Villasana, F., K. Finke, K. Hennig-Fast, B. Kilian, I. Wiegand, H. J. Müller, H. J. Möller, and T. Töllner. "The Speed of Visual Attention and Motor-Response Decisions in Adult Attention-Deficit/Hyperactivity Disorder." Biological Psychiatry 78, no. 2 (2015): 107–15. https://doi.org/10.1016/j.biopsych.2015.01.016.

Bekker, E. M., C. C. E. Overtoom, J. J. S. Kooij, J. K. Buitelaar, M. N. Verbaten, and J. L. Kenemans. "Disentangling deficits in adults with attention-deficit/hyperactivity disorder." Archives of General Psychiatry 62, no. 10 (2005): 1129–36. https://doi.org/10.1001/archpsyc.62.10.1129.

Doyle, A. E. "Executive functions in attention-deficit/hyperactivity disorder." The Journal of Clinical Psychiatry 67 Suppl 8 (2006): 21–6.

Agnew-Blais, J. C., G. V. Polanczyk, A. Danese, J. Wertz, T. E. Moffitt, and L. Arseneault. "Evaluation of the Persistence, Remission, and Emergence of Attention-Deficit/Hyperactivity Disorder in Young Adulthood." JAMA Psychiatry 73, no. 7 (2016): 713–20. DOI: 10.1001/jamapsychiatry.2016.0465.

Small, G. W., J. Lee, A. Kaufman, J. Jalil, P. Siddarth, H. Gaddipati, T. D. Moody, and S. Y. Bookheimer. "Brain health consequences of digital technology use." Dialogues in Clinical Neuroscience 22, no. 2 (2020): 179–87. https://doi.org/10.31887/DCNS.2020.22.2/gsmall.

Beyens, Ine, Patti M. Valkenburg, and Jessica Taylor Piotrowski. "Screen media use and ADHD-related behaviors: Four decades of research." Proceedings of the National Academy of Sciences 115, no. 40 (2018): 9875–81. Accessed October 1, 2018. https://doi.org/10.1073/pnas.1611611114.

Young, S., N. Adamo, B. B. Ásgeirsdóttir, P. Branney, M. Beckett, W. Colley, S. Cubbin, Q. Deeley, E. Farrag, G. Gudjonsson, et al. "Females with ADHD: An expert consensus statement taking a lifespan approach providing guidance for the identification and treatment of attention-deficit/hyperactivity disorder in girls and women." BMC Psychiatry 20, no. 1 (2020): 404. DOI: 10.1186/s12888-020-02707-9.

Draheim, C., R. Pak, A. A. Draheim, and R. W. Engle. "The role of attention control in complex real-world tasks."

Psychonomic Bulletin & Review 29, no. 4 (2022): 1143–97. DOI: 10.3758/s13423-021-02052-2.

Lorenz-Spreen, P., B. M. Mønsted, P. Höel, and S. Lehman. "Accelerating dynamics of collective attention." Nature Communications 10 (2019): 1759. https://doi.org/10.1038/s41467-019-09311-w.

Torgersen, T., B. Gjervan, M. B. Lensing, and K. Rasmussen. "Optimal management of ADHD in older adults." Neuropsychiatric Disease and Treatment 12 (2016): 79–87. https://doi.org/10.2147/NDT.S59271.

Mitchell, J. T., E. M. McIntyre, J. S. English, M. F. Dennis, J. C. Beckham, and S. H. Kollins. "A Pilot Trial of Mindfulness Meditation Training for ADHD in Adulthood: Impact on Core Symptoms, Executive Functioning, and Emotion Dysregulation." Journal of Attention Disorders 21, no. 13 (2017): 1105–20. https://doi.org/10.1177/1087054713513328.

Guntuku, S. C., J. R. Ramsay, R. M. Merchant, and L. H. Ungar. "Language of ADHD in Adults on Social Media." Journal of Attention Disorders 23, no. 12 (2019): 1475–85. https://doi.org/10.1177/1087054717738083.

Asherson, P., R. Akehurst, J. J. Sandro. Kooij, M. Huss, M., K. Beusterien, R. Sasané, S. Gholizadeh, and Hodgkins, P. (2012). "Under diagnosis of adult ADHD: Cultural influences and societal burden." Journal of Attention Disorders 16 (Suppl. 5) (2012): 20S–38S.

Chamberlain, S. R., K. Ioannidis, E. W. Leppink, F. Niaz,

S. A. Redden, and J. E. Grant. "ADHD symptoms in non-treatment seeking young adults: Relationship with other forms of impulsivity." CNS Spectrums, 22 (2017):

22-30.

Miklósi, M., O. Máté, K. Somogyi, and M. Szabó. (2016). "Adult attention deficit hyperactivity disorder symptoms, perceived stress, and well-being". The Journal of Nervous and Mental Disease, 204 (2016): 364-9.

Ramsay, J. R. "Assessment and monitoring of treatment response in adult ADHD patients: Current perspectives." Neuropsychiatric Disease and Treatment, 13 (2017): 221-32.

Settanni, M., D. Marengo, M. A. Fabris, and C. Longobardi. "The Interplay Between ADHD Symptoms and Time Perspective in Addictive Social Media Use: A Study on Adolescent Facebook Users." Children and Youth Services Review 89 (2018): 165-70. https://doi.org/10.1016/j.childyouth.2018.04.031.

Panagiotidi, M. "Problematic Video Game Play and ADHD Traits in an Adult Population." Cyberpsychology, Behavior, and Social Networking, May 2017, 292-5. http://doi.org/10.1089/cyber.2016.0676.

Fayyad, J., R. De Graaf, R. Kessler, et al. "Cross-National Prevalence and Correlates of Adult Attention-Deficit Hyperactivity Disorder." British Journal of Psychiatry, 190 (2007): 402.

Yeung, A., E. Ng, and E. Abi-Jaoude. "TikTok and Attention-Deficit/Hyperactivity Disorder: A Cross-Sectional Study of Social Media Content Quality." Canadian Journal of Psychiatry, 67(12) (2022): 899-906. DOI: 10.1177/07067437221082854.

Aly, M., and N. B. Turk-Browne. "How Hippocampal Memory Shapes, and Is Shaped By, Attention." In D. E. Hannula & M. C. Duff (Eds.), The Hippocampus from Cells to Systems (2017): 369-403. Cham: Springer.

Faraone, S. V., J. Biederman, and E. Mick. "The age-dependent decline of attention deficit hyperactivity disorder: A meta-analysis of follow-up studies." Psychological Medicine, 36(2) (2006): 159-65.

10장

Smith, Kyle S., and Ann M. Graybiel. "Investigating habits: Strategies, technologies and models." Frontiers in Behavioral Neuroscience, 8 (2014): 78680. https://doi.org/10.3389/fnbeh.2014.00039.

Fogg, BJ. "A behavior model for persuasive design." In Proceedings of the 4th International Conference on Persuasive Technology (Persuasive '09) (2009): 1-7. New York: ACM. https://doi.org/10.1145/1541948.1541999.

Clear, James. Atomic Habits. New York, New York: Avery, an imprint of Penguin Random House, 2018.

Clear, James. "How long does it take to form a new habit? (Backed by science)." James Clear's website, https://jamesclear.com/new-habit.

Fogg, BJ. "Tiny Habits: The Small Changes That Change Everything." Boston, MA: Houghton Mifflin Harcourt, 2019.

Neal, D. T., W. Wood, and A. Drolet. "How do people adhere to goals when willpower is low? The profits (and pitfalls) of strong habits." Journal of Personality and Social Psychology, 104(6) (2013): 959.

"Defense Mechanisms: Theoretical, Research and Clinical Perspectives." Edited by Uwe Hentschel, Gudmund Smith, Juris G. Draguns, and Wolfram Ehlers. Elsevier, 2004.

Blanco, Carlos, Leonie Kampe, Melanie M. Wall, Shang-Min Liu, Eve Caligor, and Mark Olfson. "Approximating defense mechanisms in a national study of adults: prevalence and correlates with functioning." Translational Psychiatry, 13(1) (2023): 21. DOI: 10.1038/s41398-022-02303-3.

11장

Liu J., S. J. Clough, A. J. Hutchinson, E. B. Adamah-Biassi, M. Popovska-Gorevski, and M. L. Dubocovich. "MT1 and MT2 Melatonin Receptors: A Therapeutic Perspective." Annual Review of Pharmacology and Toxicology 56 (2016): 361–83.

Choi, K., Y. J. Lee, S. Park, N. K. Je, and H. S. Suh. "Efficacy of Melatonin for Chronic Insomnia: Systematic Reviews and Meta-Analyses." Sleep Medicine Reviews 66 (2022): 101692. https://doi.org/10.1016/j.smrv.2022.101692.

Schroeck, J. L., J. Ford, E. L. Conway, K. E. Kurtzhalts, M. E. Gee, K. A. Vollmer, and K. A. Mergenhagen. "Review of Safety and Efficacy of Sleep Medicines in Older Adults." Clinical Therapeutics 38, no. 11 (2016): 2340–72. https://doi.org/10.1016/j.clinthera.2016.09.010.

Minich, D. M., M. Henning, C. Darley, M. Fahoum, C. B. Schuler, and J. Frame. "Is Melatonin the 'Next Vitamin D'?: A Review of Emerging Science, Clinical Uses, Safety, and Dietary Supplements." Nutrients 14, no. 19 (2022): 3934. https://doi.org/10.3390/nu14193934.

Smolensky, M. H., L. L. Sackett-Lundeen, and F. Portaluppi. "Nocturnal Light

Pollution and Underexposure to Daytime Sunlight: Complementary Mechanisms of Circadian Disruption and Related Diseases." Chronobiology International 32, no. 8 (2015): 1029–48. https://doi.org/10.3109/07420528.2015.1072002.

Richardson, G., and B. Tate. "Hormonal and Pharmacological Manipulation of the Circadian Clock: Recent Developments and Future Strategies." Sleep 23 Suppl 3 (2000): S77–S85.

Touitou, Y., A. Reinberg, and D. Touitou. "Association between Light at Night, Melatonin Secretion, Sleep Deprivation, and the Internal Clock: Health Impacts and Mechanisms of Circadian Disruption." Life Sciences 173 (2017): 94–106. https://doi.org/10.1016/j.lfs.2017.02.008.

Liu, C., Y. Liu, Y. Xin, and Y. Wang. "Circadian Secretion Rhythm of GLP-1 and Its Influencing Factors." Frontiers in Endocrinology 13 (2022): 991397. https://doi.org/10.3389/fendo.2022.991397.

Benedict, C. "Melatonin's Potential Side Effects: It May Be in Your Genes." Mayo Clinic Proceedings 97, no. 7 (2022): 1401. https://doi.org/10.1016/j.mayocp.2022.05.011.

Gamble, K. L., R. Berry, S. J. Frank, and M. E. Young. "Circadian Clock Control of Endocrine Factors." Nature Reviews. Endocrinology 10, no. 8 (2014): 466–75. https://doi.org/10.1038/nrendo.2014.78.

Arab, A., N. Rafie, R. Amani, et al. "The Role of Magnesium in Sleep Health: A Systematic Review of Available Literature." Biological Trace Element Research 201 (2023): 121–28. https://doi.org/10.1007/s12011-022-03162-1.

Zhang, Yijia, et al. "Association of Magnesium Intake with Sleep Duration and Sleep Quality: Findings from the CARDIA Study." Sleep 45, no. 4 (2022): zsab276. https://doi.org/10.1093/sleep/zsab276.

Ates, M., S. Kizildag, O. Yuksel, et al. "Dose-Dependent Absorption Profile of Different Magnesium Compounds." Biological Trace Element Research 192, no. 2 (2019): 244–51. https://doi.org/10.1007/s12011-019-01663-0.

Abbasi, B., M. Kimiagar, K. Sadeghniiat, M. M. Shirazi, M. Hedayati, and B. Rashidkhani. "The Effect of Magnesium Supplementation on Primary Insomnia in Elderly: A Double-Blind Placebo-Controlled Clinical Trial." Journal of Research in Medical Sciences 17, no. 12 (2012): 1161–9. PMID: 23853635.

Morris, M. E. "Brain and CSF Magnesium Concentrations during Magnesium Deficit in Animals and Humans: Neurological Symptoms." Magnesium Research 5 (1992): 303–13.

Ford, E. S., and A. H. Mokdad. "Dietary Magnesium Intake in a National Sample of US Adults." Journal of Nutrition 133 (2003): 2879–82.

Takase, Bonpei, et al. "Effect of Chronic Stress and Sleep Deprivation on Both Flow-Mediated Dilation in the Brachial Artery and the Intracellular Magnesium Level in Humans." Clinical Cardiology 27, no. 4 (2004): 223–7. DOI: 10.1002/clc.4960270411.

Maffei, Massimo E. "5-Hydroxytryptophan (5-HTP): Natural Occurrence, Analysis, Biosynthesis, Biotechnology, Physiology and Toxicology." International Journal of Molecular Sciences 22, no. 1 (2020): 181.

Birdsall, T. C. "5-Hydroxytryptophan: A Clinically-Effective Serotonin Precursor." Alternative Medicine Review 3, no. 4 (1998): 271–80.

Meloni, M., et al. "Preliminary Finding of a Randomized, Double-Blind, Placebo-Controlled, Crossover Study to Evaluate the Safety and Efficacy of 5-Hydroxytryptophan on REM Sleep Behavior Disorder in Parkinson's Disease." Sleep & Breathing = Schlaf & Atmung 26, no. 3 (2022): 1023–31. DOI: 10.1007/s11325-021-02417-w.

Rios, Patricia, Roberta Cardoso, Deanna Morra, Vera Nincic, Zahra Goodarzi, Bechara Farah, Sharada Harricharan, et al. "Comparative Effectiveness and Safety of Pharmacological and Non-Pharmacological Interventions for Insomnia: An Overview of Reviews." Systematic Reviews 8, no. 1 (2019): 281. https://doi.org/10.1186/s13643-019-1163-9.

Parrino, Liborio, Peter Halasz, Anna Szucs, Robert J. Thomas, Nicoletta Azzi, Federica Rausa, Silvia Pizzarotti, et al. "Sleep Medicine: Practice, Challenges and New Frontiers." Frontiers in Neurology 13 (2022): 966659. https://doi.org/10.3389/fneur.2022.966659.

Gradisar, Michael, Amy R. Wolfson, Allison G. Harvey, Lauren Hale, Russell Rosenberg, and Charles A. Czeisler. "The Sleep and Technology Use of Americans: Findings from the National Sleep Foundation's 2011 Sleep in America Poll." Journal of Clinical Sleep Medicine 9, no. 12 (2013): 1291–9.

AlShareef, Saad M. "The Impact of Bedtime Technology Use on Sleep Quality and Excessive Daytime Sleepiness in Adults." Sleep Science 15, no. Spec 2 (2022): 318–27. DOI: 10.5935/1984-0063.20200128.

Liu, Min, and Jianghong Luo. "Relationship between Peripheral Blood Dopamine Level and Internet Addiction Disorder in Adolescents: A Pilot Study." International Journal of Clinical and Experimental Medicine 8 (2015): 9943–8.

Ayano, Getinet. "Dopamine: Receptors, Functions, Synthesis, Pathways, Locations and Mental Disorders: Review of Literatures." Journal of Mental Disorders and Treatment 2 (2016): 120. DOI: 10.4172/2471-271X.1000120.

Wise, Roy A. "Addictive Drugs and Brain Stimulation Reward." Annual Review of Neuroscience 19 (1996): 319–40.

Le Moal, Michel, and Hélène Simon. "Mesocorticolimbic Dopaminergic Network: Functional and Regulatory Roles." Physiological Reviews 71 (1991): 155–234.

Cook, Edwin H., Mark A. Stein, and Michael D. Krasowski, et al. "Association of Attention-Deficit Disorder and the Dopamine Transporter Gene." American Journal of Human Genetics 56 (1995): 993–8.

12장

Smolensky, Michael H., Linda L. Sackett-Lundeen, and Francesco Portaluppi. "Nocturnal Light Pollution and Underexposure to Daytime Sunlight: Complementary Mechanisms of Circadian Disruption and Related Diseases." Chronobiology International 32, no. 8 (2015): 1029–48. https://doi.org/10.3109/07420528.2015.107 2002.

Richardson, G., and B. Tate. "Hormonal and Pharmacological Manipulation of the Circadian Clock: Recent Developments and Future Strategies." Sleep 23 Suppl 3 (2000): S77–S85.

Touitou, Y., A. Reinberg, and D. Touitou. "Association between Light at Night, Melatonin Secretion, Sleep Deprivation, and the Internal Clock: Health Impacts and Mechanisms of Circadian Disruption." Life Sciences 173 (2017): 94–106. https://doi.org/10.1016/j.lfs.2017.02.008.

Liu, C., Y. Liu, Y. Xin, and Y. Wang. "Circadian Secretion Rhythm of GLP-1 and Its Influencing Factors." Frontiers in Endocrinology 13 (2022): 991397. https://doi.org/10.3389/fendo.2022.991397.

Al Kazhali, M., M. Shahwan, N. Hassan, and A. A. Jairoun. "Social Media Use Is Linked to Poor Sleep Quality: The Opportunities and Challenges to Support Evidence-Informed Policymaking in the UAE." Journal of Public Health 45, no. 1 (2023): 124–33. DOI: 10.1093/pubmed/fdab372.

Bhat, S., G. Pinto-Zipp, H. Upadhyay, and P. G. Polos. "'To Sleep, Perchance to Tweet': In-Bed Electronic Social Media Use and Its Associations with Insomnia, Daytime Sleepiness, Mood, and Sleep Duration in Adults." Sleep Health 4, no. 2 (2018): 166–73. DOI: 10.1016/j.sleh.2017.12.004.

Levenson, Jessica C., Ariel Shensa, Jaime E. Sidani, Jason B. Colditz, and Brian A. Primack. "The Association Between Social Media Use and Sleep Disturbance Among Young Adults." Preventive Medicine 85 (2016): 36–41. DOI:10.1016/j.ypmed.2016.01.001.

Orzech, Kathryn M., Michael A. Grandner, Brandy M. Roane, and Mary A. Carskadon. "Digital Media Use in the 2 h Before Bedtime Is Associated with Sleep Variables in University Students." Computers in Human Behavior 55, Part A (2016): 43–50. DOI: 10.1016/j.chb.2015.08.049.

Brown, T. M., G. C. Brainard, C. Cajochen, C. A. Czeisler, J. P. Hanifin, S. W. Lockley, R. J. Lucas, et al. "Recommendations for Daytime, Evening, and Nighttime Indoor Light Exposure to Best Support Physiology, Sleep, and Wakefulness in Healthy Adults." PLoS Biology 20, no. 3 (2022): e3001571. https://doi.org/10.1371/journal.pbio.3001571.

Lawrenson, J. G., C. C. Hull, and L. E. Downie. "The Effect of Blue-Light Blocking Spectacle Lenses on Visual Performance, Macular Health and the Sleep-Wake Cycle: A Systematic Review of the Literature." Ophthalmic & Physiological Optics 37, no. 6 (2017): 644–54. https://doi.org/10.1111/opo.12406.

Chang, A. M., D. Aeschbach, J. F. Duffy, and C. A. Czeisler. "Evening Use of Light-Emitting eReaders Negatively Affects Sleep, Circadian Timing, and Next-Morning Alertness." Proceedings of the National Academy of Sciences of the United States of America 112, no. 4 (2015): 1232–7. https://doi.org/10.1073/pnas.1418490112.

Cho, Y., S. H. Ryu, B. R. Lee, K. H. Kim, E. Lee, and J. Choi. "Effects of Artificial Light at Night on Human Health: A Literature Review of Observational and Experimental Studies Applied to Exposure Assessment." Chronobiology International 32, no. 9 (2015): 1294–310. https://doi.org/10.3109/07420528.2015.1073158.

Rios, P., et al. "Comparative Effectiveness and Safety of Pharmacological and Non-Pharmacological Interventions for Insomnia: An Overview of Reviews." Systematic Reviews 8, no. 1 (2019): 281. https://doi.org/10.1186/s13643-019-1163-9.

Parrino, L., et al. "Sleep Medicine: Practice, Challenges and New Frontiers." Frontiers in Neurology 13 (2022): 966659. https://doi.org/10.3389/fneur.2022.966659.

Tandon, Anushree, Puneet Kaur, Amandeep Dhir, and Matti Mäntymäki. "Sleepless due to social media? Investigating problematic sleep due to social media and social media sleep hygiene." Computers in Human Behavior 113 (2020): 106487. DOI: 10.1016/j.chb.2020.106487.

Scullin, M. K., et al. "The Effects of Bedtime Writing on Difficulty Falling Asleep: A

Polysomnographic Study Comparing To-Do Lists and Completed Activity Lists." Journal of Experimental Psychology: General 147, no. 1 (2018): 139–46. DOI: 10.1037/xge0000374.

13장

Wehrenberg, Margaret. "Rumination: A Problem in Anxiety and Depression." Psychology Today, April 20, 2016. https://www.psychologytoday.com/us/blog/depression-management-techniques/201604/rumination-a-problem-in-anxiety-and-depression.

Hoyer, Jürgen, Andrew T. Gloster, and Philipp Yorck Herzberg. "Is Worry Different from Rumination? Yes, It Is More Predictive of Psychopathology!" GMS Psycho-Social-Medicine 6 (2009): Doc06.

Gustavson, Daniel E., et al. "Evidence for Transdiagnostic Repetitive Negative Thinking and Its Association with Rumination, Worry, and Depression and Anxiety Symptoms: A Commonality Analysis." Collabra Psychology 4, no. 1 (2018): 13.

Joubert, Amy E., et al. "Understanding the Experience of Rumination and Worry: A Descriptive Qualitative Survey Study." The British Journal of Clinical Psychology 61, no. 4 (2022): 929.

Michl, Louisa C., et al. "Rumination as a Mechanism Linking Stressful Life Events to Symptoms of Depression and Anxiety: Longitudinal Evidence in Early Adolescents and Adults." Journal of Abnormal Psychology 122, no. 2 (2013): 339–52.

Valentino, M. "14 Proven Herbs, Nootropics, & Supplements to Crush Rumination & Enhance Mental Health." Valentino's Naturals, February 8, 2023. https://valentinosnaturals.com/natural-supplements-rumination/.

Karcı, Canan Kuygun, and Gonca Gü Celik. "Nutritional and Herbal Supplements in the Treatment of Obsessive Compulsive Disorder." General Psychiatry 33, no. 2 (2020): e100159.

Mallik, Adiel, and Frank A. Russo. "The Effects of Music & Auditory Beat Stimulation on Anxiety: A Randomized Clinical Trial." PLoS One 17, no. 3 (2022): e0259312.

Vinall, Marnie. "Can Shaking Help You Heal Stress and Trauma? Some Experts Say Yes." Healthline, March 5, 2021. https://www.healthline.com/health/mental-health/can-shaking-your-body-heal-stress-and-trauma.

Chenoweth, Hannah. "Binaural Beats Are Being Used as Sound Wave Therapy for Anxiety, but Does It Really Help?" Prevention, March 9, 2021. https://www.

prevention.com/health/mental-health/a35782370/binaural-beats-for-anxiety/.

Thoma, Myriam V., et al. "The Effect of Music on the Human Stress Response." PLoS One 8, no. 8 (2013): e70156.

Lu, Guangli, et al. "Effects of Music Therapy on Anxiety: A Meta-Analysis of Randomized Controlled Trials." Psychiatry Research 304 (2021): 114137.

14장

Kleinridders, Andre, Weikang Cai, Laura Cappellucci, Armen Ghazarian, Will Collins, Sara Vienberg, Emmanuel Pothos, and C. Ronald Kahn. "Insulin Resistance in Brain Alters Dopamine Turnover and Causes Behavioral Disorders." Proceedings of the National Academy of Sciences 112, no. 11 (2015): 3463–8. https://www.pnas.org/content/112/11/3463.

Won, Eunsoo, and Yong-Ku Kim. "Neuroinflammation-Associated Alterations of the Brain as Potential Neural Biomarkers in Anxiety Disorders." International Journal of Molecular Sciences 21, no. 18 (2020): 6546. https://www.mdpi.com/1422-0067/21/18/6546.

Torres, Susan J. and Caryl A. Nowson. "Relationship between stress, eating behavior, and obesity." Nutrition (Burbank, Los Angeles County, Calif.) 23, no. 11–12 (2007): 887–94. https://doi.org/10.1016/j.nut.2007.08.008.

Da Silva, Leonardo A., et al. "Caffeine modifies blood glucose availability during prolonged low-intensity exercise in individuals with type-2 diabetes." Colombian Medical (Cali) 45, no. 2 (2014): 72–6. https://doi.org/10.25100/cm.v45i2.1477.

Zaharieva, Despina P., et al. "Effects of acute caffeine supplementation on reducing exercise-associated hypoglycemia in individuals with Type 1 diabetes mellitus." Diabetic Medicine 33, no. 4 (2016): 488–96. DOI: 10.1111/dme.12857.

Alasmari, F. "Caffeine induces neurobehavioral effects through modulating neurotransmitters." Saudi Pharmaceutical Journal 28, no. 4 (2020): 445–51. DOI: 10.1016/j.jsps.2020.02.005.

Quinlan, P., J. Lane, and L. Aspinall. "Effects of hot tea, coffee and water ingestion on physiological responses and mood: the role of caffeine, water and beverage type." Psychopharmacology (Berl) 134, no. 2 (1997): 164–73. DOI: 10.1007/s002130050438. https://pubmed.ncbi.nlm.nih.gov/9399380/.

Pandolfo, P., N. J. Machado, A. Köfalvi, R. N. Takahashi, and R. A. Cunha. "Caffeine regulates frontocorticostriatal dopamine transporter density and improves attention and cognitive deficits in an animal model of attention deficit hyperactivity disorder." European Neuropsychopharmacology 23, no. 4 (2013): 317–28. DOI: 10.1016/j.euroneuro.2012.04.011. https://pubmed.ncbi.nlm.nih.gov/22561003/.

Van Dam, R. M., W. J. Pasman, and P. Verhoef. "Effects of Coffee Consumption on Fasting Blood Glucose and Insulin Concentrations: Randomized controlled trials in healthy volunteers." Diabetes Care 27, no. 12 (2004): 2990–2. https://doi.org/10.2337/diacare.27.12.2990.

Ferreira, D. D., B. Stutz, F. G. de Mello, R. A. Reis, and R. C. Kubrusly. "Caffeine potentiates the release of GABA mediated by NMDA receptor activation: Involvement of A1 adenosine receptors." Neuroscience 281C (2014): 208–15.

Adan, A. and J. M. Serra-Grabulosa. "Effects of caffeine and glucose, alone and combined, on cognitive performance." Hum Psychopharmacol 25, no. 4 (2010): 310–7.

Liguori, A., J. R. Hughes, and J. A. Grass. "Absorption and subjective effects of caffeine from coffee, cola and capsules." Pharmacology, Biochemistry, Behavior 58, no. 3 (1997): 721–6.

Quinlan, P., J. Lane, and L. Aspinall. "Effects of hot tea, coffee and water ingestion on physiological responses and mood: the role of caffeine, water and beverage type." Psychopharmacology (Berl) 134, no. 2 (1997): 164–73.

Scholey, A. B., and D. O. Kennedy. "Cognitive and physiological effects of an 'energy drink': an evaluation of the whole drink and of glucose, caffeine and herbal flavoring fractions." Psychopharmacology 176, no. 3-4 (2004): 320–30. https://doi.org/10.1007/s00213-004-1935-2.

Urquiza, Sandra P., and Michelle L. Vieyra. "Assessing the Synergistic Effect of Caffeine and Sugar on Cognitive Performance in Undergraduate Students." Journal of the South Carolina Academy of Science 13 (2015): 6.

Hill, D., M. Conner, F. Clancy, R. Moss, S. Wilding, M. Bristow, and D. B. O'Connor. "Stress and eating behaviours in healthy adults: a systematic review and meta-analysis." Health Psychology Review 16, no. 2 (2022): 280–304. https://doi.org/10.1080/17437199.2021.1923406.

Brenton-Peters, Jennifer, et al. "Self-compassion, Stress, and Eating Behaviour: Exploring the Effects of Self-compassion on Dietary Choice and Food Craving After Laboratory-Induced Stress." International Journal of Behavioral Medicine 30, no. 3 (2023): 438–47. https://doi.org/10.1007/s12529-022-10110-9.

15장

Chianese, R., R. Coccurello, A. Viggiano, M. Scafuro, M. Fiore, G. Coppola, F. F. Operto, S. Fasano, S. Laye, R. Pierantoni, and R. Meccariello. "Impact of Dietary Fats on Brain Functions." Current Neuropharmacology 16, no. 7 (2018): 1059–85. https://doi.org/10.2174/1570159X15666171017102547.

Chang, Chia-Yu, Der-Shin Ke, and Jen-Yin Chen. "Essential fatty acids and human brain." Acta Neurol Taiwan 18, no. 4 (2009): 231–41. PMID: 20329590.

Fekete, Monika, et al. "Nutrition Strategies Promoting Healthy Aging: From Improvement of Cardiovascular and Brain Health to Prevention of Age-Associated Diseases." Nutrients 15, no. 1 (2022): 47. https://doi.org/10.3390/nu15010047.

Román, Gustavo C., et al. "Mediterranean diet: The role of long-chain ω-3 fatty acids in fish; polyphenols in fruits, vegetables, cereals, coffee, tea, cacao and wine; probiotics and vitamins in prevention of stroke, age-related cognitive decline, and Alzheimer disease." Revue neurologique 175, no. 10 (2019): 724–41.

Risérus, Ulf, Walter C. Willett, and Frank B. Hu. "Dietary fats and prevention of type 2 diabetes." Prog Lipid Res 48, no. 1 (2009): 44–51. https://doi.org/10.1016/j.plipres.2008.10.002.

Lichtenstein, Alice H., and Ursula S. Schwab. "Relationship of dietary fat to glucose metabolism." Atherosclerosis 150 (2000): 227–43.

Simopoulos, Artemis P. "The Importance of the Ratio of Omega-6/Omega-3 Essential Fatty Acids." Biomedicine & Pharmacotherapy 56, no. 8 (2002): 365–79.

Simopoulos, Artemis P. "Omega-3 Fatty Acids in Inflammation and Autoimmune Diseases." Journal of the American College of Nutrition 21, no. 6 (2002): 495–505.

Agostoni C, M. Nobile, V. Ciappolino, G. Delvecchio, A. Tesei, S. Turolo, A. Crippa, A. Mazzocchi, C. A. Altamura, and P. Brambilla. "The Role of Omega-3 Fatty Acids in Developmental Psychopathology: A Systematic Review on Early Psychosis, Autism, and ADHD." International Journal of Molecular Sciences 18, no. 12 (2017): 2608.

Derbyshire, Emma. "Brain Health across the Lifespan: A Systematic Review on the Role of Omega-3 Fatty Acid Supplements." Nutrients 10, no. 8 (2018): 1094.

Deane, Katherine H. O., et al. "Omega-3 and Polyunsaturated Fat for Prevention of Depression and Anxiety Symptoms: Systematic Review and Meta-Analysis of Randomised Trials." The British Journal of Psychiatry 218, no. 3 (2021): 135–42.

Tandon, Anushree, Puneet Kaur, Amandeep Dhir, and Matti Mäntymäki. "Sleepless due to social media? Investigating problematic sleep due to social media and social media sleep hygiene." Computers in Human Behavior 113 (2020): 106487. Accessed September 13, 2023. https://doi.org/10.1016/j.chb.2020.106487.

Bourre, Jean-Marie. "Roles of Unsaturated Fatty Acids (Especially Omega-3 Fatty Acids) in the Brain at Various Ages and during Ageing." The Journal of Nutrition, Health & Aging 8, no. 3 (2004): 163–74.

Imamura, Fumiaki, et al. "Effects of Saturated Fat, Polyunsaturated Fat, Monounsaturated Fat, and Carbohydrate on Glucose-Insulin Homeostasis: A Systematic Review and Meta-analysis of Randomised Controlled Feeding Trials." PLoS Medicine 13, no. 7 (2016): e1002087. https://doi.org/10.1371/journal.pmed.1002087.

16장

"Vitamin D: Fact Sheet for Health Professionals." National Institutes of Health—Office of Dietary Supplements. Updated August 12, 2022. https://ods.od.nih.gov/factsheets/VitaminD-HealthProfessional/.

Anjum, Ibrar, Syeda S. Jaffrey, Muniba Fayyaz, Zarak Samoo, and Sheraz Anjum. "The Role of Vitamin D in Brain Health: A Mini Literature Review." Cureus 10, no. 7 (2018): e2960.

Khoshbakht, Yadollah, Reza Bidaki, and Amin Salehi-Abargouei. "Vitamin D Status and Attention Deficit Hyperactivity Disorder: A Systematic Review and Meta-Analysis of Observational Studies." Advances in Nutrition 9, no. 1 (2018): 9–20.

Zajac, Ian T., Mary Barnes, Paul Cavuoto, Gary Wittert, and Manny Noakes. "The Effects of Vitamin D-Enriched Mushrooms and Vitamin D3 on Cognitive Performance and Mood in Healthy Elderly Adults: A Randomised, Double-Blinded, Placebo-Controlled Trial." Nutrients 12, no. 12 (2020): 3847.

Abboud, Myriam. "Vitamin D Supplementation and Sleep: A Systematic Review and Meta-Analysis of Intervention Studies." Nutrients 14, no. 5 (2022): 1076.

Shieh, Albert, Rene F. Chun, Christina Ma, Sten Witzel, Briana Meyer, Brandon Rafison, Leon Swinkels, Tonnie Huijs, Sam Pepkowitz, and Brett Holmquist. "Effects of High-Dose Vitamin D2 Versus D3 on Total and Free 25-Hydroxyvitamin D and Markers of Calcium Balance." The Journal of Clinical Endocrinology and Metabolism 101, no. 8 (2016): 3070–8.

Weiss, Roy E., M. A. Stein, B. Trommer, and S. Refetoff. "Attention-Deficit Hyperactivity Disorder and Thyroid Function." The Journal of Pediatrics 123, no. 4 (1993): 539–45.

Green, Max E., Victor Bernet, and Joseph Cheung. "Thyroid Dysfunction and Sleep Disorders." Frontiers in Endocrinology 12 (2021): 725829.

Dhillon-Smith, R. K., A. Tobias, P. P. Smith, L. J. Middleton, K. K. Sunner, K. Baker, S. Farrell-Carver, R. Bender-Atik, R. Agrawal, K. Bhatia, et al. "The Prevalence of Thyroid Dysfunction and Autoimmunity in Women with History of Miscarriage or Subfertility." The Journal of Clinical Endocrinology & Metabolism (2020). DOI: 10.1210/clinem/dgaa302.

Wiegand, A., M. H. J. Munk, S. Drohm, A. J. Fallgatter, J. L. MacIsaac, M. S. Kobor, V. Nieratschker, and B. Kreifelts. "Neural correlates of attentional control in social anxiety disorder: the impact of early-life adversity and DNA methylation." J Psychiatry Neurosci. 2021 Dec 16;46(6): E663–E674. DOI: 10.1503/jpn.210064.

Binder, E. B. "The role of FKBP5, a co-chaperone of the glucocorticoid receptor in the pathogenesis and therapy of affective and anxiety disorders." Psychoneuroendocrinology 34(Suppl 1): S186–195. (2009).

Glad, Camilla A. M., et al. "Reduced DNA methylation and psychopathology following endogenous hypercortisolism—a genome-wide study." Scientific Reports 7 (2017): 44445. DOI: 10.1038/srep44445.

Hing, B., C. Gardner, and J. B. Potash. "Effects of negative stressors on DNA methylation in the brain: implications for mood and anxiety disorders." American Journal of Medicine Genetics. Part B, Neuropsychiatric genetics. 2014 Oct;165B(7): 541–54. DOI: 10.1002/ajmg.b.32265. Epub 2014 Aug 19. PMID: 25139739.

Miriam A Schiele, Michael G Gottschalk, Katharina Domschke. "The applied implications of epigenetics in anxiety, affective and stress-related disorders— A review and synthesis on psychosocial stress, psychotherapy and prevention." Clinical Psychology Review 77 (2020): 101830. https://doi.org/10.1016/j.cpr.2020.101830.

Bjelland, Ingvar, et al. "Folate, Vitamin B12, Homocysteine, and the MTHFR 677C→T Polymorphism in Anxiety and Depression: The Hordaland Homocysteine Study." Archives of Gen Psychiatry. 2003;60(6):618–26. DOI: 10.1001/archpsyc.60.6.618.

바쁜 뇌를 회복하라
The busy brain cure

초판 1쇄 발행 2025년 7월 25일

지은이 로미 무슈타크 박사 (Dr. Romie Mushtaq)
옮긴이 진정성
펴낸이 김선준, 김동환

편집이사 서선행
책임편집 최한솔 **편집2팀** 오시정, 최구영
디자인 정란
마케팅 권두리, 이진규, 신동빈
홍보 조아란, 장태수, 이은정, 권희, 박미정, 조문정, 이건희, 박지훈, 송수연, 김수빈
경영관리 송현주, 윤이경, 임해랑, 정수연

펴낸곳 페이지2북스 **출판등록** 2019년 4월 25일 제 2019-000129호
주소 서울시 영등포구 여의대로 108 파크원타워, 28층
전화 070) 4203-7755 **팩스** 070) 4170-4865
이메일 page2books@naver.com
종이 (주)월드페이퍼 **인쇄·제본** 한영문화사

ISBN 979-11-6985-144-2 (03510)

- 책값은 뒤표지에 있습니다.
- 파본은 구입하신 서점에서 교환해드립니다.
- 이 책은 저작권법에 의하여 보호를 받는 저작물이므로 무단 전재와 복제를 금합니다.